ENQUIRIDIÓN

Lucio Flavio Arriano

ENQUIRIDIÓN

Discursos de Epicteto

EDITORIAL
LETRA MINÚSCULA

Primera edición: enero de 2023
ISBN: 978-84-19705-27-3

Traducción, introducción y notas de Felipe Castro Torres
Editado por Editorial Letra Minúscula
www.letraminuscula.com
contacto@letraminuscula.com

ÍNDICE

PRÓLOGO

Los cuatro libros de esta obra invitan al lector a ser testigo de la pasión con la que el filósofo Epicteto transmite a sus alumnos la doctrina del estoicismo, sus principios. Se trata de una voz única con la que el maestro interpela, en ocasiones, a sus discípulos; les muestra ejemplos por medio de situaciones cotidianas, hace uso de las palabras de grandes autores, se sirve de acontecimientos y, sobre todo, indaga en sus expectativas para mostrarles la diferencia entre el bien y el mal, la omnipotencia de Dios, la fundamentación de la libertad de vivir acorde a la naturaleza, con templanza, entereza, tolerancia y conformidad. Los instruye, con sabia progresión, en el camino hacia la felicidad.

Breve introducción al estoicismo

El estoicismo es una escuela filosófica fundada en Atenas a principios del siglo iii a. C. por Zenón de Citio. Propone una visión del mundo basada en la ética personal, en la supremacía de la moral. Se sustenta en la idea de que el universo está estructurado en forma racional y comprensible. Más allá de que los individuos podamos entender o no esa forma y de que no esté a nuestro alcance modificar lo que ocurre, sí está entre nuestras atribuciones dominar el pensamiento con relación a los sucesos. De este modo, los seres humanos debemos vivir con disciplina, control y tolerancia.

La filosofía estoica da preponderancia a la virtud como el único bien. Los estoicos deben ser personas disciplinadas y autocontroladas y deben tomar como ejemplo para sus vidas el orden y el equilibrio del universo, dándole relevancia a su naturaleza interior: su voluntad debe ser acorde a la naturaleza. Deben dejar de lado los miedos, las venganzas y controlar el deseo. La importancia no está en las cosas que se dicen, sino en las que se hacen.

En definitiva, el estoicismo es «fortaleza o dominio sobre la propia voluntad».

Epicteto es uno de los representantes del llamado estoicismo romano.

Acerca de Epicteto y sus *Discursos*

Epicteto nace en Hierápolis, una antigua ciudad helenística, el año 55 d. C. En la actualidad, la ciudad se encuentra en ruinas, y está ubicada en Pamukkale, provincia de Denizli, Turquía. Según datos de biógrafos, se presume que fue esclavo de nacimiento. Se desconocen vivencias de su niñez, ya que no se encuentra en *Discursos* ninguna referencia a ese momento ni a la ciudad natal.

En Roma es esclavo de Epafrodito, podría intuirse que desde edad temprana, por las anécdotas que se relatan en la obra. Epafrodito también había sido esclavo y, una vez liberto, llegó a ocupar cargos importantes en la corte imperial. Fue secretario de Nerón y de Domiciano. Domiciano ordenó su ejecución por haber colaborado con Nerón para que llevara a cabo su suicidio. Epicteto es liberto de un liberto de Nerón.

Epicteto da muestras de que no guarda respeto por Epafrodito. Les habla a sus discípulos de algunos rasgos de la personalidad de su dueño solo para enseñarles cómo no debían proceder en la vida. Muestra a Epafrodito como una persona falta de sensatez. Leemos: «Epafrodito tenía un zapatero al que vendió porque no servía para nada. Este hombre, por suerte, fue comprado por uno de los hombres del César y se convirtió en zapatero del César. Tendrías que haber visto el respeto que le profesaba Epafrodito [...]. ¿No había vendido al hombre como bueno para nada? ¿Quién lo hizo, entonces, sabio de una vez? Este es un ejemplo de valorar algo más que las cosas que dependen de la voluntad» (LIBRO UNO, 19).

También la cojera que padece el filósofo podría deberse a ciertos malos tratos recibidos de su amo. «Deseo, por los dioses, y ruego ser libre; pero aún no soy capaz de enfrentarme a mis amos, todavía valoro mi pobre cuerpo, valoro mucho el conservarlo entero, aunque no lo posea entero...» (LIBRO CUATRO, 1).

Es posible que para librarse del daño al que había sometido a su esclavo, Epafrodito le permitiera tomar clases de filosofía. Musonio Rufo es el maestro de filosofía de Epicteto, y lo convierte no solo en un gran predicador del estoicismo, sino que toda su vida es una muestra fiel de la doctrina.

Epicteto, a lo largo de estos discursos, deja ver la singular estimación por el maestro que le enseñó el camino de la moral. Así: «Rufo solía decir: "Si tienes tiempo para alabarme, no estoy hablando para nada". En consecuencia, solía hablar de tal manera que cada uno de los que estábamos sentados allí suponía que alguien lo había acusado, tocaba de tal manera lo que estaba haciendo, de tal manera ponía, ante los ojos, las faltas de cada hombre» (LIBRO TRES, 23).

Las bases del comportamiento moral, para Rufo, son obra de la voluntad divina, aunque la virtud solo se alcanza a través del conocimiento. Y ese es el gran aprendizaje de Epicteto.

En 93, Domiciano expulsa a los filósofos de Roma, y Epicteto se traslada a Nicópolis, ubicada en el occidente del estado moderno de Grecia, donde abre su escuela. Se dedicó solamente a dar clases. Al igual que su admirado Sócrates, como lo demuestran sus dichos, «Pero lo que es grande y superior quizás pertenece a Sócrates...» (LIBRO UNO, 2), nunca escribió.

Flavio Arriano de Nicomedia, uno de los discípulos de Epicteto, es quien escribe las disertaciones que tiene el maestro con sus alumnos, entre las que, combinadas con sucesos históricos, referencias a otros grandes filósofos, ejemplos de la vida cotidiana y anécdotas personales, aparecen con firmeza los pensamientos de la variante romana del estoicismo, que se ampara, principalmente, en la moral, en el fuero interno de las personas, conocimiento adquirido de Sócrates, a quien cita en cuantiosas oportunidades a lo largo de las exposiciones: «Sócrates habla como un hombre que realmente es pariente de los dioses» (LIBRO UNO, 9).

Zenón, Crisipo y Cleantes también son citados por Epicteto. Menciona a Arquedemo y a Antípatro. Utiliza textos de Platón, de Homero y Jenofonte. Nombra, además, en ocasiones, a Epicuro.

El objetivo de enseñar filosofía no era para Epicteto que sus alumnos aprendieran a explicar silogismos ni que repitieran las palabras de los filósofos, sino instruirlos para vivir conforme a la naturaleza, a distinguir lo que depende de la voluntad y lo que no depende de ella, para actuar en consecuencia, dándole importancia solo a lo que está en nuestro poder y desechando lo que no depende de la voluntad. «En la actualidad, se ha cultivado con el fin de resolver silogismos, y se progresa. Pero antiguamente se cultivaba con el fin de mantener la facultad rectora en una condición conforme a la naturaleza, y se progresaba. No mezcles, pues, cosas que son diferentes y no esperes, cuando te esfuerces en una cosa, progresar en otra. Pero fíjate si algún hombre entre nosotros, cuando se empeña en mantenerse en un estado conforme a la naturaleza y vivir siempre de ese modo, no progresa. Porque no encontrarás a un hombre así» (LIBRO TRES, 6).

En las exposiciones, Epicteto mantiene un lenguaje claro y sencillo, y utiliza, de forma didáctica, ejemplos cotidianos y comparaciones con la música, con la gramática, la medicina, la carpintería, la retórica, los juegos de competencia, entre otros. Exalta la figura de Dios como amo y creador de todo y de todos, como referente único para nuestras acciones, para actuar acorde a la voluntad de la naturaleza: «Los filósofos dicen que, en primer lugar, debemos aprender que existe un Dios y que él provee todas las cosas; también que no es posible ocultarle nuestros actos, ni siquiera nuestras intenciones y pensamientos. Lo siguiente es aprender cuál es la naturaleza de los dioses; pues tal como se descubre que son, aquel que quiera complacerlos y obedecerlos debe intentar con todo su poder ser como ellos. [...] siendo, entonces, un imitador de Dios debe hacer y decir todo lo que sea consistente con este hecho» (LIBRO DOS, 14).

A partir del concepto anterior, avanza sobre lo irrelevante de las cosas materiales y de aquellas que son pasajeras, de las que no podemos manejar. Sin embargo, da gran importancia al libre albedrío, a la voluntad, a la claridad para distinguir lo bueno de lo malo y, particularmente, a la libertad. «El principio de la filosofía, al menos para quien entra en ella por el camino correcto y por la puerta, es la conciencia de su propia debilidad e incapacidad sobre las cosas necesarias. [...]. Pero en cuanto al bien y al mal, a lo bello y a lo feo, a la felicidad y a la desgracia, a lo que conviene y a lo que no conviene, y a lo que hay que hacer y lo que no se debe hacer, ¿quién vino al mundo sin tener una idea innata de ello?» (LIBRO DOS, 11).

Así, por un lado, entre los conceptos fundamentales, ahonda en lo que nos pasa, en que es algo que no depende de nosotros, y solo debemos aceptarlo sin quejas, con serenidad. De este modo, habla tanto de las posesiones, de la pobreza o de la riqueza, de las herencias, de los cargos públicos, de los halagos o las injurias que podríamos recibir, como de la salud y de las enfermedades propias y las de los allegados, como de la muerte de hijos, de hermanos, de padres y de la nuestra. No podemos hacer nada para cambiar los designios, solo aceptarlos con humildad, porque es la decisión de Dios que tengamos o dejemos de tener lo que apreciamos. Son factores externos que no deben preocuparnos, porque son propios del vulgo e impropios del hombre sabio, tanto que nos convierten en esclavos de la vida, «... porque la libertad se adquiere no por la plena posesión de las cosas que se desean, sino por la eliminación del deseo» (LIBRO CUATRO, 1).

Por otro lado, la libertad se manifiesta sobre lo que depende de nosotros, sobre lo que elegimos hacer. Esa libertad debe estar puesta en el control del deseo de las apariencias, en el control del deseo de las posesiones ajenas, materiales o de cualquier índole, afectivas, de belleza, de estar en un lugar o en otro, de recibir elogios, de ser aplaudidos. Y, además, controlar la aversión al dolor y a los hechos dolorosos que no están en nuestra voluntad; controlar el miedo a la muerte: «Pues bien, en materia de deseo y persecución de un objeto,

¿es de otro modo? ¿Y qué puede superar la persecución sino otra persecución? ¿Y qué puede superar el deseo y la aversión más que otro deseo y aversión? Pero, tú objetas: "Si pones ante mí el miedo a la muerte, me obligas". No, no es lo que se pone ante ti lo que te obliga, sino tu opinión de que es mejor hacer tal o cual cosa que morir. En este asunto, entonces, es tu opinión que te obligó: es decir, la voluntad obligó a la voluntad» (LIBRO UNO, 17).

Es de sabios vivir de esta manera. El hombre, tomando la decisión de lo que desea ser, es el creador de su propio destino. Así debe ser la vida de un hombre.

Otro punto importante que se destaca en sus discursos es el de la fraternidad entre los humanos, hijos de Dios, hermanos entre sí, que se deben solidaridad y ayuda. La moral debe llevarnos a comprender al prójimo, a no juzgarlo, a que la piedad sea una de nuestras virtudes. A no permitirnos ser débiles y actuar por venganza si alguno nos ofendiera.

El hombre digno tiene, sobre todo, que poseer integridad moral. Entonces, diferenciaremos el bien y el mal, y podremos actuar en consecuencia.

En definitiva, el mensaje de relieve en toda la obra propone una vida espiritual consagrada a Dios y a sus designios, y una vida terrenal destinada a dar todo de nosotros mismos por el bien de los otros individuos y de la sociedad.

Epicteto vivió en Nicópolis hasta su fallecimiento, el 135. Arriano habría escrito las disertaciones del maestro después de su muerte.

De los ocho libros escritos por Arriano, se conservan solo los cuatro primeros, que son los que componen esta obra.

> «Debemos hacer el mejor uso que podamos de las cosas que están en nuestro poder, y utilizar el resto según su naturaleza» (LIBRO UNO, 1).

Felipe Castro Torres

LIBRO UNO

1

De las cosas que están en nuestro poder, y de las que no están en nuestro poder

De todas las facultades, no encontrarás ninguna que sea capaz de contemplarse a sí misma; y, en consecuencia, no es capaz de aprobar ni de desaprobar. ¿En qué medida la gramática posee el poder de contemplar? En la medida de formar un juicio sobre lo que se escribe y lo que se habla. ¿Y hasta qué punto la música? Hasta juzgar sobre la melodía. ¿Contempla, entonces, a cualquiera de ellas? De ninguna manera. Pero cuando debes escribir algo a tu amigo, la gramática te dirá qué palabras debes escribir; aunque, si debes escribir o no debes hacerlo, la gramática no te lo dirá. Y lo mismo ocurre con la música en cuanto a los sonidos musicales; pero, si debes cantar en este momento y tocar el laúd o no hacer ninguna de las dos cosas, la música no te lo dirá. ¿Qué facultad te lo dirá? La que se contempla a sí misma y a todas las demás ciencias. ¿Y cuál es esa facultad? La facultad racional, porque es la única facultad de las que hemos recibido que se examina a sí misma, qué es y qué poder tiene, y cuál es el valor de este don, y examina todas las demás facultades. Porque, ¿qué otro elemento hay que nos diga que las cosas doradas son bellas, ya que ellas mismas no lo dicen? Evidentemente, es la facultad que es capaz de juzgar las apariencias. ¿Qué otra cosa juzga la música, la gramática y otras facultades, demuestra sus usos y señala las ocasiones de utilizarlas? Ninguna otra.

Como convenía que fuera así, lo que es mejor y supremo sobre todo es lo único que los dioses han puesto en nuestro poder: el uso correcto de las apariencias, pero todas las demás cosas no las han puesto en nuestro poder. ¿Fue porque no eligieron hacerlo? Creo que, si hubieran podido, habrían puesto estas otras cosas también en nuestro poder, pero ciertamente no pudieron. Pues existiendo en la tierra, y estando ligados a tal cuerpo y a tales compañeros, ¿cómo sería posible que no estuviéramos impedidos en cuanto a estas cosas por lo externo?

¿Pero qué dice Zeus? «Epicteto, si fuera posible, habría hecho que tanto tu pequeño cuerpo como tu pequeña propiedad fueran libres y no estuvieran expuestos a obstáculos. Pero ahora no ignores esto: este cuerpo no es tuyo, sino que es arcilla finamente templada. Y como no he podido hacer por ti lo que he mencionado, te he dado una pequeña porción de nosotros, esta facultad de perseguir un objeto y evitarlo, y la facultad del deseo y la aversión y, en pocas palabras, la facultad de usar las apariencias de las cosas; y si cuidas esta facultad y la consideras tu única posesión, nunca serás estorbado, nunca encontrarás impedimentos; no te lamentarás, no culparás, no halagarás a ninguna persona». «Bueno, ¿te parecen estos asuntos pequeños?». Claro que no. «Conténtate, entonces, con ellos y reza a los dioses». Pero ahora, cuando está en nuestras manos ocuparnos de una cosa y apegarnos a ella, preferimos ocuparnos de muchas cosas, y estar atados a muchas cosas, al cuerpo y a la propiedad, y al hermano y al amigo, y al hijo y al esclavo. Como estamos atados a muchas cosas, nos deprimen y nos arrastran. Por eso, cuando el tiempo no es apto para navegar, nos sentamos y nos atormentamos, y miramos continuamente para ver qué viento sopla. «Es el norte». ¿Qué es eso para nosotros? «¿Cuándo soplará el viento del oeste?». Cuando quiera, buen hombre, o cuando le plazca a Eolo, porque Dios no te ha hecho administrador de los vientos, sino a Eolo. Entonces, ¿qué? Debemos hacer el mejor uso que podamos de las cosas que están en nuestro poder, y utilizar el resto según su naturaleza. ¿Cuál es su naturaleza? La que Dios quiera.

«¿Debo, entonces, tener yo solo mi cabeza cortada?». ¿Qué?, ¿quieres que todos los hombres pierdan sus cabezas para que puedas ser consolado? ¿No extenderás tu cuello como lo hizo aquel Laterano[1] en Roma cuando Nerón ordenó que lo decapitaran? Porque cuando extendió el cuello y recibió un débil golpe que le hizo retraerlo por un momento, lo volvió a estirar. Y un poco antes, cuando fue visitado por Epafrodito[2], el liberto de Nerón, que le preguntó por la causa de la ofensa que había dado, dijo: «Si quiero decir algo, se lo diré a tu señor».

¿Qué debe tener en cuenta un hombre preparado en tales circunstancias? Qué más que saber «lo que es mío, y lo que no es mío; y lo que se me permite, y lo que no se me permite». Debo morir. ¿Debo entonces, morir lamentándome? Debo ser encadenado. ¿Debo, entonces, lamentarme también? Debo, ir al exilio. ¿Hay alguien que me impida ir con sonrisas, alegría y satisfacción? «Dime el secreto que posees». No lo haré, pues está en mi poder. «Pero te encadenaré». Hombre, ¿de qué estás hablando? ¿Yo encadenado? Puedes encadenar mi pierna, pero mi voluntad ni siquiera el mismo Zeus puede vencerla. «Te meteré en la cárcel». Mi pobre cuerpo, querrás decir. «Te cortaré la cabeza». ¿Cuándo te he dicho que solo mi cabeza no puede ser cortada? Estas son las cosas que los filósofos deberían meditar, que deberían escribir diariamente, en las que deberían ejercitarse.

Trásea[3] solía decir: «Prefiero que me maten hoy a que me destierren mañana». ¿Qué le dijo, entonces, Rufo[4]? «Si eliges la muerte

1 Plaucio Laterano, senador romano del siglo I, fue ejecutado por orden de Nerón, acusado de participar en la conspiración pisoniana.

2 Epafrodito fue un liberto imperial y secretario de Nerón. Epicteto, en su juventud, fue esclavo de Epafrodito.

3 Plubio Clodio Trásea Peto, senador romano del siglo I. Opositor de principios del emperador Nerón, y con tendencias estoicas en lo filosófico. Fue condenado a muerte.

4 Musonio Rufo, filósofo estoico romano del siglo I, maestro de Epicteto. Fue condenado al exilio en el año 65.

como la desgracia más pesada, ¡cuán grande es la locura de tu elección! Pero si la piensas como la más ligera, ¿quién te ha dado a elegir? ¿No estudiarás para contentarte con lo que te ha sido dado?».

¿Qué decía Agripino[5]? Decía: «No soy un obstáculo para mí mismo». Cuando se le informó que su juicio se estaba llevando a cabo en el Senado, dijo: «Espero que salga bien, pero es la quinta hora del día —era la hora en que solía ejercitarse y después tomar el baño frío—, vayamos a hacer nuestro ejercicio». Después de haber hecho su ejercicio, viene uno y le dice: «Has sido condenado». «¿Al destierro —responde— o a la muerte?». «Al destierro». «¿Y mi propiedad?». «No te la quitan». «Vayamos, entonces, a Aricia[6] —dijo— y cenemos».

Esto es haber estudiado lo que un hombre debe estudiar; poseer las facultades del deseo y la aversión, libre de obstáculos, y libre de todo lo que un hombre evitaría. Debo morir. Si es ahora, estoy listo para morir. Si es en poco tiempo, ahora cenaré porque es la hora de la cena; después de esto, moriré. ¿Cómo? Como un hombre que renuncia a lo que le pertenece a otro.

2

Cómo un hombre puede mantener el carácter adecuado en cada ocasión

Solo para el animal racional es intolerable lo irracional, pero lo racional es tolerable. Los golpes no son naturalmente intolerables. «¿Cómo es eso?». Mira cómo los lacedemonios soportan los latigazos cuando han aprendido que los latigazos son coherentes con la razón. «¿Ahorcarse no es intolerable?». Cuando tienen la opinión

---

5 Agripino, cuestor de Cirenaica. Fue acusado de deslealtad por herencia paterna y exiliado de Italia.

6 Actualmente, La Riccia, ciudad cercana a Roma.

de que es racional, van y se ahorcan. En resumen, si observamos, encontraremos que al hombre animal no le duele nada tanto como lo que es irracional y, por el contrario, no le atrae nada tanto como lo que es racional.

Pero lo racional y lo irracional aparecen como tales de manera diferente a las distintas personas, al igual que lo bueno y lo malo, lo rentable y lo no rentable. Por esta razón, en particular, necesitamos disciplina, para aprender a adaptar la preconcepción de lo racional y lo irracional a las diversas cosas conforme a la naturaleza. Para determinar lo racional y lo irracional, nos valemos no solo de las cosas externas, sino que consideramos también lo que conviene a cada persona. Porque para un hombre es conforme a la razón sostener un orinal para otro, y observa solo esto: que, si no lo sostiene, recibirá azotes, y no recibirá su comida; pero, si sostiene el orinal, no sufrirá nada duro o desagradable. Pero a otro hombre no solo le parece intolerable sostener un orinal para sí mismo, sino también intolerable permitir que otro haga este oficio por él. Si, pues, me preguntas si debes sostener el orinal o no, te diré que el recibir comida vale más que el no recibirla, y el ser azotado es una mayor indignidad que el no serlo; de modo que, si mides tus intereses por estas cosas, ve y sostén el orinal. «Pero esto —dices— no sería digno de mí». Pues bien, eres tú quien debe introducir esta consideración en la indagación, no yo; porque eres tú quien se conoce a sí mismo, sabes cuánto vales para ti, y a qué precio te vendes, ya que los hombres se venden a diversos precios.

Por esta razón, cuando Floro[7] estaba deliberando si debía bajar a los espectáculos de Nerón y también actuar en ellos, Agripino le dijo: «Baja». Y cuando Floro le preguntó a Agripino: «¿Por qué tú no bajas?», Agripino le respondió: «Porque ni siquiera delibero sobre el asunto». Porque el que una vez se ha puesto a deliberar sobre tales

7 Floro recibió la orden de Nerón de participar en uno de sus espectáculos teatrales.

asuntos, y a calcular el valor de las cosas externas, se acerca mucho a los que han olvidado su propio carácter. Porque, si me preguntas qué es preferible: la muerte o la vida, yo digo «la vida». «¿Dolor o placer?». Digo «placer». Pero si no tomo parte en la actuación trágica, me cortarán la cabeza. Ve entonces y toma parte, pero yo no lo haré. «¿Por qué?». Porque te consideras solo un hilo de los que están en la túnica. Pues bien, era conveniente que tuvieras cuidado de ser como el resto de los hombres, así como el hilo no tiene el propósito de ser nada superior a los demás hilos. Pero yo deseo ser púrpura, esa pequeña parte que es brillante y que hace que todo el resto parezca gracioso y hermoso. ¿Por qué, entonces, me dices que me haga como los demás? Y si lo hago, ¿cómo podré ser púrpura?

Prisco Helvidio[8] también vio esto, y actuó de acuerdo. Pues cuando Vespasiano le dio la orden de que no entrara en el Senado, él respondió: «Está en tu mano no permitirme ser miembro del Senado, pero mientras lo sea, debo entrar». «Pues bien, entra entonces —dijo el emperador—, pero no digas nada». «No me pidas mi opinión, y guardaré silencio». «Pero debo pedirte tu opinión». «Y debo decir lo que me parece correcto». «Si lo haces, te condenaré a muerte». «¿Cuándo te he dicho, entonces, que soy inmortal? Tú harás tu parte, y yo haré la mía: a ti te corresponde matar; a mí, morir, pero no con miedo. A ti, desterrarme; a mí, partir sin pena».

¿De qué le sirve, entonces, a Prisco, que solo era una persona? ¿Y qué bien hace la púrpura a la toga? ¿Por qué, qué más que esto, que es conspicuo en la toga como la púrpura, y se muestra también como un buen ejemplo para todas las demás cosas? Pero en tales circunstancias otro habría respondido al César que le prohibió entrar en el Senado: «Te agradezco que me hayas perdonado». Pero a un hombre

8 Cayo Helvidio Prisco, filósofo estoico y estadista el siglo I. Ocupó altos cargos en distintos reinados. Fue desterrado por Nerón y, después de su regreso a Roma en tiempos de Galba, fue desterrado nuevamente y ejecutado por su actitud crítica hacia Vespasiano.

así, Vespasiano ni siquiera le habría prohibido entrar en el Senado, pues sabía que, o bien se sentaría allí como una vasija de barro, o bien, si hablaba, diría lo que el César deseaba, y añadiría aún más.

Así actuó también un atleta que corría peligro de morir si no se le amputaban sus partes íntimas. Su hermano, que era filósofo, se acercó al atleta y le dijo: «Ven, hermano, ¿qué vas a hacer? ¿Amputamos este miembro y volvemos al gimnasio?». Pero el atleta persistió en su resolución y murió. Cuando alguien le preguntó a Epicteto cómo lo hizo, si como atleta o como filósofo: «Como hombre —contestó Epicteto—, un hombre que había sido proclamado entre los atletas de los Juegos Olímpicos y había competido en ellos, un hombre que había estado familiarizado con ese lugar, y no simplemente ungido en la escuela de Batón[9]. Otro habría permitido incluso que le cortaran la cabeza si hubiera podido vivir sin ella. Tal es esa consideración del carácter que es tan fuerte en aquellos que han estado acostumbrados a introducirlo de por sí y conjugado con otras cosas en sus deliberaciones».

«Vamos, entonces, Epicteto, aféitate». «Si soy un filósofo —respondo—, no me afeitaré[10]». «¿Pero te quitaré la cabeza?». «Si eso te sirve de algo, quítamela».

Alguna persona preguntó: «¿Cómo, entonces, percibirá cada hombre entre nosotros lo que es adecuado a su carácter?». ¿Cómo —respondió— el toro solo, cuando el león ha atacado, descubre sus propios poderes y se pone en defensa de toda la manada? Es evidente que con los poderes se une inmediatamente la percepción de tenerlos. Por tanto, quien de nosotros tenga tales poderes no los ignorará. Ahora bien, un toro no se hace de repente, ni tampoco un hombre valiente; pero debemos disciplinarnos en el invierno para la campaña

9 Se estima que Batón fue un entrenador famoso.
10 Era costumbre de la época que los filósofos llevaran barba crecida en contra de la moda de la nobleza.

de verano, y no correr precipitadamente sobre lo que no nos concierne.

Solo considera a qué precio vendes tu propia voluntad; si no por otra razón, al menos por esta, que no la vendes por una pequeña suma. Pero lo que es grande y superior quizás pertenece a Sócrates[11] y a los que son como él. «¿Por qué, si somos naturalmente tales, no somos un gran número de nosotros como él?». ¿Es cierto, entonces, que todos los caballos se vuelven veloces, que todos los perros son hábiles para rastrear huellas? «¿Qué?, ¿entonces, ya que soy naturalmente torpe, debo, por esta razón, no esforzarme?». Espero que no. Epicteto no es superior a Sócrates; pero, si no es inferior, esto es suficiente para mí, porque nunca seré Milón[12] y, sin embargo, no descuido mi cuerpo; ni seré Creso y, sin embargo, no descuido mi propiedad; en pocas palabras, no abandonamos el cuidado de nada porque desesperemos de alcanzar el grado más alto.

3

Cómo debe proceder un hombre desde el principio de que Dios es el padre de todos los hombres hasta el resto

Si un hombre fuera capaz de asentir a esta doctrina como es debido, de que todos procedemos de Dios de manera especial, y que Dios es el padre tanto de los hombres como de los dioses, supongo que nunca tendría pensamientos innobles o mezquinos sobre sí mismo. Pero si el César lo adoptara, nadie podría soportar su arrogancia; y si sabe que es hijo de Zeus, ¿no se sentirá exultante? Sin embargo,

11 Sócrates, filósofo clásico griego considerado uno de los más grandes. Epicteto, a lo largo de la obra, lo mencionará en reiteradas oportunidades como ejemplo moral.

12 Milón de Crotona, atleta del siglo VI a. C., consagrado en los juegos olímpicos y píticos.

no es así; pero como estas dos cosas se mezclan en la generación del hombre, el cuerpo en común con los animales, y la razón y la inteligencia en común con los dioses, muchos se inclinan por este parentesco, que es miserable y mortal; y algunos pocos por el que es divino y feliz. Puesto que, por tanto, es necesario que cada hombre se sirva de todo según la opinión que tiene de ello, aquellos, los pocos, que se creen formados para la fidelidad y la modestia y un uso seguro de las apariencias no tienen pensamientos mezquinos o innobles sobre sí mismos, pero con los muchos sucede todo lo contrario. Porque dicen: «¿Qué soy yo? Un pobre y miserable hombre, con mi miserable trozo de carne». Desgraciado. Ciertamente; pero tú posees algo mejor que tu «pedazo de carne». ¿Por qué, entonces, descuidas lo que es mejor?, ¿y por qué te apegas a esto?

Por este parentesco con la carne, algunos de nosotros que se inclinan a ella se vuelven como lobos, infieles y traicioneros y traviesos; algunos se vuelven como leones, salvajes e indómitos; pero la mayor parte de nosotros se convierten en zorros y otros animales peores. Porque, ¿qué otra cosa es un calumniador y un hombre maligno que una zorra u otro animal más miserable y ruin? Mira, pues, y cuida de no convertirte en alguno de estos miserables.

4

Del progreso o la mejora

El que progresa, con el aprendizaje de los filósofos de que el deseo significa el deseo de las cosas buenas, y la aversión significa la aversión de las cosas malas; con el aprendizaje también de que la felicidad y la tranquilidad no son alcanzables por el hombre de otra manera que al obtener lo que desea y al no caer en lo que quiere evitar, quita de sí el deseo por completo y lo aplaza, pero emplea su aversión solo en las cosas que dependen de su voluntad. Porque, si intenta evitar algo independiente de su voluntad, sabe que a veces caerá en algo que desea evitar, y será infeliz. Ahora bien, si la virtud promete buena fortuna y tranquilidad y felicidad, ciertamente también el avance hacia la virtud es un progreso hacia cada una de estas cosas. Porque siempre es cierto que, sea cual sea el punto al que nos lleve el perfeccionamiento de algo, el progreso es una aproximación a este punto.

¿Cómo, pues, admitimos que la virtud es tal como he dicho y, sin embargo, buscamos el progreso en otras cosas y hacemos alarde de ello? ¿Cuál es el producto de la virtud? La tranquilidad. ¿Quién hace, entonces, la mejora? ¿El que ha leído muchos libros de Crisipo? ¿Pero la virtud consiste en haber entendido a Crisipo? Si es así, es evidente que el progreso no es otra cosa que saber mucho de Crisipo. Pero ahora admitimos que la virtud produce una cosa, y declaramos que acercarse a ella es otra cosa, a saber, el progreso o la mejora. «Tal persona —dice uno— ya es capaz de leer a Crisipo por sí misma». En efecto, señor, está haciendo grandes progresos. ¿Qué clase de progresos? ¿Pero por qué se burla del hombre? ¿Por qué lo alejas de la percepción de sus propias desgracias? ¿No le mostráis el efecto de la virtud para que aprenda dónde buscar la mejora? Búscalo ahí, desgraciado, donde está tu trabajo. ¿Y dónde está tu trabajo? En el deseo y en la aversión, para que no seas defraudado en tu deseo y para que no caigas en lo que quieres evitar; en tu búsqueda y evitación, para que no cometas ningún error; en el asentimiento y en la suspensión del asentimiento, para que no te engañes. Las primeras cosas y las más necesarias son las que he nombrado. Pero si con temblor y lamentación buscas no caer en lo que evitas, dime cómo estás mejorando.

¿Me muestras, entonces, tu mejora en estas cosas? Si yo hablara con un atleta, le diría: «Muéstrame tus hombros». Y él podría decir:

«Aquí están mis halteras[13]». Tú y tus cabestros mirad eso. Yo debería responder: «Quiero ver el efecto de las halteras». Entonces, cuando usted dice: «Toma el tratado sobre las potencias activas, y mira cómo lo he estudiado», yo respondo: «Esclavo, no estoy inquiriendo sobre esto, sino sobre cómo ejercitas la persecución y la evitación, el deseo y la aversión, cómo son tu diseño y tu propósito, y cómo te preparas, si es conforme a la naturaleza o no. Si es conforme, dame pruebas de ello, y diré que estás progresando; pero si no es conforme, vete, y no solo expón tus libros, sino escribe tú mismo tales libros. ¿Y qué ganarás con ello? ¿No sabéis que el libro entero solo cuesta cinco denarios? ¿Parece, entonces, que el expositor vale más que cinco denarios? Nunca, pues, busques la materia misma en un lugar, y avances hacia ella en otro».

¿Dónde está, entonces, el progreso? Si alguno de vosotros, apartándose de lo externo, se dirige a su propia voluntad para ejercitarla y mejorarla con el trabajo, de modo que la haga conforme a la naturaleza, elevada, libre, sin trabas, fiel, modesta; y si ha aprendido que quien desea o evita las cosas que no están en su poder no puede ser fiel ni libre, sino que por necesidad debe cambiar con ellas y ser zarandeado por ellas como en una tempestad, y por necesidad debe someterse a otros que tienen el poder de procurar o impedir lo que desea o evita; finalmente, cuando se levanta por la mañana, si observa y guarda estas reglas, se baña como un hombre fiel, come como un hombre modesto; del mismo modo, si en cada asunto que ocurre trabaja sus principios fundamentales como lo hace el corredor con referencia a la carrera, y el entrenador de la voz con referencia a la voz, este es el hombre que verdaderamente progresa, y este es el hombre que no ha viajado en vano. Pero si se ha esforzado en la práctica de

13 Halteras eran un tipo de mancuernas utilizadas en la Antigua Grecia. En los deportes griegos, las halteras fueron utilizadas como levantamiento de pesas y también como pesos en su versión del salto de longitud, el cual probablemente consistía en un conjunto de tres saltos.

la lectura de libros, y se ha esforzado solo en esto, y ha viajado por esto, le digo que regrese a casa inmediatamente, y que no descuide sus asuntos allí; porque esto por lo que ha viajado no es nada. Pero lo otro es algo, estudiar cómo puede un hombre librar su vida de lamentos y gemidos, y de decir «¡ay de mí!» y «¡desgraciado que soy!», y librarla también de desgracias y desengaños, y aprender lo que es la muerte[14], y el destierro, y la prisión, y el veneno, para poder decir, cuando esté encadenado: «Querido Critón, si es voluntad de los dioses que sea de este modo, que así sea»; y no decir: «Desgraciado soy yo, un anciano; ¿he guardado mis canas para esto?[15]». ¿Quién es el que habla así? ¿Crees que voy a nombrar a algún hombre de mala fama y de baja condición? ¿No dice esto Príamo? ¿No lo dice Edipo? Muchos reyes lo dicen. Pues, ¿qué otra cosa es la tragedia sino las perturbaciones de los hombres que valoran lo externo exhibidas en este tipo de poesía? Pero si un hombre debe aprender por medio de la ficción que ninguna cosa externa que sea independiente de la voluntad nos concierne, por esta parte me gustaría la ficción, con la ayuda de la cual viviría felizmente y sin perturbaciones. Pero ustedes deben considerar por sí mismos lo que desean.

¿Qué nos enseña, en definitiva, Crisipo? La respuesta es «saber que estas cosas no son falsas, y que de ellas proviene la felicidad y surge la tranquilidad. Toma mis libros, y aprenderás cuán verdaderas y conformes a la naturaleza son las cosas que me liberan de las perturbaciones». ¡Oh, gran fortuna! ¡Oh, el gran benefactor que señala el camino! A Triptólemo[16] todos los hombres le han erigido templos y altares, porque nos dio el alimento mediante el cultivo; pero a aquel que descubrió la verdad y la sacó a la luz y la comunicó a todos, no la verdad que nos muestra cómo vivir, sino cómo vivir bien, ¿quién de vosotros por esta razón ha construido un altar o un

14 Se trata de una clara alusión a la muerte de Sócrates.
15 PLATÓN, *Critón*.
16 Triptólemo, héroe de los misterios de Eleusis.

templo o ha dedicado una estatua?, ¿o quién adora a Dios por esto? Porque los dioses han dado la vid o el trigo, les rendimos sacrificios, pero porque han producido en la mente humana ese fruto con el que pretendían mostrarnos la verdad que se relaciona con la felicidad, ¿no hemos de dar gracias a Dios por ello?

5

Contra los académicos

Si un hombre, decía Epicteto, se opone a las verdades evidentes, no es fácil encontrar argumentos que le hagan cambiar de opinión. Pero esto no se debe ni a la fuerza del hombre ni a la debilidad del maestro, pues cuando el hombre, aunque haya sido refutado, se endurece como una piedra, ¿cómo podremos, entonces, tratar con él con argumentos?

Ahora bien, hay dos clases de endurecimiento, una del entendimiento y la otra del sentido de la vergüenza, cuando un hombre está resuelto a no asentir a lo que es manifiesto ni a desistir de las contradicciones. La mayoría de nosotros tememos la mortificación del cuerpo, y nos las ingeniamos para evitarla, pero no nos importa la mortificación del alma. Y, en efecto, con respecto al alma, si un hombre se encuentra en un estado tal que no puede aprehender nada, ni entender en absoluto, pensamos que está en una mala condición; pero si el sentido de la vergüenza y el pudor están amortiguados, a esto lo llamamos incluso poder.

¿Comprendes que estás despierto? «No —responde el hombre—, pues ni siquiera comprendo cuando en mi sueño imagino que estoy despierto». ¿No difiere, entonces, esta apariencia de la otra? «En absoluto», responde. ¿Debo seguir discutiendo con este hombre? ¿Y qué fuego o qué hierro le aplicaré para hacerle sentir que está muerto? Él sí lo percibe, pero finge que no lo hace. Es incluso peor que un muerto. No ve la contradicción: está en mal estado. Otro sí lo ve, pero no se conmueve, y no hace ninguna mejora, está incluso en peor condición. Su modestia y su sentido de la vergüenza están extirpados; y la facultad racional no ha sido cortada de él, pero está embrutecida. ¿Debo nombrar esta fuerza de la mente? Ciertamente no, a no ser que también la nombremos así en los libertinos, porque hacen y dicen en público todo lo que se les ocurre.

6

De la providencia

De todo lo que es o sucede en el mundo es fácil alabar la providencia si un hombre posee dos cualidades: la facultad de ver lo que pertenece y sucede a todas las personas y cosas, y una disposición agradecida. Si no posee estas dos cualidades, un hombre no verá la utilidad de las cosas que son y que suceden; otro no las agradecerá, aunque las conozca. Si Dios hubiera hecho los colores, pero no hubiera hecho la facultad de verlos, ¿qué utilidad tendrían? Ninguna. Por otra parte, si hubiera hecho la facultad de ver, pero no hubiera hecho objetos que cayeran bajo la facultad, ¿cuál habría sido también en ese caso el uso? Ninguno. Bien, supongamos que hubiera hecho ambas cosas, pero no hubiera hecho la luz. En ese caso, tampoco habrían servido para nada. ¿Quién es, entonces, el que ha adaptado esto a aquello y aquello a esto? ¿Y quién es el que ha ajustado el cuchillo al estuche y el estuche al cuchillo? ¿No es nadie? Y, en efecto, por la estructura misma de las cosas que han llegado a su término, estamos acostumbrados a demostrar que la obra es ciertamente obra de algún artífice, y que no ha sido construida sin un propósito. ¿Acaso cada una de estas cosas demuestra al obrero, y no lo demuestran las cosas visibles y la facultad de ver y la luz? Y la existencia del macho y la hembra, y el deseo de cada uno de ellos por la conjunción, y el poder de usar las partes que están construidas, ¿no declaran incluso esto al obrero? Si no es así, consideremos la constitución de nuestro entendimiento, según la cual, cuando nos encontramos con objetos sensibles, simplemente recibimos impresiones de ellos, pero también seleccionamos algo de ellos, y sustraemos algo, y añadimos, y componemos por medio de ellos estas o aquellas cosas, y, de hecho, pasamos de unas a otras que, en cierto modo, se asemejan a ellas: ¿no es incluso esto suficiente para conmover a algunos hombres y para inducirles a no olvidar al obrero? Si no es así, que nos expliquen qué es lo que hace que cada cosa sea diferente, o cómo es posible que cosas tan maravillosas y parecidas a los artificios del arte existan por casualidad y por su propio movimiento.

¿Qué son, pues, estas cosas que se hacen solo en nosotros? Muchas, en efecto, en nosotros solamente, de las cuales el animal racional tenía necesidad peculiar; pero encontrarás muchas comunes a nosotros con los animales irracionales. ¿Comprenden ellos lo que se hace? De ninguna manera. Porque una cosa es el uso y otra el entendimiento: Dios tuvo necesidad de los animales irracionales para hacer uso de las apariencias, y de nosotros para entender el uso de esas apariencias. Por tanto, a ellos les basta con comer y beber, dormir y copular, y hacer todas las demás cosas que hacen por separado. Pero para nosotros, a quienes Él nos ha dado también la facultad, esto no es suficiente; porque a menos que actuemos de manera apropiada y ordenada, y conforme a la naturaleza y constitución de cada cosa, nunca alcanzaremos nuestro verdadero fin. Porque donde las constituciones de los seres vivos son diferentes, allí también son diferentes los actos y los fines. Así pues, en aquellos animales cuya constitución está adaptada solo al uso, basta el uso; pero en un animal que tiene también la facultad de comprender el uso, si no hay el debido ejercicio del entendimiento, nunca alcanzará su verdadero fin. Pues bien, Dios constituye cada animal, uno para ser comido, otro para servir a la agricultura, otro para suministrar queso, y otro para algún uso semejante; para esos fines, ¿qué necesidad hay de entender las apariencias y de poder distinguirlas? Pero Dios ha introducido al hombre para que sea espectador de Dios y de sus obras, y no solo espectador de ellas, sino intérprete. Por eso es vergonzoso que el hombre comience y termine donde lo hacen los animales irracionales, el hombre debe comenzar donde ellos empiezan y acabar donde la naturaleza termina en nosotros, y la naturaleza termina en la contemplación y el entendimiento, en un modo de vida conforme a la naturaleza. Cuida, pues, de no morir sin haber sido espectador de estas cosas.

Vosotros hacéis un viaje a Olimpia para ver la obra de Fidias[17], y todos pensáis que hubiera sido una desgracia morir sin haberla visto. Pero no hay necesidad de hacer un viaje, porque, donde el hombre está, allí tiene las obras de Dios delante de él, ¿no desearás verlas y comprenderlas? ¿No percibirás lo que eres, o para qué has nacido, o para qué has recibido la facultad de ver? Dirás: «Hay cosas desagradables y molestas en la vida». ¿Y no las hay en Olimpia? ¿No estás abrasado? ¿No estás presionado por la multitud? ¿No careces de medios cómodos para bañarte? ¿No os mojáis cuando llueve? ¿No tenéis abundancia de ruido, clamor y otras cosas desagradables? Pero supongo que, comparando todas estas cosas con la magnificencia del espectáculo, lo soportáis y aguantáis. Pues bien, ¿no habéis recibido facultades por las que podréis soportar todo lo que ocurra? ¿No has recibido la grandeza de alma? ¿No has recibido hombría? ¿No has recibido la resistencia? ¿Y por qué me preocupo por todo lo que pueda suceder si poseo grandeza de alma? ¿Qué puede distraer mi mente o perturbarme o parecerme doloroso? ¿No utilizaré el poder en los fines para los que los recibí, sino que me afligiré y lamentaré por lo que ocurra?

«Sí, pero me corre agua de la nariz». ¿Con qué propósito, esclavo, tienes las manos? ¿No es para que te limpies la nariz? «¿Es, entonces,

17 La obra de Fidias a la que hace referencia es la estatua que representa a Zeus.

consistente con la razón que haya goteo de narices en el mundo?». No, cuánto mejor es limpiarse la nariz que encontrar una falta. ¿Qué crees que hubiera sido Hércules si no hubiera existido tal león y la hidra y el ciervo y el jabalí, y ciertos hombres injustos y bestiales, a los que Hércules solía ahuyentar y limpiar? ¿Y qué habría hecho si no hubiera existido nada de eso? ¿No es evidente que se habría envuelto y habría dormido? En primer lugar, entonces, no habría sido Hércules, cuando estaba soñando toda su vida en semejante lujo y caso; y aunque lo hubiera sido, ¿de qué le habría servido? ¿Y de qué le habrían servido sus brazos, y la fuerza de las demás partes de su cuerpo, y su resistencia y noble espíritu, si tales circunstancias y ocasiones no lo hubieran despertado y ejercitado? «Pues bien, ¿debe un hombre proveerse de tales medios de ejercicio, e introducir un león de algún lugar en su país, y un jabalí y una hidra?». Esto sería una locura y una insensatez, pero, como existían y se encontraban, eran útiles para mostrar lo que era Hércules y además para ejercitarlo. Ven, pues, tú, también habiendo observado estas cosas, mira las facultades que tienes y, cuando las hayas mirado, di: «Trae ahora, oh, Zeus, cualquier dificultad que te plazca, pues tengo medios dados por ti y poderes para honrarme a través de las cosas que suceden». No lo hacéis así, sino que os quedáis quietos, temblando por miedo a que ocurran algunas cosas, y llorando, y lamentando y gimiendo por lo que ocurre, y después culpáis a los dioses. Porque, ¿qué consecuencia tiene esa mezquindad de espíritu sino la impiedad? Y, sin embargo, Dios no solo nos ha dado estas facultades, con las que podremos soportar todo lo que suceda sin deprimirnos ni quebrantarnos por ello, sino que, como un buen rey y un verdadero padre, nos ha dado estas facultades libres de impedimentos, no sujetas a ninguna compulsión, y las ha puesto enteramente en nuestro propio poder, sin haberse reservado siquiera ningún poder de obstaculizar o impedir. Vosotros, que habéis recibido estas facultades gratuitamente y como propias, no las utilizáis; ni siquiera veis lo que habéis recibido, y de quién; algunos de vosotros estáis ciegos ante el dador, y ni siquiera reconocéis a vuestro benefactor, y otros, por mezquindad de espíritu, os dedicáis a buscar faltas y a formular acusaciones contra Dios. Sin embargo, os mostraré que tenéis poderes y medios para la grandeza de alma y la hombría, pero qué poderes tenéis para encontrar faltas y hacer acusaciones, me lo mostráis vosotros.

7

Del uso de argumentos sofísticos, e hipotéticos y similares

El manejo de los argumentos sofísticos e hipotéticos, y de aquellos que derivan sus conclusiones del cuestionamiento y, en pocas palabras, el manejo de todos los argumentos de estos tipos, se relaciona con los deberes de la vida, aunque muchos no conocen esta verdad. Porque en cada asunto nos preguntamos cómo el hombre sabio y bueno descubrirá el camino adecuado y el método apropiado para tratar el asunto. Que la gente diga, pues, que el hombre grave no descenderá a la contienda de la pregunta y la respuesta, o que, si desciende a la contienda, no tendrá cuidado de no conducirse precipitada o descuidadamente al preguntar y responder. Pero si no permiten ni lo uno ni lo otro, deben admitir que se debe hacer alguna investigación sobre los temas en los que se emplea particularmente el preguntar y el responder. Porque, ¿cuál es el fin propuesto en el razonamiento? Establecer las proposiciones verdaderas, eliminar las falsas, negar el asentimiento a las que no son claras. ¿Basta, entonces, con haber aprendido solo esto? «Es suficiente», puede responder un hombre. Entonces, ¿es también suficiente para un hombre, que no quiere equivocarse en el uso de la moneda acuñada, haber oído este precepto de que debe recibir las dracmas auténticas y rechazar las espurias? «No es suficiente». ¿Qué, pues, habría que añadir a este precepto? ¿Qué más que la facultad de probar y distinguir las dracmas auténticas y las espurias? Por consiguiente, tampoco en el razonamiento es suficiente lo que se ha dicho, pero ¿es necesario que el hombre adquiera la facultad de examinar y distinguir lo verdadero y lo falso, y lo que no es evidente? «Es necesario». Además de esto, ¿qué se propone en el razonamiento? «Que aceptes lo que se deduce de lo que has concedido correctamente». Bien, ¿es, entonces, suficiente en el caso también saber esto? No es suficiente; sino que el hombre debe aprender cómo una cosa es consecuencia de otras, y cuándo una cosa se sigue de otra y cuándo se sigue de varias colectivamente. Considera, pues, si no es necesario que también adquiera esta facultad el que se proponga conducirse hábilmente en el razonamiento, el poder de demostrar él mismo las diversas cosas que se ha propuesto, y el poder de comprender las demostraciones de los demás, incluso de no dejarse engañar por los sofistas como si estuvieran demostrando. Por eso ha surgido entre nosotros la práctica y el ejercicio de los argumentos y figuras concluyentes, y se ha demostrado que es necesario.

Pero de hecho, en algunos casos, hemos concedido correctamente las premisas o supuestos, y de ellas resulta algo; y aunque no sea cierto, sin embargo, resulta. ¿Qué debo hacer entonces? ¿Debo admitir la falsedad? ¿Y cómo es eso posible? ¿Debo decir que no concedí correctamente lo que acordamos? «Pero ni siquiera esto te está permitido». ¿Debo decir, entonces, que la consecuencia no surge por lo que se ha concedido? «Pero tampoco está permitido». ¿Qué hay que hacer, entonces, en este caso? Considera si no es esto: como el haber pedido un préstamo no es suficiente para que un hombre siga siendo deudor, sino que a esto hay que añadir el hecho de que siga debiendo el dinero y que la deuda no se pague, así no basta con obligarte a admitir la inferencia de que has concedido las premisas, sino que debes atenerte a lo que has concedido. En efecto, si las premisas continúan hasta el final tal como eran cuando fueron concedidas, es absolutamente necesario que nos atengamos a lo que hemos concedido, y debemos aceptar sus consecuencias. Pero si las premisas no permanecen tal como eran cuando fueron concedidas, es absolutamente necesario que también nos retraigamos de lo que concedimos y aceptemos lo que no se desprende de las palabras en que se hicieron nuestras concesiones. Porque la inferencia no es ahora nuestra inferencia, ni resulta con nuestro asentimiento, ya que nos hemos retirado de las premisas que concedimos. Debemos, pues, examinar tanto el tipo de premisas como el cambio y la variación de ellas, por lo cual en el curso de la pregunta o de la respuesta, o al hacer la conclusión silogística, o de cualquier otra manera, las premisas sufren variaciones, y dan ocasión a que los necios se confundan si no ven lo que son las conclusiones. ¿Por qué razón debemos examinar? Para que no nos empleemos en este asunto de manera impropia ni confusa.

Y lo mismo en las hipótesis y en los argumentos hipotéticos; pues, a veces, es necesario exigir la concesión de alguna hipótesis como una especie de paso al argumento que sigue. ¿Debemos, entonces, permitir todas las hipótesis que se proponen o no permitirlas todas? Y si no todas, ¿cuáles debemos admitir? Y si un hombre ha permitido una hipótesis, ¿debe en todos los casos atenerse a permitirla o debe a veces retirarse de ella, pero admitir las consecuencias y no admitir contradicciones? Sí, pero supongamos que un hombre dice: «Si usted admite la hipótesis de una posibilidad, yo lo llevaré a una imposibilidad». ¿Con una persona así, un hombre sensato se negará a entrar en una contienda, y evitará la discusión y la conversación con él? Pero ¿qué otro que el hombre de sentido común puede usar la argumentación y es hábil en preguntar y responder, e incapaz de ser engañado y confundido por un falso razonamiento? ¿Y entrará en la contienda y no tendrá cuidado de no entrar en la argumentación de forma precipitada y no descuidada? Y si no tiene cuidado, ¿cómo puede ser un hombre como lo concebimos? Pero sin tal ejercicio y preparación, ¿puede mantener un argumento continuo y consistente? Que lo demuestre, y todas estas especulaciones se vuelven superfluas, y son absurdas e inconsistentes con nuestra noción de un hombre bueno y serio.

¿Por qué seguimos siendo indolentes y negligentes y perezosos?, ¿y por qué buscamos pretextos para no trabajar y no estar atentos a cultivar nuestra razón? «Si me equivoco en estos asuntos, ¿no habré matado a mi padre?». Esclavo, ¿dónde había un padre en este asunto para que pudieras matarlo? ¿Qué has hecho entonces? La única falta que era posible aquí es la que tú has cometido. Esta es la misma observación que le hice a Rufo[18] cuando me reprochó no haber descubierto la única cosa omitida en cierto silogismo: «Supongo —dije— que he quemado el Capitolio». «Esclavo —replicó—, ¿la cosa omitida aquí fue el Capitolio?». ¿O son estos los únicos crímenes, quemar el Capitolio y matar a tu padre? Y que un hombre se sirva de las apariencias que se le resienten de forma precipitada y tonta y descuidada, que no entienda de argumentos ni de demostraciones ni de sofismas ni, en pocas palabras, que vea en la pregunta y en la respuesta lo que es coherente o no es coherente con lo que hemos concedido, ¿no hay en esto un error?

8

Que las facultades no son seguras para los no instruidos

De la misma manera que podemos cambiar las cosas que son equivalentes entre sí, de otras tantas maneras podemos cambiar las formas de los argumentos y los entimemas[19] en la argumentación. Este es un ejemplo: «Si has pedido un préstamo y no lo has devuelto, me debes el dinero; no has pedido un préstamo y no lo has devuelto, entonces no me debes el dinero». Hacer esto con destreza no conviene a nadie

18 Alude a Musonio Rufo.
19 Entimema: en la lógica del aristotelismo, se lo define como una demostración retórica, deja de lado la formalidad del silogismo para acercarse a una forma de expresión literaria.

más que al filósofo, pues, si el entimema es todo silogismo imperfecto, es evidente que quien se ha ejercitado en el silogismo perfecto debe ser igualmente experto en el imperfecto.

«¿Por qué, entonces, no nos ejercitamos nosotros mismos y entre nosotros de esta manera?». Porque, respondo, en la actualidad, aunque no nos ejercitemos en estas cosas y no nos distraigamos del estudio de la moral, al menos yo, seguimos sin progresar en la virtud. ¿Qué debemos esperar, pues, si añadimos esta ocupación? Particularmente, porque no solo sería una ocupación que nos apartaría de cosas más necesarias, sino que también sería causa de engreimiento y arrogancia, y no pequeña. Porque es grande el poder de argumentar y la facultad de persuadir y, en especial, si se ejercita mucho y además recibe un ornamento adicional del lenguaje. Así, universalmente, toda facultad adquirida por los no instruidos y débiles trae consigo el peligro de que estas personas se engrandezcan e inflen por ella. Pues, ¿con qué medios se podría persuadir a un joven que sobresale en estas materias de que no debe convertirse en un apéndice de ellas, sino hacerlas un apéndice de sí mismo? ¿Acaso no pisotea todas esas razones, y se pavonea ante nosotros eufórico e inflado, sin soportar que nadie le reprenda y le recuerde lo que ha descuidado y de lo que se ha apartado?

«¿Qué, entonces, no era Platón un filósofo?». Yo respondo: «¿Y no era Hipócrates un médico?, pero ya ves cómo habla Hipócrates». ¿Hipócrates, entonces, habla así porque es médico? ¿Por qué mezclas cosas que se han unido accidentalmente en los mismos hombres? Y si Platón era guapo y fuerte, ¿debería yo también ponerme a trabajar y esforzarme por ser guapo o fuerte, como si esto fuera necesario para la filosofía, porque cierto filósofo era al mismo tiempo guapo y filósofo? ¿No elegirás ver y distinguir con respecto a qué los hombres se convierten en filósofos, y qué cosas les pertenecen en otros aspectos? Si yo fuera filósofo, ¿deberíais también quedaros cojos? ¿Qué, entonces? ¿Te quito las facultades que posees? De ninguna manera, pues tampoco te quito la facultad de ver. Pero si me preguntas cuál es el bien del hombre, no puedo mencionarte otra cosa que cierto albedrío.

9

Cómo, desde el hecho de que somos afines a Dios, un hombre puede proceder a las consecuencias

Si son ciertas las cosas que dicen los filósofos sobre el parentesco entre Dios y el hombre, ¿qué más les queda a los hombres que hacer lo que hizo Sócrates? Nunca, en respuesta a la pregunta de a qué país perteneces, digas que eres ateniense o corintio, sino que eres ciudadano del mundo. Porque, ¿por qué dices que eres ateniense?, ¿y por qué no dices que solo perteneces al pequeño rincón en el que tu pobre cuerpo fue arrojado al nacer? ¿No es evidente que te llamas ateniense o corintio desde el lugar que tiene mayor autoridad y que comprende no solamente ese pequeño rincón en sí y toda tu familia, sino incluso todo el país del que se deriva la estirpe de tus progenitores hasta ti? Entonces, quien ha observado con inteligencia la administración del mundo, y ha aprendido que la comunidad más grande y suprema y más completa es la que está compuesta por los hombres y Dios, y que de Dios han descendido las semillas no solo de mi padre y de mi abuelo, sino de todos los seres que se generan y se producen en la tierra, y particularmente los seres racionales —pues estos solo están formados por su naturaleza para tener comunión con Dios, y están por medio de la razón unidos a Él—, ¿por qué un hombre así no debería llamarse a sí mismo ciudadano del mundo?, ¿por qué no hijo de Dios?, ¿y por qué debería tener miedo de cualquier cosa que ocurra entre los hombres? ¿Acaso el parentesco con el César o con cualquier otro de los poderosos de Roma es suficiente para permitirnos vivir con seguridad y por encima del desprecio y sin ningún temor? Y tener a Dios por hacedor y padre y guardián, ¿no nos liberará de penas y temores?

Pero un hombre puede decir: «¿De dónde sacaré pan para comer si no tengo nada?».

Los esclavos y los fugitivos, ¿en qué se apoyan cuando dejan a sus amos? ¿Confían en sus tierras o en sus siervos o en sus vasijas de plata? No confían en nada más que en ellos mismos, y la comida no les falta. ¿Y será necesario que uno de nosotros, que es filósofo, viaje a lugares extranjeros y confíe y se apoye en otros y no cuide de sí mismo?, ¿y será inferior a los animales irracionales y más cobardes, cada uno de los cuales, siendo autosuficiente, no deja de conseguir su propio alimento, ni de encontrar una forma de vida adecuada y conforme a la naturaleza?

En efecto, creo que el anciano[20] debería estar sentado aquí, no para idear la manera de que no tengáis pensamientos mezquinos ni habléis de forma innoble sobre vosotros mismos, sino para cuidar de que no haya entre nosotros ningún joven de tal mentalidad que, cuando haya reconocido su parentesco con Dios, y que estamos encadenados por estos lazos, el cuerpo, quiero decir, y sus posesiones, y todo lo que a causa de ellos nos es necesario para la economía y el comercio de la vida, pretenda desprenderse de estas cosas como si fueran cargas dolorosas e intolerables, y partir hacia sus parientes. Esta es la labor en la que debería emplearse vuestro maestro e instructor si realmente fuera lo que debería ser. Deberíais acudir a él y decirle: «Epicteto, ya no podemos soportar estar atados a este pobre cuerpo, y alimentarlo y darle de beber y descansar y limpiarlo y, por el bien del cuerpo, cumplir con los deseos de estos y de aquellos. ¿No son estas cosas indiferentes y nada para nosotros, y no es la muerte un mal? ¿Y no somos en cierto modo parientes de Dios, y no venimos de Él? Permítenos partir al lugar de donde vinimos; permítenos ser liberados por fin de estos lazos con los que estamos atados y agobiados. Aquí hay ladrones y tribunales de justicia, y los que se llaman tiranos y piensan que tienen algún poder sobre nosotros

20 El «anciano» es Epicteto. Es autorreferencial.

por medio del cuerpo y sus posesiones. Permítenos demostrarles que no tienen poder alguno sobre ningún hombre». Y yo, por mi parte, diría: «Amigos, esperad a Dios; cuando os dé la señal y os libere de este servicio, entonces id a Él; pero por el momento aguantad en este lugar donde os ha puesto. Corto es, en verdad, este tiempo de vuestra estancia aquí, y fácil de soportar para los que están así dispuestos porque, ¿qué tirano o qué ladrón o qué tribunales de justicia son formidables para los que han considerado el cuerpo y su posesiones cosas sin valor? Esperad, pues, no os vayáis sin una razón».

Algo así debería decir el maestro a los jóvenes ingenuos. Pero ¿qué ocurre ahora? El maestro es un cuerpo sin vida, y vosotros sois cuerpos sin vida. Cuando habéis estado bien saciados hoy, os sentáis y os lamentáis por el día de mañana, por cómo conseguiréis algo de comer. Esclavo, si lo tenéis, lo tendréis; si no lo tenéis, os alejaréis de la vida. La puerta está abierta[21]. ¿Por qué te afliges? ¿Dónde queda lugar para las lágrimas? ¿Dónde hay ocasión para la adulación? ¿Por qué ha de envidiar un hombre a otro? ¿Por qué ha de admirar un hombre a los ricos o a los poderosos, aunque sean ambos muy fuertes y de temperamento violento? Porque, ¿qué nos harán? No nos importará lo que puedan hacer; y lo que nos importa, no lo pueden hacer. ¿Cómo se comportó Sócrates con respecto a estos asuntos? Pues bien, ¿de qué otra manera debería hacerlo un hombre que estuviera convencido de ser pariente de los dioses? «Si me decís ahora —dijo Sócrates a sus jueces— que os absolvemos con la condición de que no volváis a hablar como hasta este momento, ni a molestar a nuestros jóvenes ni a nuestros ancianos, os responderé que os ponéis en ridículo al pensar que, si uno de nuestros comandantes me ha designado para un determinado puesto, es mi deber conservarlo y mantenerlo, y decidirme a morir mil veces antes que abandonarlo; pero si Dios nos ha puesto en cualquier lugar y forma de vida, debemos

21 Hace una clara alusión al suicidio, aunque deberían esperar a que Zeus se manifestara en ese sentido.

abandonarlo». Sócrates habla como un hombre que realmente es pariente de los dioses. Pero nosotros pensamos en nosotros mismos como si solo fuéramos estómagos e intestinos y partes vergonzosas; deseamos y halagamos a los que pueden ayudarnos en estos asuntos, y les tememos también.

Un hombre me pidió que escribiera a Roma sobre él, un hombre que, como la mayoría de la gente, pensaba que había sido desafortunado, pues antes era un hombre de rango y rico, pero había sido despojado de todo y estaba viviendo aquí[22]. Escribí en su nombre de manera sumisa, pero cuando hubo leído la carta, me la devolvió y me dijo: «Deseaba tu ayuda, no tu piedad, ningún mal me ha sucedido».

Así también Musonio Rufo, para probarme, solía decir: «Esto y aquello te sucederá de parte de tu amo[23]», y yo le respondía que eran cosas que suceden en el curso ordinario de los asuntos humanos. «¿Por qué, entonces —decía él—, he de pedirle algo cuando puedo obtenerlo de ti[24]?». Porque, en efecto, lo que un hombre tiene de sí mismo es superfluo y necio recibirlo de otro. ¿Debo, pues, yo, que soy capaz de recibir de mí mismo grandeza de alma y un espíritu generoso, recibir de ti tierras y dinero o un cargo magisterial? Espero que no, no seré tan ignorante en cuanto a mis propias posesiones. Pero cuando un hombre es cobarde y mezquino, qué más hay que hacer por él que escribirle cartas como se hace con un cadáver. «Por favor, concédanos el cuerpo de cierta persona y un sextario de sangre pobre». Pues tal persona es, de hecho, un cadáver y un sextario de sangre, y nada más. Pero si fuera algo más, sabría que un hombre no es miserable por medio de otro.

---

22 Se refiere a la ciudad en la que Epicteto residió los últimos años de su vida, donde enseñaba, y se presume que es el lugar en el que transcurre la conversación: Nicópolis.

23 Epicteto, en su juventud, había sido esclavo de Epafrodito.

24 Epicteto demuestra su fortaleza interior.

10

Contra los que buscan ansiosamente la preferencia en Roma

Si nos aplicáramos a nuestro propio trabajo con el mismo empeño que los ancianos de Roma se dedican a los asuntos en los que están empleados, tal vez también podríamos lograr algo. Conozco a un hombre mayor que yo, que ahora es superintendente del maíz en Roma, y recuerdo la vez que vino aquí de regreso del exilio y lo que dijo al relatar los acontecimientos de su vida anterior, y cómo declaró que, con respecto al futuro, después de su regreso no buscaría otra cosa que pasar el resto de su vida en calma y tranquilidad. «Pues qué poco de vida —dijo— me queda». Le respondí: «No lo harás, pero en cuanto huelas Roma, olvidarás todo lo que has dicho; y si se te permite la admisión incluso en el palacio imperial, te meterás con gusto y darás gracias a Dios». «Si me encuentras, Epicteto —respondió—, poniendo siquiera un pie dentro del palacio, piensa lo que quieras». ¿Y qué hizo entonces? Antes de entrar en la ciudad le llegaron cartas del César y, en cuanto las recibió, se olvidó de todo, y desde entonces ha añadido un asunto a otro. Quisiera estar ahora a su lado para recordarle lo que dijo cuando pasaba por aquí y para decirle cuánto mejor vidente soy yo que él.

Entonces, ¿digo que el hombre es un animal hecho para no hacer nada? Ciertamente no. Pero ¿por qué no somos activos? Por ejemplo, en cuanto a mí mismo, ni bien llega el día, en pocas palabras me recuerdo lo que debo leer a mis alumnos; después me digo a mí mismo: «Y, ¿qué me importa cómo leerá cierta persona? Lo primero para mí es dormir». En efecto, ¿qué semejanza hay entre lo que hacen otras personas y lo que hacemos nosotros? Si observas lo que hacen, lo entenderás. ¿Y qué hacen, además, durante todo el día, que hacer cuentas, informarse entre ellos, dar y recibir consejos sobre alguna pequeña cantidad de grano, un trozo de tierra, y tal clase de beneficios? ¿Es, entonces, lo mismo recibir una petición y leer en ella: «Os ruego que me permitáis exportar una pequeña cantidad de maíz» o, en este sentido, leer: «Os ruego que aprendáis de Crisipo cuál es la administración del mundo y qué lugar ocupa en él el animal racional?». Considerad también quiénes sois, y cuál es la naturaleza de vuestro bien y de vuestro mal. ¿Son estas cosas iguales a las otras, requieren igual cuidado, y es igualmente ruin descuidar estas y aquellas? Entonces, ¿somos las únicas personas que son perezosas y aman el sueño? No, pero mucho más lo sois vosotros, los jóvenes. Porque nosotros, los viejos, cuando vemos a los jóvenes divertirse, estamos ansiosos de jugar con ellos; y si os viera activos y celosos, mucho más estaría yo ansioso de unirme a vosotros en vuestras serias ocupaciones.

11

Del afecto natural

Cuando fue visitado por uno de los magistrados, Epicteto le consultó sobre varios detalles, y le preguntó si tenía hijos y esposa. El hombre respondió que sí, y Epicteto le preguntó, además, cómo se sentía en esas circunstancias. «Miserable», dijo el hombre. Entonces, Epicteto preguntó: «¿En qué sentido?, pues los hombres no se casan y engendran hijos para ser desgraciados, sino para ser felices». «Pero yo —respondió el hombre— soy tan desgraciado por mis hijos que, últimamente, cuando mi hijita estaba enferma y se suponía que en peligro, no pude soportar quedarme con ella, y me fui de la casa hasta que una persona me envió noticias de que se había recuperado». Pues —dijo Epicteto—, ¿crees que has actuado bien? «Actué con naturalidad», respondió el hombre. Pero convénceme de que has actuado con naturalidad, y te convenceré de que todo lo que ocurre según la naturaleza ocurre correctamente. «Este es el caso —dijo el hombre—, de todos o al menos de la mayoría de los padres». No niego eso, pero el asunto sobre el que estamos indagando es si tal comportamiento es correcto; pues con respecto a este asunto debemos decir que los tumores también vienen para el bien del cuerpo, ya que vienen; y en general debemos decir que equivocarse es natural, porque casi todos o al menos la mayoría de nosotros nos equivocamos. Demuéstrame, entonces, en qué sentido es natural tu comportamiento. «No puedo —dijo—, pero más bien muéstrame tú cómo no es conforme a la naturaleza y no es correcto».

Dijo Epicteto: «Si nos preguntáramos por el blanco y el negro, ¿qué criterio deberíamos emplear para distinguirlos?». «La vista», respondió. Y si sobre el frío y el calor, y sobre lo duro y lo blando, ¿cuál criterio? «El tacto». Pues bien, ya que estamos indagando sobre las cosas que son según la naturaleza, y las que se hacen bien o mal, ¿qué criterio crees que debemos emplear? «No lo sé», dijo. Y, sin embargo, no conocer el criterio de los colores y de los olores, y también de los gustos, no es quizá un gran daño, pero si un hombre no conoce el criterio de lo bueno y de lo malo, y de las cosas según la naturaleza y de las contrarias a la naturaleza, ¿te parece esto un pequeño daño? «El mayor daño». Ven y dime, ¿todas las cosas que a algunas personas les parecen buenas y convenientes, aparecen correctamente como tales? Y, en la actualidad, en cuanto a los judíos y sirios y egipcios y romanos, ¿es posible que las opiniones de todos ellos con respecto a los alimentos sean correctas? «¿Cómo sería posible?», dijo. Bueno, supongo que es absolutamente necesario que, si las opiniones de los egipcios son correctas, las opiniones del resto deben estar equivocadas; si las opiniones de los judíos son correctas, las del resto no pueden serlo. «Ciertamente». Donde hay ignorancia también hay falta de aprendizaje y de formación en las cosas que son necesarias. Él asintió a esto. Tú, entonces, dijo Epicteto, ya que sabes esto, en el futuro, no te emplearás seriamente en otra cosa, y no aplicarás tu mente a otra cosa que no sea aprender el criterio de las cosas que son conformes a la naturaleza, y lo usarás también para determinar cada una de las cosas. Pero en el presente asunto, tengo tanto como esto para ayudarte en lo que deseas. ¿Te parece que el afecto a los de tu familia es conforme a la naturaleza y es bueno? «Ciertamente». Pues bien, ¿es natural y bueno el afecto, y no es bueno lo que concuerda con la razón? «De ninguna manera». Entonces, ¿lo que es coherente con la razón no está en contradicción con el afecto? «Creo que no». Tienes razón, pues si es de otro modo, es necesario que siendo una de las contradicciones conforme a la naturaleza, la otra sea contraria a la naturaleza. ¿No es así? «Lo es», dijo. Entonces, lo que descubramos que es al mismo tiempo afectuoso y también consistente con la razón lo declaramos confiadamente como correcto y bueno. «De acuerdo». Pues bien, dejar a tu hijo enfermo y marcharte no es razonable, y supongo que no dirás que lo es, pero nos queda preguntar si es coherente con el afecto. «Sí, considerémoslo». ¿Hiciste tú, entonces, ya que tenías una disposición afectiva hacia tu hija, lo correcto cuando huiste y la dejaste?, ¿y la madre no tiene afecto por la niña? «Ciertamente, lo tiene». ¿Debería, entonces, la madre también haberla dejado o no debería haberlo hecho? «No debería». Y la nodriza, ¿la quiere? «La ama». ¿Debería, entonces, haberla dejado también? «De ninguna manera». Y el pedagogo, ¿no la ama? «Sí, la ama». ¿Debería, entonces, también haberla abandonado? ¿Así la niña debería haber sido dejada sola y sin ayuda a causa del gran afecto de ustedes, los padres, y de aquellos que la rodean, o debería haber muerto en manos de aquellos que no la amaban ni se preocupaban por ella? «Ciertamente, no». Ahora bien, esto es injusto e irrazonable, no permitir que quienes tienen igual afecto que tú hagan lo que crees que es propio de ti porque tienes afecto. Es absurdo. Veamos, entonces, si estuvieras enfermo, ¿desearías que tus parientes fueran tan afectuosos, y todos los demás, hijos y esposa, como para dejarte solo y abandonado? «De ninguna manera». ¿Y desearías ser tan amado por los tuyos que por su excesivo afecto te dejasen siempre solo en la enfermedad? O, por el contrario, ¿rezarías, si fuera posible, por ser amado por tus enemigos y abandonado por ellos? Si esto es así, resulta que tu comportamiento no fue en absoluto un acto de afecto.

A decir, ¿no fue nada lo que te movió y te indujo a abandonar a tu hija? ¿Cómo es eso posible? Pero podría ser algo como lo que movió a un hombre en Roma a envolverse la cabeza mientras corría un caballo que le importaba; y, en contra de lo esperado, cuando el caballo ganó, necesitó esponjas para recuperarse de su desmayo. ¿Cuál fue, entonces, la razón? La discusión exacta de esto no pertenece tal vez a la presente ocasión, pero basta con estar convencido de esto: de si lo que dicen los filósofos es cierto, que no debemos buscarlo en ninguna parte fuera de la razón, sino que en todos los casos es una y la misma cosa la que es la causa de que hagamos o dejemos de hacer algo, de que digamos o dejemos de decir algo, de que estemos eufóricos o deprimidos, de que evitemos algo o lo persigamos; la misma cosa que es ahora la causa para mí y para ti, para ti de venir a mí y sentarte y escuchar, y para mí de decir lo que digo. ¿Y qué es esto? ¿Es otra cosa que nuestra voluntad de hacerlo? «No es otra». Pero si hubiéramos querido otra cosa, ¿qué otra cosa habríamos hecho que lo que queríamos? Esta fue, pues, la causa del lamento de Aquiles, no la muerte de Patroclo; pues otro hombre no se comporta de ese modo ante la muerte de su compañero, pero fue porque así lo quiso. Y para ti esta fue la causa misma de tu huida de entonces, que elegiste hacerlo; y, por otro lado, si te hubieras quedado con ella, la razón hubiera sido la misma, porque querías. Y ahora vas a Roma porque así lo has elegido; y si cambias de opinión, no irás allí. En pocas palabras, ni la muerte ni el destierro ni el dolor, ni nada por el estilo, son la causa de que hagamos o dejemos de hacer algo, sino nuestras propias opiniones y nuestras voluntades.

¿Te convenzo de esto o no? «Sí, me convences». Así, pues, como son las causas en cada caso, así son también los efectos. Cuando hagamos algo que no esté bien, desde hoy no lo imputaremos a otra cosa que a la voluntad por la que lo hemos hecho; y es eso lo que procuraremos quitar y extirpar más que los tumores y abscesos fuera del cuerpo. Y de la misma manera daremos cuenta de la causa de las cosas que hacemos bien; y ya no alegaremos como causas de ningún mal para nosotros ni al esclavo ni al prójimo, ni a la mujer ni a los hijos, persuadidos de que, si no pensamos que las cosas son lo que pensamos que son, no hacemos los actos que se siguen de tales opiniones; y en cuanto a pensar o no pensar, eso está en nuestro poder y no en lo externo. «Así es», dijo. A partir de hoy, pues, no indagaremos ni examinaremos nada más, cuál es su calidad, ni su estado ni la tierra ni los esclavos ni los caballos ni los perros, nada más que las opiniones. «Eso espero». Ya ves que debes convertirte en un escolástico, un animal del que todos se burlan, si realmente pretendes hacer un examen de tus propias opiniones, y que esto no es obra de una hora o de un día, lo sabes tú mismo.

12

De la satisfacción

Con respecto a los dioses, hay algunos que dicen que un ser divino no existe; otros dicen que existe, pero que es inactivo y descuidado y no tiene previsión sobre nada; una tercera clase dice que tal ser existe y ejerce previsión, pero solo sobre las grandes cosas y las cosas celestiales, y sobre nada en la tierra; una cuarta clase dice que un ser divino ejerce previsión tanto sobre las cosas de la tierra como sobre las cosas celestiales, pero de manera general solamente, y no sobre las cosas por separado. Hay una quinta clase a la que pertenecen Ulises y Sócrates, ellos dicen: «No me muevo sin tu conocimiento[25]».

Antes de todas las demás cosas, por tanto, es necesario indagar sobre cada una de estas opiniones si se afirman verdaderamente o no. Porque si no hay dioses, ¿cómo es nuestro fin adecuado seguirlos? Y

25 *La Ilíada*, de HOMERO.

si existen, pero no se ocupan de nada, también en este caso, ¿cómo será correcto seguirlos? Pero si en verdad existen y cuidan de las cosas, aun así, si no se comunica nada de ellos a los hombres, ni de hecho a mí mismo, ¿cómo es correcto? El hombre sabio y bueno, entonces, después de considerar todas estas cosas, somete su propia mente a quien administra el todo, como los buenos ciudadanos lo hacen a la ley del Estado. El que recibe instrucción debe acudir al instruido con esta intención: ¿Cómo seguiré a los dioses en todas las cosas?, ¿cómo me contentaré con la administración divina? ¿Y cómo podré ser libre? Porque es libre aquel a quien todo le sucede según su voluntad, y a quien ningún hombre puede estorbar. «¿Qué?, ¿es la libertad la locura?». Ciertamente, no: porque la locura y la libertad no se corresponden. «Pero quisiera que todo resultara como yo quiero, y de la manera que yo quiera». Estás loco, estás fuera de ti. ¿No sabes que la libertad es algo noble y valioso? Que yo desee desconsideradamente que las cosas sucedan como yo sin ninguna consideración quiero parece no solo no ser noble, sino incluso de lo más vil. Porque, ¿cómo procedemos en el asunto de la escritura? ¿Deseo escribir el nombre de Dión como yo elija? No, se me enseña a elegir escribirlo como debe ser escrito. ¿Y cómo con respecto a la música? De la misma manera. ¿Y qué universalmente en cada arte o ciencia? De igual forma. Si no fuera así, no tendría ningún valor saber nada si el conocimiento se adaptara al capricho de cada hombre. ¿Es, pues, solo en esto, en esto que es lo más grande y lo principal, es decir, la libertad, que se me permite querer desconsideradamente? De ninguna manera, pero sí instruirse es esto: aprender a desear que todo suceda como sucede. ¿Y cómo suceden las cosas? ¿Cómo las ha dispuesto el que las dispone? Y ha dispuesto el verano y el invierno; y la abundancia y la escasez; y la virtud y el vicio; y todos esos opuestos para la armonía del conjunto; y a cada uno de nosotros nos ha dado un cuerpo y partes del cuerpo y posesiones y compañeros.

Recordando esta disposición de las cosas, debemos ir a instruirnos, no para que cambiemos la constitución de las cosas —pues no tenemos el poder para hacerlo, ni sería mejor que lo tuviéramos—, sino para que, como las cosas que nos rodean son lo que son y por naturaleza existen, mantengamos nuestras mentes en armonía con las cosas que suceden. Porque, ¿podemos escapar de los hombres? ¿Cómo es posible? Y si nos asociamos con ellos, ¿podemos arriesgarnos? ¿Quién nos da el poder? ¿Qué queda, entonces, o qué método se descubre para mantener el comercio con ellos? ¿Existe un método por el cual ellos harán lo que les parezca conveniente, y nosotros no estaremos menos en un estado de ánimo conforme a la naturaleza? Pero tú no estás dispuesto a soportar y estás descontento; y si estás solo, lo llamas soledad; y si estás con los hombres, los llamas truhanes y ladrones, y encuentras faltas en tus propios padres e hijos, y hermanos y vecinos. Pero cuando estás solo debes llamar a esta condición con el nombre de tranquilidad y libertad, y pensar que eres como los dioses; y cuando estás con muchos, no debes llamarlo multitud, ni problemas, ni malestar, sino fiesta y reunión, y así aceptar todo con satisfacción.

¿Cuál es, entonces, el castigo de los que no aceptan? Es ser lo que son. Si alguien está insatisfecho con estar solo, que lo esté. ¿Está un hombre insatisfecho con sus padres? Que sea un mal hijo y se lamente. ¿Está insatisfecho con sus hijos? Que sea un mal padre. «Mételo en la cárcel». ¿Qué prisión? Donde ya está, pues está allí contra su voluntad; y donde un hombre está contra su voluntad, allí está en la cárcel. Así que Sócrates no estaba en la cárcel, pues estaba allí por voluntad propia. «¿Debe, entonces, quedar mi pierna coja?». Desgraciado, ¿encuentras una falta en el mundo a causa de una miserable pierna? ¿No la entregarás de buena gana por el todo? ¿No te separarás con gusto para entregársela a quien te la dio? ¿Estarás molesto y descontento con las cosas establecidas por Zeus, que él, con las Moiras que estaban presentes e hilando las hebras de tu generación, definió y puso en orden? No sabéis qué pequeña parte sois en comparación con el todo. Quiero decir con respecto al cuerpo. En cuanto a la inteligencia no sois inferiores a los dioses ni menos, ya que la magnitud de la inteligencia no se mide por la longitud ni aun por la altura, sino por los pensamientos.

¿No elegirás poner tu bien en aquello en lo que eres igual a los dioses? «Desgraciado que soy por tener un padre y una madre así». ¿Qué, entonces, te fue permitido venir, y seleccionar, y decir: «Que tal hombre se una en este momento con tal mujer para que yo nazca»? No estaba permitido, sino que era una necesidad que tus padres existieran primero, y después que tú fueras engendrado. ¿De qué clase de padres? De la que eran. Por consiguiente, puesto que son tales como son, ¿no se te ha dado ningún remedio? Ahora bien, si no supieras con qué fin posees la facultad de la visión, serías desgraciado y desdichado si cerraras los ojos cuando se te presentan los colores. Pero si tienes grandeza de alma y nobleza de espíritu para cada acontecimiento que pueda suceder y no sabes que la posees, ¿no eres más desgraciado y desdichado? Se os acercan cosas que son proporcionales al poder que poseéis, pero apartáis este poder muy especialmente en el momento en que deberíais mantenerlo abierto y con discernimiento. ¿No agradeces más bien a los dioses que te hayan permitido estar por encima de estas cosas que no han puesto en tu poder y te han hecho responsable solo de las que están en tu poder? En cuanto a tus padres, los dioses te han dejado libre de responsabilidad; y lo mismo con respecto a tus hermanos, y a tu cuerpo, y a tus posesiones, y a la muerte y a la vida. ¿De qué, pues, te han hecho responsable? De lo que solo está en tu poder, el buen uso de las apariencias. ¿Por qué, entonces, atraes sobre ti las cosas de las que no eres responsable? Es, en efecto, una molestia para ti mismo.

13

Cómo puede hacerse todo de forma aceptable para los dioses

Cuando alguien le preguntó cómo puede un hombre comer aceptablemente para los dioses, respondió que si puede comer con justicia y satisfacción, y con ecuanimidad, y con templanza y orden, ¿no será también aceptable para los dioses? Pero cuando has pedido agua caliente y el esclavo no te ha escuchado, o si te ha escuchado solo ha traído agua tibia, o ni siquiera la encuentra en la casa, entonces, no estar enfadado o estallar de pasión, ¿no es esto aceptable para los dioses? «¿Cómo, pues, soportará un hombre a personas como este esclavo?». Esclavo, tú mismo, ¿no vas a soportar a tu propio hermano que tiene a Zeus por progenitor y es un hijo de las mismas semillas y de la misma descendencia de lo alto? Pero si te han puesto en un lugar tan elevado, ¿te harás inmediatamente tirano? ¿No recordarás quién eres y a quién gobiernas? ¿Que son parientes, que son hermanos por naturaleza, que son descendientes de Zeus? «Pero yo los he comprado, y ellos no me han comprado a mí». ¿Ves en qué dirección miras? Hacia la tierra, hacia la fosa, hacia estas miserables leyes de hombres muertos. Pero hacia las leyes de los dioses no miras.

14

Que la deidad supervisa todas las cosas

Cuando una persona le preguntó cómo podía un hombre estar convencido de que todas sus acciones están bajo la inspección de Dios, le contestó: ¿No crees que todas las cosas están unidas en una sola? «Sí», respondió la persona. Pues bien, ¿no crees que las cosas terrenales tienen un acuerdo y una unión natural con las celestiales? «Sí, lo creo». ¿Y de qué manera tan regular como si fuera por mandato de Dios cuando les manda a las plantas que florezcan, florecen; cuando les manda que echen brotes, echan brotes; cuando les manda que produzcan frutos, producen frutos; cuando les manda que maduren los frutos, maduran? Cuando les ordena que arrojen los frutos, ¿cómo los arrojan? Cuando les ordena que se desprendan de las hojas, ¿se desprenden de las hojas? Cuando les ordena que se plieguen y permanezcan quietos y descansen, ¿cómo permanecen quietos y descansan? ¿Y cómo, si no, al crecer y menguar la luna, y al acercarse y retroceder el sol, se ven tan grandes alteraciones y cambios al contrario en las cosas terrestres? Las plantas y nuestros cuerpos están tan ligados y unidos con el todo, ¿y no lo están mucho más nuestras almas? Y, si nuestras almas están tan ligadas y en contacto con Dios como partes y porciones de Él, ¿no percibe Dios cada movimiento de estas partes como si fuera su propio movimiento en conexión con Él mismo? Ahora bien, ¿eres capaz de pensar en la administración divina y en todas las cosas divinas y, al mismo tiempo, también en los asuntos humanos, y de ser movido por diez mil cosas al mismo tiempo en tus sentidos y en tu entendimiento, y de asentir a algunas, y de disentir de otras, y de nuevo en cuanto a algunas cosas de suspender tu juicio? ¿Retienes en tu alma tantas impresiones de tantas y tan variadas cosas y, siendo movido por ellas, caes en nociones similares a las primero impresionadas y retienes numerosas artes y los recuerdos de diez mil cosas; y no es Dios capaz de supervisar todas las cosas, y de estar presente con todas, y de recibir de todas una cierta comunicación? Y el sol es capaz de iluminar una parte tan grande del Todo y dejar tan poco sin iluminar, aquella parte solo ocupada por la sombra de la tierra; y Aquel que hizo el sol mismo y lo hace girar, siendo una pequeña parte de sí mismo comparada con el Todo, ¿no puede percibir todas las cosas?

«Pero no puedo —agregó el hombre— comprender todas estas cosas a la vez». ¿Pero quién te dice que tienes igual poder que Zeus? Sin embargo, ha puesto junto a cada hombre un guardián, el demonio[26] de cada hombre, al que ha encomendado su cuidado, un guardián que nunca duerme, que nunca se engaña. Pues, ¿a qué guardián mejor y más cuidadoso podría haber confiado a cada uno de nosotros? Cuando hayáis cerrado las puertas y hayáis hecho oscuridad dentro, acordaos de no decir nunca que estáis solos, porque no lo estáis; porque Dios está dentro, y vuestro demonio está dentro, y ¿qué necesidad tienen de luz para ver lo que hacéis? A este Dios debéis prestarle un juramento como los soldados lo hacen al César. Ellos, que son contratados a sueldo, juran considerar la seguridad del César antes que todas las cosas; y tú, que has recibido tantos y tan grandes favores, ¿no jurarás, o cuando hayas jurado, no cumplirás tu juramento? ¿Y qué juraréis? No ser nunca desobediente, no hacer nunca ninguna acusación, no encontrar nunca faltas en nada de lo que os ha dado, y no hacer nunca de mala gana o sufrir por nada que sea necesario realizar. ¿Es este juramento como el de los soldados? Los soldados juran no preferir a ningún hombre más que al César; en este juramento, los hombres juran honrarse a sí mismos ante todo.

15

Lo que la filosofía promete

Cuando un hombre le consultó cómo debía persuadir a su hermano para que dejara de estar enfadado con él, Epicteto le respondió: La filosofía no se propone asegurar al hombre ninguna cosa externa. Si lo hiciera, la filosofía permitiría algo que no es de su competencia. Pues, así como el material del carpintero es la madera, y el del estatuario el cobre, así la materia del arte de vivir es la vida de cada hombre. «¿Qué es, pues, de mi hermano?». Eso también pertenece a su propio arte, pero con respecto al tuyo, es una de las cosas externas, como un

26 Concepto de la mitología griega, guías interiores de los hombres.

pedazo de tierra, como la salud, como la reputación. Pero la filosofía no promete nada de esto. «En cada circunstancia mantendré —dice esta— la parte gobernante conforme a la naturaleza». ¿La parte gobernante de quién? La suya, en la que estoy, dice.

«¿Cómo, entonces, dejará mi hermano de estar enojado conmigo?». Tráelo a mí y se lo diré. Pero no tengo nada que decirte a ti sobre su ira.

Cuando el hombre que le consultaba dijo: «Busco saber esto: ¿cómo, aunque mi hermano no se reconcilie conmigo, me mantendré en un estado conforme a la naturaleza?». Nada grande —dijo Epicteto— se produce de repente, pues ni siquiera la uva o el higo lo son. Si me dices ahora que quieres un higo, te responderé que requiere tiempo: que primero florezca, dé fruto y después madure. ¿Acaso el fruto de la higuera se perfecciona de repente y en una hora?, ¿y tú quieres poseer el fruto de la mente de un hombre en tan poco tiempo y tan fácilmente? No lo esperes, aunque te lo diga yo.

16

De la providencia

No te extrañes si para otros animales fuera del hombre se proveen todas las cosas para el cuerpo, no solamente la comida y la bebida, sino también un lugar donde refugiarse, y ellos no tienen necesidad de zapatos ni de ropa ni de materiales para la cama, y nosotros requerimos todos esos adicionales. Porque los animales no están hechos para sí mismos, sino para el servicio, por lo que no era conveniente que tuvieran necesidades de otras cosas. Pues considera lo que sería para nosotros cuidar no solo de nosotros mismos, sino también del ganado y de los asnos, cómo deberían ser vestidos, y cómo deberían ser herrados, y cómo deberían comer y beber. Ahora bien, los soldados están listos para su comandante, calzados, vestidos y armados, aunque sería una cosa difícil para el quiliarca[27] ir alrededor de ellos para calzar o vestir a sus mil hombres. Así también la naturaleza ha dado los animales que están hechos para el servicio, todos listos, preparados, y no requieren ningún otro cuidado. Por tanto, un niño pequeño con solo un palo conduce el ganado.

Pero ahora, en lugar de agradecer que no necesitamos tener el mismo cuidado de los animales que de nosotros mismos, nos quejamos de Dios por nuestra cuenta; y, sin embargo, en nombre de Zeus y de los dioses, cualquier cosa de las que existen bastaría para que un hombre percibiera la providencia de Dios, al menos un hombre modesto y agradecido. Y no me hables ahora de las grandes cosas, sino solo de esto: que la leche se produce de la hierba, y el queso de la leche, y la lana de las pieles. ¿Quién hizo estas cosas o quién las ideó? «Nadie», dices. ¡Oh, asombrosa desvergüenza y estupidez!

Pues bien, omitamos las grandes obras de la naturaleza y contemplemos sus actos más pequeños. ¿Hay algo menos útil que el pelo de la barbilla? Entonces, ¿no ha utilizado la naturaleza este pelo también de la manera más adecuada posible? ¿No ha distinguido con él al hombre y a la mujer? ¿No proclama la naturaleza de todo hombre desde la distancia: «Soy un hombre; como tal, acércate a mí, como tal, háblame; no busques otra cosa; mira las señales»? También en el caso de las mujeres, así como ha mezclado algo más suave en la voz, también las ha privado de pelo (en la barbilla). Tú dices: «No es así; el animal humano debería haber quedado sin marcas de distinción, y cada uno de nosotros debería estar obligado a proclamar: "Soy un hombre"». Pero ¿cómo no va a ser el signo bello y apropiado, y venerable? ¿Cuánto más hermoso que la cresta del gallo, cuánto más apropiado que la melena del león? Por eso debemos conservar los

27 El término 'quiliarca' designaba una función militar y administrativa, primero en el Imperio aqueménida, después en el reino de Macedonia y en las monarquías del periodo helenístico.

signos que Dios nos ha dado, no debemos desecharlos, ni confundir, en la medida de lo posible, las distinciones de los sexos.

¿Son estas las únicas obras de la providencia en nosotros? ¿Y qué palabras son suficientes para alabarlas y exponerlas según su valor? Porque si tuviéramos entendimiento, ¿deberíamos hacer otra cosa, tanto conjunta como separadamente, que cantar himnos y bendecir a la deidad, y contar sus beneficios? ¿No deberíamos cantar este himno a Dios mientras cavamos, aramos y comemos? «Grande es Dios, que nos ha dado tales instrumentos con los que cultivaremos la tierra. Grande es Dios, que nos ha dado manos, el poder de tragar, un estómago, un crecimiento imperceptible, y el poder de respirar mientras dormimos». Esto es lo que debemos cantar en cada ocasión, y cantar el más grande y divino himno por habernos dado la facultad de comprender estas cosas y usarla de un modo apropiado. Bien, ya que la mayoría de vosotros os habéis quedado ciegos, ¿no debería haber algún hombre que desempeñara este oficio, y que en nombre de todos cantara el himno a Dios? Pues, ¿qué otra cosa puedo hacer yo, un viejo cojo, que cantar himnos a Dios? Si, entonces, fuera un ruiseñor, haría el papel de un ruiseñor; si fuera un cisne, haría como un cisne. Pero ahora soy una criatura racional y debo alabar a Dios: este es mi trabajo; lo hago y no abandonaré este puesto mientras se me permita mantenerlo, y os exhorto a que os unáis a este mismo canto.

17

Que el arte lógico es necesario

Puesto que la razón es la facultad que analiza y perfecciona las demás, y ella misma no debe dejar de ser analizada, ¿por quién debería ser analizada? Es evidente que por sí misma o por otra cosa. Esa otra cosa es también la razón o bien otra cosa superior a la razón, lo cual es imposible. Pero si se trata de la razón, ¿quién analizará esa razón? Pues si esa razón lo hace por sí misma, nuestra razón también puede hacerlo. Pero necesitaremos otra cosa, y la cosa seguirá hasta el infinito y no tendrá fin. La razón, pues, se analiza por sí misma. «Sí, pero es más urgente curar (nuestras opiniones) y cosas parecidas». ¿Quieres, entonces, oír hablar de esas cosas? Escuchad. Pero si me dices: «No sé si argumentas con verdad o con mentira», y si me expreso de alguna manera ambigua, me dices: «Distingue», no te soportaré más, y te diré: «Es más urgente». Esta es la razón, supongo, por la que colocan primero el arte lógico, como en la medición del maíz colocamos primero el examen de la medida. Pero si no determinamos primero lo que es un modio[28] y lo que es una balanza, ¿cómo podremos medir o pesar algo? En este caso, si no hemos aprendido y examinado completamente el criterio de todas las otras cosas, por el cual ellas se aprenden, ¿podremos examinar con precisión y aprender completamente cualquier otra cosa? «Sí, pero el modio es solo madera, y no produce ningún fruto». Pero es una cosa que puede medir el maíz. «La lógica tampoco produce frutos». En efecto, lo veremos, pero entonces incluso, si un hombre despotricara contra esto, es suficiente que la lógica tenga el poder de distinguir y examinar otras cosas y, como podemos decir, de medirlas y pesarlas. ¿Quién dice esto? ¿Solo Crisipo, Zenón y Cleantes? ¿Y no lo dice Antístenes? [29]¿Y quién ha escrito que el examen de los nombres es el principio de la educación? ¿Y no lo dice Sócrates? ¿Y de quién escribe Jenofonte, que comenzó con el examen de los nombres, lo que cada nombre significaba? ¿Es esto, pues, lo grande y maravilloso de entender o interpretar a Crisipo? ¿Quién dice esto? ¿Qué es, entonces, lo maravilloso? Entender la voluntad de la naturaleza. Pues bien,

28 Medida de peso para áridos utilizada por los romanos equivalente a 8,75 kilogramos o a la misma cantidad en litros.

29 Zenón (335-263 a. C.), fundador del estoicismo. Cleantes (301-232 a. C.), discípulo de Zenón. Crisipo (280-207 a. C.) recibió la influencia de Cleantes, y también fue seguidor de la escuela estoica. Antístenes (445-360 a. C.) es considerado el fundador de la escuela cínica.

¿lo comprendes tú mismo por tu propio poder? ¿Qué más necesitas? Porque si es cierto que todos los hombres se equivocan involuntariamente, y tú has aprendido la verdad, por necesidad debes actuar correctamente.

«Pero en verdad no aprehendo la voluntad de la naturaleza». ¿Quién nos dice, entonces, cuál es? Dicen que es Crisipo. Procedo y pregunto qué dice este intérprete de la naturaleza. Empiezo a no entender lo que dice; busco un intérprete de Crisipo: «Bien, considera cómo se dice esto como si se dijera en latín[30]». ¿Qué es, entonces, esta soberbia del intérprete? No se puede acusar con justicia incluso a Crisipo, si solo interpreta la voluntad de la naturaleza, pero no la sigue él mismo; y mucho más es así con su intérprete. Porque no necesitamos a Crisipo por sí mismo, sino para entender la naturaleza. Tampoco necesitamos a un adivino por sí mismo, sino porque pensamos que, a través de él, conoceremos el futuro y entenderemos las señales dadas por los dioses; ni necesitamos las vísceras de los animales por sí mismas, sino porque a través de ellas se dan señales; ni miramos con asombro al cuervo o a la corneja, sino a Dios, que a través de ellos da señales.

Me dirijo, entonces, al intérprete de estas cosas y al sacrificador, y le digo: «Inspecciona las vísceras por mí, y dime qué señales dan». El hombre toma las vísceras, las abre y las interpreta: «Hombre —dice—, tienes una voluntad libre por naturaleza de impedimentos y coacciones; esto está escrito aquí en las vísceras. Te lo mostraré primero en la cuestión del asentimiento. ¿Puede alguien impedirte que asientas a la verdad? Ningún hombre puede. ¿Puede algún hombre obligarte a recibir lo que es falso? Nadie puede. ¿Ves que en este asunto tienes la facultad de la voluntad libre de obstáculos, libre de coacción, sin impedimentos?». Pues bien, en materia de deseo y

30 Algunos autores interpretan que Epicteto comunica a sus discípulos que la búsqueda filosófica y el propio conocimiento son solo los medios. Lo importante es llevar a la práctica lo que logramos conocer.

persecución de un objeto, ¿es de otro modo? ¿Y qué puede superar la persecución sino otra persecución? ¿Y qué puede superar el deseo y la aversión más que otro deseo y aversión? Pero, tú objetas: «Si pones ante mí el miedo a la muerte, me obligas». No, no es lo que se pone ante ti lo que te obliga, sino tu opinión de que es mejor hacer tal o cual cosa que morir. En este asunto, entonces, es tu opinión que te obligó: es decir, la voluntad obligó a la voluntad. Porque si Dios hubiera hecho que esa parte de sí mismo, que tomó de sí mismo y nos dio, fuera de tal naturaleza que se viera obstaculizada u obligada por sí mismo o por otro, no sería, entonces, Dios ni se ocuparía de nosotros como debería. «Esto —dice el adivino— lo encuentro en las víctimas: estas son las cosas que se te significan. Si eliges, eres libre; si eliges, no culparás a nadie, no acusarás a nadie. Todo será al mismo tiempo según tu mente y la mente de Dios». Por esta adivinación acudo a este adivino y al filósofo, no admirándolo por esta interpretación, sino admirando las cosas que interpreta.

18

Que no debemos enojarnos con los errores de los demás

Si es cierto lo que dicen los filósofos[31], que todos los hombres tienen un principio, como en el caso de la percepción en el asentimiento de que una cosa es así; y en el caso de la percepción del disentimiento de que una cosa no es así; y en el caso de la suspensión de un juicio, la percepción de que una cosa es incierta, así también, en el caso de un movimiento hacia cualquier cosa, la percepción de que una cosa es para la ventaja de un hombre, y es imposible pensar que una cosa es ventajosa y desear otra, y juzgar que una cosa es apropiada

31 Enunciado de la doctrina estoica: el sentimiento es una forma de opinión o juicio.

y moverse hacia otra, ¿por qué, entonces, estamos enojados con los muchos? «Son ladrones y salteadores», diréis. ¿Qué quieres decir con ladrones y salteadores? «Se equivocan sobre el bien y el mal». ¿Debemos, entonces, enfadarnos con ellos o compadecernos? Pero muéstrales su error, y verás cómo desisten de sus errores[32]. Si no ven sus errores, no tienen nada superior a su opinión actual.

«¿No debería, por lo tanto, este ladrón y aquel adúltero ser destruidos?». De ninguna manera lo digas, ya que sería más bien: «Este hombre que se ha equivocado y ha sido engañado en las cosas más importantes, y cegado, no en la facultad de la visión que distingue lo blanco y lo negro, sino en la facultad que distingue lo bueno y lo malo, ¿no deberíamos destruirlo?». Si hablas así, verás cuán inhumano es esto que dices, y que es como si dijeras: «¿No deberíamos destruir a este ciego y al sordo?». Pero si el mayor daño es la privación de las cosas más grandes, y la cosa más grande en cada hombre es la voluntad o la elección tal como debe ser, y un hombre es privado de esta voluntad, ¿por qué os enfadáis también con él? Hombre, no deberías verte afectado de forma contraria a la naturaleza por las cosas malas de otro. Compadécete más bien de él, deja esta disposición a ofenderte y a odiar, y deja estas palabras que los muchos pronuncian: «Estos malditos y odiosos compañeros».

¿Cómo os habéis hecho tan sabios de una vez? Y, ¿cómo sois tan malhumorados? ¿Por qué, entonces, estamos enojados? ¿Es porque valoramos tanto las cosas que estos hombres nos roban? No admires[33] tus ropas, y entonces no te enfadarás con el ladrón. No admires la belleza de tu mujer, y no te enfadarás con el adúltero. Aprende que

32 De acuerdo con el racionalismo socrático y platónico, ninguna persona obra mal con conocimiento y deliberación, sino por ignorancia. En este fragmento y también más adelante, se observan huellas de ese pensamiento.

33 Según Platón, la admiración, que está en el origen de la filosofía, puede llevarnos al error por darle más valor a las cosas externas que el que realmente tienen.

el ladrón y el adúltero no tienen cabida en las cosas que son tuyas, sino en las que pertenecen a otros y que no están en tu poder. Si descartas estas cosas y las consideras como nada, ¿con quién sigues enfadado? Pero mientras valores estas cosas, enfádate contigo mismo y no con el ladrón y el adúltero. Considera el asunto así: tú tienes ropas finas, tu vecino no las tiene; tienes una ventana, deseas airear las ropas. El ladrón no sabe en qué consiste el bien del hombre, pero piensa que consiste en tener ropas finas, lo mismo que tú piensas. ¿No debe, entonces, venir y llevárselas? Cuando enseñas un pastel a personas codiciosas, y te lo tragas todo, ¿esperas que no te lo arrebaten? No los provoques: no tengas una ventana, no airees tu ropa. Yo también tuve hace poco una lámpara de hierro colocada junto a los dioses de mi casa: al oír un ruido en la puerta, bajé corriendo y encontré que se habían llevado la lámpara. Reflexioné que quien había tomado la lámpara no había hecho nada extraño. ¿Qué pasó entonces? Mañana, me dije, encontrarás una lámpara de tierra: porque un hombre solo pierde lo que tiene. «He perdido mi prenda». La razón es que tenías una prenda. «Me duele la cabeza». ¿Tienes dolor en los cuernos[34]? ¿Por qué, entonces, estás preocupado? Porque solo perdemos y tenemos dolores por aquellas cosas que poseemos.

«Pero el tirano me encadenará». ¿Qué? La pierna. «Él se lo llevará». ¿Qué? El cuello. ¿Qué es lo que no encadenará ni quitará? La voluntad. Por eso los antiguos enseñaban la máxima: «Conócete a ti mismo». Esa es la razón por la que debemos ejercitarnos en las cosas pequeñas y, empezando por ellas, proceder a las mayores. «Me duele la cabeza». No digas: «¡Ay!». «Me duele el oído». No digas: «¡Ay!». Y no digo que no te esté permitido gemir, pero no gimas interiormente; y si tu esclavo tarda en traer una venda, no grites y te atormentes y digas: «Todo el mundo me odia», porque, ¿quién no odiaría a un hombre así? Para el futuro, confiando en estas opiniones, camina erguido, libre; no confíes en el tamaño de tu cuerpo

34 En alusión al silogismo «el cornudo», atribuido a Euclides de Mégara.

como un atleta, pues un hombre no debe ser invencible como lo es un asno.

¿Quién es, entonces, el invencible? Es aquel a quien ninguna de las cosas que son independientes de la voluntad lo perturban. Al examinar una circunstancia tras otra, observo como en el caso del atleta. Ha salido victorioso en la primera contienda: bien, entonces, en cuanto a la segunda... ¿y si hubiera un gran calor? ¿Si fuera en Olimpia? Y lo mismo digo en este caso: si se le pone dinero en el camino, lo despreciará. Pues bien, supón que le pones una joven en su camino, ¿qué pasará? ¿Qué si es en la oscuridad? ¿Qué si es un poco de reputación o un abuso?; ¿qué si es una alabanza?; ¿qué si es la muerte? Él es capaz de vencerlo todo. ¿Y qué si es en el calor, y qué si es en la lluvia, y qué si está en un humor melancólico, y qué si está dormido? Seguirá venciendo. Este es mi atleta invencible.

19

Cómo debemos comportarnos con los tiranos

Si un hombre posee alguna superioridad o cree que la tiene cuando no es así, tal hombre, si no está instruido, se envanecerá necesariamente por ello. Por ejemplo, el tirano dice: «Soy dueño de todo». ¿Y qué puedes hacer por mí? ¿Puedes darme un deseo que no tenga obstáculos? ¿Cómo puedes hacerlo? ¿Tienes el poder infalible de evitar lo que quieres evitar? ¿Tienes el poder de moverte hacia un objeto sin equivocarte? ¿Y cómo posees este poder? Vamos, cuando estás en un barco, ¿confías en ti mismo o en el timonel? Y cuando estás en un carro, ¿en quién confías sino en el conductor? ¿Y cómo es en todas las demás artes? Igual. ¿En qué consiste, entonces, tu poder? «Todos los hombres me rinden respeto». Pues bien, yo también rindo respeto a mi plato, y lo lavo y lo limpio; y por el bien de mi frasco de aceite, clavo una clavija en la pared. Entonces, ¿son estas cosas superiores a mí? No, pero suplen algunas de mis necesidades y por eso las cuido. Pues bien, ¿no me ocupo de mi asno? ¿No le lavo los pies? ¿No lo limpio? ¿No sabéis que todo hombre se cuida a sí mismo y a vosotros lo mismo que a su asno? Porque, ¿quién te tiene en cuenta a ti como hombre? Muéstrame. ¿Quién desea ser como tú? ¿Quién te imita como imita a Sócrates? «Pero puedo cortarte la cabeza». Dices bien. Había olvidado que debo tenerte en cuenta, como a la fiebre y a la bilis, y levantarte un altar, como hay en Roma un altar a la Fiebre[35].

¿Qué es, entonces, lo que perturba y aterroriza a la multitud? ¿Son el tirano y sus guardias? Espero que no sea así. No es posible que lo que es libre por naturaleza pueda ser perturbado o impedido por otra cosa que no sea ella misma. Pero son las propias opiniones del hombre las que lo perturban. Cuando el tirano le dice a un hombre: «Te encadenaré la pierna», el que valora su pierna dice: «No lo hagas; ten piedad». Pero el que valora su propia voluntad dice: «Si te parece más ventajoso, encadénala». «¿No te importa?». No me importa. «Te mostraré que soy el amo». No puedes hacer eso. Zeus me ha liberado, ¿crees que tenía la intención de permitir que su propio hijo fuera esclavizado? Pero tú eres dueño de mi cadáver: tómalo. «¿Así que cuando te acercas a mí, no me tienes en cuenta?». No, me tengo en cuenta a mí mismo; y si quieres que te diga que también te tengo en cuenta a ti, te digo que te tengo en cuenta lo mismo que de la olla.

No se trata de una autoestima perversa, ya que el animal está constituido para hacer todas las cosas por sí mismo. Incluso el sol hace todo por sí mismo; es más, también el propio Zeus. Pero cuando elige ser el Dador de la lluvia y el Dador de los frutos, y el Padre de los dioses y de los hombres, ves que no puede obtener estas funciones y estos nombres si no es útil para todos los hombres; y, universalmente, ha dado tal naturaleza al animal racional que no puede obtener ninguno de sus propios intereses si no contribuye en algo al

35 En el monte Palatino, en Roma, había un templo y un altar a la Fiebre.

interés común. De esta manera y en este sentido, no es insociable que un hombre haga todo por el bien de sí mismo. Porque, ¿qué se espera?, ¿que un hombre se descuide a sí mismo y a su propio interés? ¿Y cómo, en ese caso, puede haber un mismo principio en todos los animales, el principio del apego a sí mismo[36]?

Entonces, cuando las nociones absurdas sobre las cosas independientes de nuestra voluntad, como si fueran buenas y malas, están en el fondo de nuestras opiniones, debemos necesariamente prestar atención a los tiranos. Me gustaría que los hombres prestaran atención solo a los tiranos, y no también a los hombres de alcoba. ¿Cómo es que el hombre se convierte de inmediato en sabio cuando el César lo ha hecho superintendente del taburete cercano[37]? Decimos inmediatamente: «Felición me habló con sensatez». Ojalá fuera expulsado de la alcoba para que volviera a parecerte un necio. Epafrodito tenía un zapatero al que vendió porque no servía para nada. Este hombre, por suerte, fue comprado por uno de los hombres del César y se convirtió en zapatero del César. Tendrías que haber visto el respeto que le profesaba Epafrodito: «¿Cómo le va al buen Felición?». Y si alguno preguntaba: «¿Qué hace el amo?», la respuesta era: «Está consultando algo con Felición». ¿No había vendido al hombre como bueno para nada? ¿Quién lo hizo, entonces, sabio de una vez? Este es un ejemplo de valorar algo más que las cosas que dependen de la voluntad.

¿Ha sido un hombre exaltado a la tribuna? Todos los que se encuentran con él lo felicitan; uno le besa los ojos, otro el cuello, y los esclavos le besan las manos. Va a su casa y encuentra antorchas encendidas. Sube al Capitolio, ofrece un sacrificio de ocasión. Ahora bien, ¿quién ha sacrificado alguna vez por haber tenido buenos deseos?, ¿por haber actuado conforme a la naturaleza? Pues, de hecho, agradecemos a los dioses aquellas cosas en las que ponemos nuestro bien.

36 Cada ser vivo cubre, con sus acciones, las propias necesidades.
37 *Lassanophori* era el nombre de los que ejecutaban este cargo.

Una persona me hablaba hoy del sacerdocio de Augusto. Le dije: «Hombre, deja el asunto: gastarás mucho para nada». Pero él responde: «Los que redactan acuerdos escriben cualquier nombre». Entonces, te pones al lado de los que los leen, y dices a tales personas: «Soy yo, cuyo nombre está escrito allí»; y si ahora puedes estar presente en todas esas ocasiones, ¿qué harás cuando estés muerto? «Mi nombre permanecerá». Escríbelo en una piedra, y permanecerá. Vamos, ¿qué recuerdo habrá de ti más allá de Nicópolis? «Pero llevaré una corona de oro». Si deseas una corona, toma una corona de rosas y póntela, pues será más elegante en apariencia.

20

De la razón, cómo se contempla a sí misma

Cada arte y facultad contempla especialmente ciertas cosas. Por lo tanto, cuando es del mismo tipo que los objetos que contempla, debe necesariamente contemplarse a sí misma también; pero cuando es de un tipo diferente, no puede contemplarse a sí misma. Por ejemplo, el arte del curtido se emplea en las pieles, pero ella misma es completamente distinta del material de las pieles. Por esta razón no se contempla a sí misma. También el arte del gramático se emplea sobre el habla articulada; ¿es, entonces, el arte también el habla articulada? De ninguna manera. Por esta razón, no es capaz de contemplarse a sí misma.

Ahora bien, la razón, ¿para qué ha sido dada por la naturaleza? Para el uso correcto de las apariencias. ¿Qué es, entonces, ella misma? Un sistema de ciertas apariencias. Por lo tanto, por su naturaleza tiene la facultad de contemplarse a sí misma. De nuevo, el sentido común, ¿para la contemplación de qué cosas nos pertenece? El bien y el mal, y las cosas que no son ni lo uno ni lo otro. ¿Qué es, entonces, él mismo? El bien. Y la falta de sentido, ¿qué es? El mal.

¿Ves, pues, que el buen sentido se contempla necesariamente tanto a sí mismo como a lo contrario? Por esta razón, el principal y primer trabajo de un filósofo es examinar las apariencias y distinguirlas, y no admitir ninguna sin examen. Veis incluso en la cuestión de la moneda, en la que nuestro interés parece estar un poco preocupado, cómo hemos inventado un arte, y cuántos medios utiliza el ensayador para probar el valor de la moneda: la vista, el tacto, el olfato y, por último, el oído. Tira la moneda al suelo y observa el sonido, y no se contenta con que suene una vez, sino que por su gran atención se convierte en músico. Del mismo modo, cuando pensamos que equivocarse y no equivocarse es una gran diferencia, aplicamos una gran atención para descubrir las cosas que pueden engañar. Pero en el asunto de nuestra miserable facultad gobernante, el bostezo y el sueño, admitimos descuidadamente toda apariencia, pues el daño no se nota. Cuando quieras saber cuán descuidado eres con respecto al bien y al mal, y cuán activo con respecto a las cosas que son indiferentes, observa cómo te sientes con respecto a ser privado de la vista, y cómo con respecto a ser engañado, y descubrirás que estás lejos de sentir como deberías en relación con el bien y el mal. «Pero este es un asunto que requiere mucha preparación, y mucho trabajo y estudio». Pues bien, ¿esperas adquirir la mayor de las artes con poco trabajo? Y, sin embargo, la principal doctrina de los filósofos es breve. Si quieres saberlo, lee los escritos de Zenón y lo verás. Pues qué pocas palabras se requieren para decir que el fin del hombre es seguir el de los dioses, y que la naturaleza del bien es el uso adecuado de las apariencias. Pero si dices: «¿Qué es "Dios", qué es "apariencia", y qué es "particular" y qué "naturaleza universal"?», entonces sí que son necesarias muchas palabras.

Si vinieran los epicúreos[38] y dijeran que el bien debe estar en el cuerpo, también en este caso se hacen necesarias muchas palabras,

38 Epicteto destaca la insolvencia del discurso de Epicuro, para quien el bien está en el cuerpo y escribe tratados para formar las almas.

y hay que enseñar cuál es el principio rector en nosotros, y lo fundamental y lo sustancial; y como no es probable que el bien de un caracol esté en la concha, ¿es probable que el bien de un hombre esté en el cuerpo[39]? Pero tú mismo, Epicuro, posees algo mejor que esto. ¿Qué es lo que hay en ti que delibera, qué es lo que examina todo, qué es lo que se forma un juicio sobre el propio cuerpo, que es la parte principal? Y, ¿por qué enciendes tu lámpara y trabajas para nosotros, y escribes tantos libros?, ¿es para que no ignoremos la verdad?, ¿quiénes somos y qué somos para ti? Así la discusión requiere muchas palabras.

21

Contra los que quieren ser admirados

Cuando un hombre tiene su propia posición en la vida, no busca cosas más allá de ella. Hombre, ¿qué deseas que te suceda? «Estoy satisfecho si deseo y evito conforme a la naturaleza, si empleo movimientos desde y hacia un objeto como estoy formado por naturaleza para hacerlo, y en el propósito y el designio y el asentimiento». ¿Por qué, entonces, te pavoneas ante nosotros como si te hubieras tragado un escupitajo? «Mi deseo ha sido siempre que quienes me conozcan me admiren, y que quienes me sigan exclamen: "Oh, el gran filósofo"». ¿Quiénes son aquellos por los que deseas ser admirado? ¿Son aquellos de los que estáis acostumbrados a decir que están locos? Pues bien, ¿quieres que te admiren los locos?

---

39 El bien del hombre no está en lo exterior, sino en lo interior (la voluntad).

22

Sobre las precogniciones

Las precogniciones son comunes a todos los hombres, y una precognición no es contradictoria con otra. Porque, ¿quién de nosotros no supone que el bien es útil y elegible, y que en toda circunstancia debemos seguirlo y perseguirlo? ¿Y quién de nosotros no supone que la justicia es bella y conveniente? ¿Cuándo surge, entonces, la contradicción? Surge en la adaptación de las precogniciones a los casos particulares, cuando un hombre dice: «Ha hecho bien, es un hombre valiente», y otro dice: «No es así, sino que ha actuado de forma insensata», entonces surgen las disputas entre los hombres. Esta es la disputa entre los judíos y los sirios y los egipcios y los romanos; no es si se debe preferir la santidad a todas las cosas, y en todos los casos se debe perseguir, sino si es santo comer carne de cerdo o no es santo. Encontrarás esta disputa también entre Agamenón y Aquiles; pues llámalos. ¿Qué dices, Agamenón, no se debe hacer lo que es propio y correcto? «Ciertamente». ¿Qué dices tú, Aquiles? ¿No admites que debe hacerse lo que es bueno? «Ciertamente». Adapta, entonces, tus precogniciones al presente asunto. Aquí comienza la disputa. Agamenón dice: «No debo entregar a Criseida a su padre». Aquiles dice: «Deberías». Es cierto que uno de los dos hace una adaptación errónea de la precognición de «debería» o «deber». Además, Agamenón dice: «Entonces, si debo devolver a Criseida, es conveniente que tome el premio de alguno de vosotros». Aquiles responde: «¿Quieres tomar a la mujer que amo?». «Sí, a la que amas». «¿Debo, entonces, ser el único hombre que se queda sin premio? No seré el único hombre que no tiene premio». Así comienza la disputa.

¿Qué es, entonces, la educación? La educación es aprender a adaptar las precogniciones naturales a las cosas particulares conforme a la naturaleza, y después distinguir que, de las cosas, algunas están en nuestro poder, pero otras no; en nuestro poder están la voluntad y todos los actos que dependen de la voluntad; las cosas que no están en nuestro poder son el cuerpo, las partes del cuerpo, las posesiones, la patria, y los padres, los hermanos, los hijos y, en general, todos con los que vivimos en sociedad. ¿En dónde, por lo tanto, debemos situar el bien? ¿A qué clase de cosas debemos adaptarlo? «¿A las cosas que están en nuestro poder?». ¿No es, pues, la salud un bien, y la solidez de los miembros, y la vida? ¿No lo son los hijos y los padres y la patria? ¿Quién te tolerará si niegas esto?

Traslademos la noción de bien a estas cosas: ¿Es posible que, cuando un hombre sufre un daño y no obtiene cosas buenas, pueda ser feliz? No es posible. ¿Y puede mantener hacia la sociedad un comportamiento adecuado? No puede. Porque yo estoy formado naturalmente para buscar mi propio interés. Si es mi interés tener una propiedad en la tierra, es mi interés también tomarla de mi vecino. Si me interesa tener una prenda de vestir, también me interesa robársela a alguien. Este es el origen de las guerras, las conmociones civiles, las tiranías, las conspiraciones. ¿Y cómo podré seguir manteniendo mi deber hacia Zeus? Porque si sufro daños y tengo mala suerte, pensaré que él no se ocupa de mí; y ¿qué es él para mí si permite que esté en la condición en que estoy? Ahora empiezo a odiarlo. ¿Por qué, entonces, construimos templos, por qué levantamos estatuas a Zeus, así como a demonios malignos, como a la Fiebre? ¿Y cómo es Zeus el Salvador, y cómo el Dador de la lluvia, y el Dador de los frutos? Y en verdad, si ponemos la naturaleza del bien en cualquiera de estas cosas, de ello todo esto se sigue.

¿Qué debemos hacer entonces? Esta es la pregunta del verdadero filósofo que está de parto. «Ahora no veo lo que es el bien ni el mal. ¿Estoy loco?». Sí. Pero si coloco el bien en algún lugar entre las cosas que dependen de la voluntad, todos se reirán de mí. Vendrá un cabeza gris que lleva muchos anillos de oro en los dedos y sacudirá la cabeza y dirá: «Oye, hijo mío, está bien que filosofes; pero también deberías tener algo de cerebro, todo esto que estás haciendo es una tontería. El silogismo lo aprendes de los filósofos, pero tú sabes actuar mejor que los filósofos». Hombre, ¿por qué, entonces, me culpas a mí si lo sé? ¿Qué le digo a este esclavo? Si guardo silencio, estallará. Debo hablar de esta manera: «Discúlpame, como tú disculpas a los amantes: no soy mi propio amo, estoy loco».

23

Contra Epicuro

Incluso Epicuro percibe que somos por naturaleza sociales, pero una vez que ha colocado nuestro bien en la cáscara ya no puede decir nada más. Por otra parte, sostiene con firmeza que no debemos admirar ni aceptar nada que se desprenda de la naturaleza del bien; y tiene razón al sostenerlo. ¿Cómo somos, entonces, si no tenemos un afecto natural hacia nuestros hijos? ¿Por qué aconsejáis al sabio que no eduque a los niños? ¿Porque temes que pueda caer en problemas? Porque, ¿acaso se mete en problemas por el ratón que se cría en la casa? ¿Qué le importa que un ratoncito en la casa se lamente con él? Pero Epicuro sabe que, una vez que ha nacido un niño, ya no está en nuestra mano no amarlo ni preocuparnos por él. Por esta razón, Epicuro dice que el hombre que tiene sentido común tampoco se dedica a los asuntos políticos, pues sabe lo que debe hacer el hombre que se dedica a tales cosas; pues, en efecto, si pretendes comportarte entre los hombres como entre un enjambre de moscas, ¿qué te lo impide? Pero Epicuro, que sabe esto, se aventura a decir que no debemos educar a los niños. Pero una oveja no abandona a su propia cría, ni tampoco un lobo, ¿y un hombre debe abandonar a su hijo? ¿Qué quieres decir, que debemos ser tan tontos como las ovejas? Ni siquiera ellas abandonan a sus crías; o tan salvajes como los lobos, ni siquiera los lobos abandonan a sus crías. Pues bien, ¿quién seguiría tu consejo si viera a su hijo llorar después de caer al suelo? Por mi parte creo que, aunque a tu madre y a tu padre les hubiera dicho un oráculo que dirías lo que has dicho, no te habrían echado de su lado.

24

Cómo debemos luchar contra las circunstancias

Son las circunstancias las que muestran lo que son los hombres. Por lo tanto, cuando una dificultad caiga sobre ti, recuerda que Dios, como un entrenador de luchadores, te ha emparejado con un joven rudo. «¿Con qué propósito?», dirás. Pues para que te conviertas en un conquistador olímpico, pero eso no se logra sin sudor. En mi opinión, ningún hombre ha tenido una dificultad más provechosa que la tuya, si decides aprovecharla como un atleta se enfrentaría a un joven antagonista. Ahora estamos enviando un explorador a Roma[40], pero nadie envía un explorador cobarde, que, si solo oye un ruido y ve una sombra en cualquier parte, vuelve corriendo aterrorizado e informa que el enemigo está cerca. Así pues, si ahora vinierais a decirnos: «Temible es el estado de las cosas en Roma, terrible es la muerte, terrible es el destierro, terrible es la calumnia, terrible es la pobreza; volad, amigos míos, el enemigo está cerca», os responderemos: «Fuera, profetizad por vosotros mismos; solo hemos cometido una falta, la de haber enviado un explorador así».

Diógenes[41], que fue enviado como explorador antes que tú, nos hizo un informe diferente. Dice que la muerte no es un mal, pues tampoco es un vicio; dice que la fama es el ruido de los locos. ¿Y qué ha dicho este espía sobre el dolor, sobre el placer y sobre la pobreza? Dice que estar desnudo es mejor que cualquier túnica de púrpura, y que dormir en el suelo desnudo es el lecho más suave; y da como prueba de cada cosa que afirma su propio valor, su tranquilidad, su libertad, y el aspecto saludable y la compacidad de su cuerpo. «No

---

40 Estudiar filosofía o retórica en Grecia formaba parte de la educación de los jóvenes del Imperio. Epicteto enseña a sus discípulos para que no teman ante la diferencia entre la vida tranquila de Nicópolis y el mundo intrigante de Roma.

41 Diógenes de Sínope, llamado el Cínico (c. 404-323 a. C.), filósofo griego, es presentado como referente moral en distintos pasajes de la obra.

hay enemigo —dice—, todo es paz». ¿Cómo es eso, Diógenes? «Mira —responde— si me han golpeado, si me han herido, si he huido de algún hombre». Esto es lo que debe ser un explorador. Pero vienes a nosotros y nos cuenta una cosa tras otra. ¿No vas a volver, y lo verás más claro cuando hayas dejado de lado el miedo?

«¿Qué debo hacer entonces?». ¿Qué se hace cuando se abandona un barco? ¿Te llevas el timón o los remos? ¿Qué te llevas? Te llevas lo que es tuyo, tu botella y tu cartera; y ahora, si piensas en lo que es tuyo, nunca reclamarás lo que es de los demás. El emperador dice: «Deja tu laticlave[42]». Mira, me pongo la angusticlave[43]. «Deja eso también». Mira, solo tengo mi toga. «Deja a un lado tu toga». Mira, estoy desnudo. «Pero aun así, despiertas mi envidia». Toma, entonces, todo mi pobre cuerpo. Cuando, a la orden de un hombre, puedo deshacerme de mi pobre cuerpo, ¿aún le temo?

«Pero cierta persona no me deja la sucesión de sus bienes». ¿Qué, pues, había olvidado que ninguna de esas cosas era mía? ¿Cómo las llamamos, entonces, mías? Igual que llamamos a la cama de la posada. Si, pues, el posadero a su muerte te deja las camas, todo bien; pero si se las deja a otro, él las tendrá, y tú buscarás otra cama. Si, entonces, no la encontráis, dormiréis en el suelo, solo dormid con buena voluntad y roncando, y recordad que las tragedias tienen su lugar entre los ricos y los reyes y tiranos, pero ningún pobre tiene un papel en la tragedia, sino como uno del coro. Los reyes, en efecto, comienzan con la prosperidad, «adornan los palacios con guirnaldas», y después, hacia el tercer o cuarto acto, gritan: «Oh, Citerón, ¿por qué me recibiste?[44]». Esclavo, ¿dónde están las coronas?,

42 Laticlave: insignia honorífica particular del orden senatorial en la Roma antigua, consiste en amplias bandas púrpura que cubren verticalmente la túnica. Por extensión, se denomina así también a la túnica.

43 Angusticlave: túnica adornada con un lazo y una banda estrecha púrpura que llevaban los del orden ecuestre.

44 SÓFOCLES, *Edipo rey*. Edipo fue abandonado recién nacido por Layo en el monte Citerón por miedo a las predicciones del oráculo.

¿dónde, la diadema? Los guardias no te ayudan en absoluto. Cuando os acerquéis a cualquiera de estas personas, recordad que os estáis acercando a un actor de la tragedia, no al propio Edipo. Pero tú dices: «Tal hombre es feliz, pues anda con muchos». Y yo también me pongo con los muchos y ando con muchos. En resumen, recuerda esto: la puerta está abierta; no seas más tímido que los niños pequeños, pero como ellos dicen, cuando la cosa no les gusta, «no jugaré solo», así tú, cuando las cosas te parezcan de tal clase, di no jugaré más, y vete; pero si te quedas, no te quejes.

25

En el mismo

Si estas cosas son verdaderas, y si no somos tontos y no actuamos hipócritamente cuando decimos que el bien del hombre está en la voluntad, y el mal también, y que todo lo demás no nos concierne, ¿por qué seguimos perturbados?, ¿por qué seguimos teniendo miedo? Las cosas por las que nos hemos preocupado no están en poder de nadie, y las cosas que están en poder de otros, no nos importan. ¿Qué clase de problemas tenemos todavía?

«Pero dame direcciones». ¿Por qué debería darte indicaciones? ¿No te ha dado Zeus indicaciones? ¿No te ha dado lo que es tuyo libre de estorbos y libre de impedimentos, y lo que no es tuyo sujeto a estorbos e impedimentos? ¿Qué instrucciones?, ¿qué clase de órdenes trajisteis cuando vinisteis de él? Guarda por todos los medios lo que es tuyo; no desees lo que es de otros. La fidelidad es tuya, la vergüenza virtuosa es tuya; ¿quién, pues, puede quitarte estas cosas?, ¿quién, más que tú mismo, te impedirá usarlas? Pero ¿cómo actúas? Cuando buscas lo que no es tuyo, pierdes lo que es tuyo. Con tales indicaciones y órdenes de Zeus, ¿qué otras me pides todavía? ¿Soy más poderoso que él?, ¿soy más digno de confianza? Pero si observas estos, ¿quieres otros además? «Bueno, pero él no ha dado estas órdenes», dirás. Producid vuestras precogniciones, producid las pruebas de los filósofos, producid lo que habéis oído a menudo, y producid lo que habéis dicho vosotros mismos, producid lo que habéis leído, producid lo que habéis meditado (y vosotros veréis, entonces, que todas estas cosas provienen de Dios). ¿Hasta cuándo, pues, conviene observar estos preceptos de Dios y no interrumpir la obra? Mientras la obra continúe con propiedad. En las Saturnales[45] se elige un rey por sorteo, pues ha sido costumbre jugar en este juego. El rey ordena: «Bebes, mezclas el vino, cantas, vas, vienes». Obedezco para que el juego no se rompa por mí. Pero si me dice: «Piensa que estás en mala situación», respondo: «No lo creo»; ¿y quién me obliga a pensar así? Además, acordamos interpretar a Agamenón y a Aquiles. El que ha sido designado para hacer de Agamenón me dice: «Ve a Aquiles y arráncale a Briseida». Voy. Él dice: «Ven», y yo voy.

Porque, así como nos comportamos en materia de argumentos hipotéticos, así debemos hacer en la vida. «Supongamos que es de noche». Supongo que es de noche. «Bien, entonces: ¿es de día?». No, pues admito la hipótesis de que es de noche. «Supongamos que usted cree que es de noche». Supongamos que sí. «Pero también piensa verdaderamente que es de noche». Eso no es consistente con la hipótesis. Así que en este caso también: «Suponga que usted es desafortunado». Bien, supongámoslo. «¿Eres, entonces, infeliz?». Sí. «Bien, ¿estás preocupado por un demonio desfavorable?». Sí. «Piensa también que estás en la miseria». Esto no es consistente con la hipótesis; y otro me prohíbe pensarlo[46].

45 Las Saturnales eran de las fiestas más importantes del calendario romano. En ellas, se nombraba a un rey fingido, al que se refiere Epicteto.

46 Epicteto les enseña a sus oyentes que del mismo modo que uno solo acepta las hipótesis como tales y las rechaza cuando están en contra de la razón, en la vida, acepta los hechos siempre que no sean contrarios a la voluntad. Al mencionar a «otro», se refiere a Dios.

¿Hasta cuándo debemos obedecer tales órdenes? Mientras sea provechoso; y esto significa mientras mantenga lo que es conveniente y coherente. Además, algunos hombres son agrios y de mal carácter, y dicen: «No puedo cenar con este hombre para estar obligado a oírle contar a diario cómo luchó en Misia[47]: "Te conté, hermano, cómo subí a la colina, entonces empecé a ser asediado de nuevo"». Pero otro dice: «Prefiero cenar y oírle hablar todo lo que quiera». Y comparad estas estimaciones; solo que no hagáis nada con ánimo depresivo, ni como quien está afligido, ni como quien piensa que está en la miseria, pues ningún hombre os obliga a hacerlo. ¿Ha fumado en la cámara? Si el humo es moderado, me quedaré; si es excesivo, saldré. Porque siempre debes recordar esto y mantenerlo firme, que la puerta está abierta.

Bien, pero me dices: «No vivas en Nicópolis». No viviré allí. «Ni en Atenas». No viviré en Atenas. «Ni en Roma». No viviré en Roma. «Vive en Gíaros[48]». Viviré en Gíaros, pero me parece un gran humo vivir en Gíaros; y me iré al lugar donde nadie me impedirá vivir, pues esa morada está abierta a todos; y en cuanto a la última prenda, que es el pobre cuerpo, nadie tiene poder sobre mí más allá de esto. Esta fue la razón por la que Demetrio[49] dijo a Nerón: «Tú me amenazas con la muerte, pero la naturaleza te amenaza a ti». Si pongo mi admiración en el pobre cuerpo, me he entregado a ser un esclavo; si lo hago en mis pequeñas posesiones, también me hago esclavo; pues enseguida aclaro con qué puedo ser atrapado. Como si la serpiente encogiera la cabeza, te digo que golpees la parte de él que guarda,

---

47 Región de Asia Menor.

48 Isla del archipiélago de las Cíclades, perteneciente a Grecia. Era el lugar de destierro en la época imperial. Allí fue exiliado Musonio Rufo por orden de Nerón.

49 Demetrio fue el primero en ser considerado cínico en Roma. Era, junto a Trásea Peto y a Prisco Helvidio, de la oposición a Nerón. Fue desterrado a Grecia durante el reinado de Nerón y volvió a Roma en la época de Vespasiano.

y hazte a la idea de que cualquier parte que elijas para guardar, esa parte atacará tu amo. Recordando esto, ¿a quién adularás o temerás todavía?

«Pero me gustaría sentarme donde se sientan los senadores[50]». ¿Ves que te estás poniendo en apuros, que te estás apretando? «¿Cómo, entonces, voy a ver bien en el anfiteatro?». Hombre, no seas espectador en absoluto, y no te apretarás. ¿Por qué te molestas? O espera un poco, y cuando termine el espectáculo, siéntate en el lugar reservado a los senadores y toma el sol. Porque recuerda esta verdad general, que somos nosotros los que nos apretamos, los que nos ponemos en apuros; es decir, nuestras opiniones nos aprietan y nos ponen en apuros. Porque, ¿qué es ser vilipendiado? Párate junto a una piedra y denúnciala, ¿y qué ganarás? Si, pues, un hombre escucha como una piedra, ¿qué provecho saca el injuriador? Pero si el injuriador tiene como peldaño la debilidad del injuriado, entonces logra algo. «Desnúdalo a él».

¿Qué quieres decir con «él»? Agarra su ropa, quítasela. «Te he insultado». Que te sirva de mucho. Esta era la práctica de Sócrates: esta era la razón por la que siempre tenía una sola cara. Pero elegimos practicar y estudiar cualquier cosa en lugar de los medios por los que seremos libres y sin obstáculos. Dices: «Los filósofos hablan de paradojas». ¿Pero no hay paradojas en las otras artes? ¿Y qué es más paradójico que pinchar el ojo de un hombre para que pueda ver? Si alguien dijera esto a un hombre ignorante del arte quirúrgico, ¿no ridiculizaría al orador? ¿Dónde está la maravilla, entonces, si en la filosofía también muchas cosas que son verdaderas parecen paradójicas para el inexperto?

---

50 Se trataba de asientos reservados para los senadores, más cercanos a la arena o a la escena que el resto.

26

Qué es la ley de la vida

Cuando una persona leía argumentos hipotéticos, Epicteto decía: Esta también es una ley hipotética: debemos aceptar lo que se desprende de la hipótesis. Pero mucho antes que esta ley, es la ley de la vida que debemos actuar conforme a la naturaleza. Pues si en toda materia y circunstancia queremos observar lo que es natural, es evidente que en todo debemos proponernos que lo consecuente no se nos escape, y que no admitamos lo contradictorio. Primero, pues, los filósofos nos ejercitan en la teoría, que es más fácil; y después nos llevan a las cosas más difíciles, porque en la teoría no hay nada que nos aparte de seguir lo que se enseña, pero, en los asuntos de la vida, muchas son las cosas que nos distraen. Es, pues, ridículo el que dice que quiere empezar por los asuntos de la vida real, porque no es fácil empezar por las cosas más difíciles; y deberíamos emplear este hecho como argumento para aquellos padres que se irritan porque sus hijos aprenden filosofía. «¿Hago mal, entonces, padre mío, y no sé lo que me corresponde y me conviene? Si, en efecto, esto no puede aprenderse ni enseñarse, ¿por qué me culpas?, pero si puede enseñarse, enséñame; y si no puedes, permíteme que aprenda de los que dicen que saben enseñar. Porque, ¿qué pensáis? ¿Suponéis que caigo voluntariamente en el mal y me pierdo el bien? Espero que no sea así. ¿Cuál es, entonces, la causa de que haga el mal? La ignorancia. ¿No eliges, entonces, que me deshaga de mi ignorancia? ¿Quién ha aprendido por medio de la ira el arte de un piloto o de la música? ¿Crees, entonces, que por medio de tu ira aprenderé el arte de la vida?». Solo puede hablar así quien ha mostrado tal intención. Pero, si un hombre que solamente pretende hacer una exhibición en un banquete y mostrar que conoce los argumentos hipotéticos, los lee y atiende a los filósofos, ¿qué otro objeto tiene que el de que algún hombre de rango senatorial que se siente a su lado lo admire? Porque allí están los materiales realmente grandes, y las riquezas de aquí parecen ser bagatelas allí. Esta es la razón por la que es difícil para un hombre ser dueño de las apariencias, donde las cosas que perturban el juicio son grandes. Conozco a cierta persona que se quejó, al abrazar las rodillas de Epafrodito, de que nada más le quedaban ciento cincuenta veces diez mil denarios. ¿Qué hizo, entonces, Epafrodito? ¿Se rio de él, como hicimos los esclavos de Epafrodito? No, sino que exclamó con asombro: «Pobre hombre, ¿cómo has guardado silencio?, ¿cómo lo has soportado?».

Cuando Epicteto reprendió a la persona que leía los argumentos hipotéticos, y el profesor que había sugerido la lectura se reía del lector, Epicteto le dijo al profesor: «Te ríes de ti mismo; no has preparado al joven ni te has cerciorado de si era capaz de entender estas cuestiones, pero quizá solo lo empleas como lector». Pues bien, dijo Epicteto, si un hombre no tiene la capacidad suficiente para comprender un complejo, ¿confiamos en él para dar elogios, confiamos en él para dar culpas, permitimos que sea capaz de formarse un juicio sobre lo bueno o lo malo? Y, si tal hombre culpa a alguien, ¿le importa si alaba a alguien?, ¿está el hombre eufórico, cuando, en asuntos tan pequeños como un silogismo hipotético, el que alaba no puede ver lo que es consecuente con la hipótesis? Este es, pues, el principio de la filosofía, la percepción del hombre del estado de su facultad rectora; porque cuando un hombre sabe que es débil, entonces no la empleará en cosas de la mayor dificultad. Pero en la actualidad, los hombres no pueden tragar ni siquiera un bocado, y compran volúmenes enteros e intentan devorarlos, y esta es la razón por la que los vomitan o sufren indigestión, y vienen los apretones, los deflujos y las fiebres. Estos hombres deberían considerar cuál es su capacidad. En teoría es fácil convencer a un ignorante, pero en los asuntos de la vida real nadie se ofrece a ser convencido, y odiamos al hombre que nos ha convencido. Sin embargo, Sócrates nos aconseja no vivir una vida que no se someta a examen.

27

De cuántas maneras existen las apariencias, y qué ayudas debemos tener para con ellas

Las apariencias se nos presentan de cuatro maneras, porque o bien las cosas aparecen como son; o no son, y ni siquiera parecen ser; o son, y no parecen ser; o no son, y sin embargo parecen ser. Además, en todos estos casos, formar un juicio correcto es el oficio de un hombre educado. Pero sea lo que sea lo que nos moleste, a eso debemos aplicarle un remedio. Si lo que molesta son los sofismas de Pirro y de los académicos[51], debemos aplicarles el remedio. Si es la persuasión de las apariencias, por la que algunas cosas parecen ser buenas cuando no lo son, busquemos un remedio para esto. Si es el hábito lo que nos molesta, debemos tratar de buscar ayuda contra el hábito. ¿Qué ayuda, entonces, podemos encontrar contra el hábito? El hábito contrario. Oyes a los ignorantes decir: «Ese desgraciado está muerto, su padre y su madre están abrumados por el dolor. Fue alcanzado por una muerte prematura y en tierra extranjera». He aquí el modo contrario de hablar, despréndete de estas expresiones: opone a un hábito el hábito contrario; a los sofismas opone la razón, y el ejercicio y la disciplina de la razón; contra las apariencias persuasivas, debemos tener precogniciones manifiestas, limpias de toda impureza y a mano. Cuando la muerte aparece como un mal, debemos tener preparada esta regla: es conveniente evitar las cosas malas, y la muerte es una cosa necesaria. Porque, ¿qué he de hacer y de dónde he de escapar? Supongamos que no soy Sarpedón, el hijo de Zeus, ni puedo hablar de esta noble manera: «Iré y estoy resuelto a comportarme valientemente yo mismo o a dar a otro la

51 Estos sofismas defendían la imposibilidad del conocimiento. Al mismo tiempo, negaban la existencia de los sentidos en contraposición a escuelas más dogmáticas.

oportunidad de hacerlo; si no consigo hacer nada yo mismo, no le negaré a otro el hacer algo noble». Supongamos que está por encima de nuestro poder actuar así, ¿no está en nuestro poder razonar de ese modo? Decidme dónde puedo escapar de la muerte, descubridme el país, mostradme los hombres a los que debo ir, a los que la muerte no visita. Descúbreme un amuleto contra la muerte. Si no lo tengo, ¿qué quieres que haga? No puedo escapar de la muerte. ¿No escaparé del miedo a la muerte, sino que moriré lamentándome y temblando? Pues el origen de la perturbación es este: desear algo, y que esto no suceda. Por eso, si puedo cambiar las cosas externas según mi deseo, las cambio; pero, si no puedo, estoy dispuesto a arrancar los ojos a quien me lo impida. Porque la naturaleza del hombre es no soportar ser privado del bien, y no soportar la caída en el mal. Entonces, por fin, cuando no soy capaz de cambiar las circunstancias ni de arrancarle los ojos a quien me estorba, me siento y gimo, y abuso de quien puedo, de Zeus y del resto de los dioses. Porque si ellos no se preocupan por mí, ¿qué son para mí? «Sí, pero serás un impío». ¿En qué sentido será, entonces, peor para mí que ahora? Para resumir, recuerda esto: a menos que la piedad y tu interés estén en la misma cosa, la piedad no puede mantenerse en ningún hombre. ¿No te parecen necesarias estas cosas?

Que los seguidores de Pirro y los académicos vengan y hagan sus objeciones. Porque yo, por mi parte, no tengo tiempo libre para estas disputas ni soy capaz de emprender la defensa de común acuerdo. Si tuviera un pleito incluso sobre un pedazo de tierra, llamaría a otro para que defendiera mis intereses. ¿Con qué pruebas me conformo entonces? Con las que pertenecen al asunto en cuestión. Cómo se efectúa la percepción, ya sea a través de todo el cuerpo o de alguna parte, tal vez no pueda explicarlo, pues ambas opiniones me dejan perplejo. Pero que tú y yo no somos lo mismo, lo sé con perfecta certeza. «¿Cómo lo sabes?». Cuando tengo la intención de tragar algo, nunca lo llevo a tu boca, sino a la mía. Cuando tengo intención de tomar pan, nunca me aferro a una escoba, sino que siempre voy al pan como a una marca. Y vosotros mismos, que quitáis la evidencia de los sentidos, ¿actuáis de otro modo? ¿Quién de vosotros, cuando tiene intención de entrar en un baño, ha entrado alguna vez en un molino? ¿Y qué? ¿No deberíamos aferrarnos con todo nuestro poder a esto también, al mantenimiento de la opinión general, y fortificarnos contra los argumentos que se dirigen contra ella? ¿Quién niega que debamos hacer esto? Pues bien, debe hacerlo quien pueda, quien tenga tiempo para ello, pero, en cuanto al que tiembla y se perturba y tiene el corazón roto, debe emplear mejor su tiempo en otra cosa.

28

Que no debemos enojarnos con la gente; y cuáles son las cosas pequeñas y cuáles las grandes entre la gente

¿Cuál es la causa de asentir a algo? El hecho de que parece ser verdad. Por lo tanto, no es posible asentir a lo que parece no ser cierto. ¿Por qué? Porque esta es la naturaleza del entendimiento, inclinarse hacia lo verdadero, no estar satisfecho con lo falso, y en asuntos inciertos retener el asentimiento. ¿Cuál es la prueba de esto? «Imagina, si puedes, que ahora es de noche». No es posible. «Quita tu persuasión de que es de día». No es posible. «Persuádete o quítate la persuasión de que las estrellas son pares». Es imposible. Cuando, pues, cualquier hombre asiente a lo que es falso, ten la seguridad de que no tuvo la intención de asentirlo como falso, pues toda alma se priva involuntariamente de la verdad, como dice Platón; pero la falsedad le pareció verdadera.

Pues bien, en los actos, ¿qué tenemos del mismo tipo que aquí?, ¿verdad o mentira? Tenemos lo conveniente y lo no conveniente, lo provechoso y lo no provechoso, lo que conviene a una persona y lo que no le conviene, y todo lo que es semejante a esto. ¿Puede, entonces, un hombre pensar que una cosa es útil para él y no elegirla? No puede. ¿Cómo dice Medea? «Es cierto que sé el mal que haré, pero la pasión supera el mejor consejo[52]».

Pensó que dar rienda suelta a su pasión y vengarse de su marido era más provechoso que salvar a sus hijos. «Así fue; pero se engañó». Muéstrale claramente que está engañada, y no lo hará, pero, mientras no se lo muestres, ¿qué puede seguir, sino lo que le parece a ella misma? Nada más. ¿Por qué, entonces, te enfadas con la infeliz mujer porque ha sido desconcertada en las cosas más importantes, y se ha convertido en una víbora en lugar de una criatura humana? ¿Y por qué no, si es posible, compadecéis más bien, como compadecemos a los ciegos y cojos, a los que están cegados y mutilados en las facultades que son supremas?

Quien, pues, recuerde claramente esto, que para el hombre la medida de todo acto es la apariencia —si la cosa parece buena o mala: si es buena, está libre de culpa; si es mala: él mismo sufre la pena, pues es imposible que el que se engaña sea una persona, y el que sufre sea otra[53]—, no se enfadará con nadie, no se ensañará con nadie, no injuriará ni culpará a nadie, ni odiará ni reñirá con nadie.

«¿Entonces, todos estos grandes y terribles hechos tienen el origen en la apariencia?». Sí, este origen y no otro. La *Ilíada* no es otra cosa que la apariencia y el uso de las apariencias. A Paris se le apareció llevarse a la esposa de Menelao; a Helena se le apareció seguirlo. Si, entonces, se le hubiera aparecido a Menelao sentir que era una ganancia el verse privado de tal esposa, ¿qué habría pasado? No solamente se habría perdido la *Ilíada*, sino también la *Odisea*. «¿De un asunto tan pequeño dependían, entonces, cosas tan grandes?». Pero ¿qué quieres decir con cosas tan grandes? Guerras y conmociones civiles, y la destrucción de muchos hombres y ciudades. ¿Y qué gran asunto es este? «¿No es nada?». ¿Qué gran asunto es la muerte de muchos bueyes y muchas ovejas, y muchos nidos de golondrinas o

52 EURÍPIDES, *Medea*.

53 En el estoicismo no hay males ni perjuicios que estén fuera de la propia voluntad, y los errores ajenos no se relacionan con la propia voluntad.

cigüeñas quemados o destruidos? «¿Son estas cosas, entonces, como aquellas?». Muy parecidas. Murieron los cuerpos de los hombres y de los bueyes y de las ovejas; las moradas de los hombres fueron quemadas, y también los nidos de las cigüeñas. ¿Qué hay de grande o de espantoso en esto? O muéstrame cuál es la diferencia entre la casa de un hombre y el nido de una cigüeña, en cuanto a que para cada uno es una vivienda, salvo que el hombre construye sus casitas de vigas y tejas y ladrillos, y la cigüeña las construye de palos y barro. «¿Son, pues, la cigüeña y el hombre semejantes?». ¿Qué dices? En el cuerpo son muy parecidos. «Entonces, ¿el hombre no difiere en nada de la cigüeña?». No supongas que yo digo eso, pero no hay diferencia en estos asuntos. «¿En qué consiste la diferencia?». Busca y encontrarás que hay diferencia en otro asunto. Mira si no está en un hombre la comprensión de lo que hace, mira si no está en la comunidad social, en la fidelidad, en la modestia, en la constancia, en la inteligencia.

¿Dónde está, entonces, el gran bien y el gran mal en los hombres? Es donde está la diferencia. Si la diferencia se conserva y permanece cercada, y no se destruye la modestia, ni la fidelidad, ni la inteligencia, entonces el hombre también se conserva; pero si alguna de estas cosas es destruida y asaltada como una ciudad, entonces el hombre también perece; y en esto consisten las grandes cosas. ¿Paris, dices, sufrió un gran daño cuando los helenos invadieron y cuando asaltaron Troya, y cuando sus hermanos perecieron? De ninguna manera, ya que ningún hombre es dañado por una acción que no sea la suya. Lo que sucedió en ese momento fue solamente la destrucción de los nidos de las cigüeñas: la ruina de Paris fue cuando perdió el carácter de la modestia, la fidelidad, la consideración de la hospitalidad y la decencia. ¿Cuándo se arruinó Aquiles? ¿Fue cuando murió Patroclo? No fue así. Pero ocurrió cuando empezó a enfadarse, cuando lloró por una chica, cuando olvidó que estaba en Troya no para conseguir amantes, sino para luchar. Estas cosas son la ruina de los hombres, esto es ser asediado, esto es la destrucción de las ciudades, cuando se destruyen las opiniones correctas, cuando se corrompen.

«Cuando, entonces, las mujeres son llevadas, cuando los niños son hechos cautivos, y cuando los hombres son asesinados, ¿no son estos males?». ¿Cómo es, entonces, que añades a los hechos estas opiniones? Explícame también esto. «No lo haré, pero ¿cómo es que dices que no son males?». Vayamos a las reglas: recurre a las precogniciones, pues es porque esto se descuida que no podemos asombrarnos suficientemente de lo que hacen los hombres. Cuando pretendemos juzgar sobre pesos, no juzgamos por conjeturas; cuando pretendemos juzgar de rectos y torcidos, no juzgamos por conjeturas. En todos los casos en que nos interesa saber lo que es verdad en cualquier asunto, ningún hombre entre nosotros hará nada por suposición. Pero en las cosas que dependen de la primera y única causa de hacer el bien o el mal, de la felicidad o la infelicidad, de ser afortunado o desafortunado, ahí solo somos desconsiderados y precipitados. No hay, entonces, nada parecido a escalas, nada parecido a una regla, pero se presenta alguna apariencia y enseguida actúo de acuerdo con ella. ¿Debo, entonces, suponer que soy superior a Aquiles o a Agamenón, para que ellos siguiendo las apariencias hagan y sufran tantos males, y no me bastará la apariencia? ¿Y qué tragedia tiene otro comienzo? El *Atreo*, de Eurípides, ¿qué es? Una apariencia. El *Edipo*, de Sófocles, ¿qué es? Una apariencia. ¿El *Fénix*? Una apariencia. ¿El *Hipólito*? Una apariencia. ¿Qué clase de hombre es entonces?, ¿se supone que es el que no presta atención a este asunto? ¿Y cómo se llama a los que siguen todas las apariencias? «Se los llama locos». ¿Actuamos, entonces, de forma diferente?

29

Sobre la constancia

El ser del bien es una determinada voluntad; el ser del mal es un determinado tipo de voluntad. ¿Qué es, entonces, lo externo? Materiales para la voluntad, sobre los cuales la voluntad, estando en contacto, obtendrá su propio bien o mal. ¿Cómo obtendrá el bien? Si no admira los materiales, porque las opiniones sobre los materiales, si las opiniones son correctas, hacen que la voluntad sea buena; pero las opiniones perversas y distorsionadas hacen que la voluntad sea mala. Dios ha fijado esta ley, y dice: «Si quieres tener algo bueno, recíbelo de ti mismo». Tú dices: «No, pero lo tengo de otro». No lo hagas así, pero recíbelo de ti mismo. Por eso, cuando el tirano me amenaza y me llama, digo: «¿A quién amenazas?». Si dice: «Te encadenaré», digo: «Amenazas mis manos y mis pies». Si dice: «Te cortaré la cabeza», respondo: «Amenazas mi cabeza». Si dice: «Te meteré en la cárcel», le respondo: «Amenazas todo este pobre cuerpo». Si me amenaza con el destierro, digo lo mismo. «Entonces, ¿no te amenaza en absoluto?». Si siento que todas estas cosas no me conciernen, no me amenaza en absoluto, pero si temo a alguna de ellas, es a mí a quien amenaza. ¿A quién temo entonces? ¿Al dueño de qué? ¿Al dueño de las cosas que están en mi poder? No existe tal amo. ¿Temo al amo de las cosas que no están en mi poder? ¿Y qué son esas cosas para mí?

«¿Los filósofos nos enseñan, entonces, a despreciar a los reyes[54]?». Espero que no. ¿Quién de nosotros enseña a reclamar contra ellos el poder sobre las cosas que poseen? Tomad mi pobre cuerpo, tomad mi propiedad, tomad mi reputación, tomad a los que me rodean. Si aconsejo a alguna persona que reclame estas cosas, puede acusarme

54 Los estoicos eran acusados de lesa majestad y de atentar contra la seguridad del Estado, y tuvieron que defenderse.

con toda seguridad. «Sí, pero también pretendo ordenar sus opiniones». ¿Y quién te ha dado ese poder? ¿Cómo puedes conquistar la opinión de otro hombre? «Aplicando el terror a ella —responde—, la conquistaré». ¿No sabes que la opinión se conquista a sí misma, y no es conquistada por otra? Nada más puede conquistar la voluntad sino la propia voluntad. Por esta razón, también la ley de Dios es la más poderosa y la más justa, que es esta: «Que el más fuerte sea siempre superior al más débil». «Diez son más fuertes que uno». ¿Para qué? Para encadenar, para matar, para arrastrar a donde quieran, para quitarle al hombre lo que tiene. Por lo tanto, los diez conquistan al uno en esto en lo que son más fuertes. «¿En qué, pues, son más débiles los diez?». Si uno posee opiniones correctas y los otros no. «Entonces, ¿pueden los diez vencer en este asunto?». ¿Cómo es posible? Si fuéramos colocados en la balanza, ¿no debe el más pesado bajar la balanza en la que está?

«Qué extraño, entonces, que Sócrates haya sido tratado así por los atenienses». Esclavo, ¿por qué dices Sócrates? Habla de la cosa como es: qué extraño que el pobre cuerpo de Sócrates haya sido llevado y arrastrado a la cárcel por hombres más fuertes, y que alguien haya dado cicuta al pobre cuerpo de Sócrates, y que este exhalara la vida. ¿Te parecen extrañas estas cosas, te parecen injustas, culpas a Dios por estas cosas? Si Sócrates no tenía un equivalente para estas cosas, ¿dónde estaba, entonces, la naturaleza del bien para él? ¿A quién debemos escuchar, a ti o a él? ¿Y qué dice Sócrates? «Cualquiera y Meleto pueden matarme, pero no pueden herirme». Además, dice: «Si a Dios le place, que así sea». Pero muéstrame que el que tiene los principios inferiores supera al que es superior en principios. Jamás lo demostrarás, ni te acercarás a demostrarlo, porque esta es la ley de la naturaleza y de Dios, que el superior siempre supere al inferior. ¿En qué? En lo que es superior. Un cuerpo es más fuerte que otro, muchos son más fuertes que uno; el ladrón es más fuerte que el que no es ladrón. Esta es la razón por la que yo también perdí mi lámpara, porque en la vigilia el ladrón era superior a mí.

Pero el hombre compró la lámpara a este precio: por una lámpara se convirtió en un ladrón, un tipo sin fe, una bestia salvaje. Esto le pareció un buen negocio. Que así sea.

Pero un hombre me ha agarrado por la capa y me está arrastrando a la plaza pública, entonces, otros gritan: «Filósofo, ¿de qué han servido tus opiniones?, mira, te arrastran a la cárcel, vas a ser decapitado». ¿Y qué sistema filosófico podría haber hecho que, si un hombre más fuerte se aferrara a mi capa, no fuera arrastrado? Para que, ¿si diez hombres se aferraran a mí y me metieran en la cárcel, no me encerraran? ¿No he aprendido nada más entonces? He aprendido a ver que todo lo que sucede, si es independiente de mi voluntad, no es nada para mí. Puedo preguntar si no has ganado con esto. ¿Por qué, entonces, buscas la ventaja en otra cosa que no sea aquello en lo que has aprendido que está la ventaja? Entonces, sentado en la cárcel, digo: «El hombre que grita de esta manera no escucha lo que significan las palabras ni entiende lo que se dice, ni le interesa saber lo que dicen los filósofos o lo que hacen. Dejadle en paz».

Ahora le dice al preso: «Sal de tu prisión». Si ya no tienes necesidad de mí en la cárcel, salgo; si vuelves a tener necesidad de mí, entraré en la cárcel. «¿Hasta cuándo actuarás así?». Mientras la razón me exija estar con el cuerpo, pero cuando la razón no lo exija, quítamelo, y que te vaya bien. Solo que no hay que hacerlo desconsideradamente, ni débilmente, ni por ninguna razón leve; porque, por otra parte, Dios no quiere que se haga, y tiene necesidad de tal mundo y de tales habitantes en él. Pero si hace sonar la señal de retirada, como hizo con Sócrates, debemos obedecer a quien da la señal, como si fuera un general[55].

«Entonces, ¿debemos decir esas cosas a los muchos?» ¿Por qué habríamos de hacerlo? ¿No basta con que el hombre se persuada a sí mismo? Cuando los niños vienen aplaudiendo y gritando: «Hoy son las buenas Saturnales», ¿acaso decimos: «Las Saturnales no son

55 En relación clara de la obediencia a Dios como la del soldado al general.

buenas»? En absoluto, pero nosotros también aplaudimos. Entonces, cuando no seas capaz de hacer que un hombre cambie de opinión, ten la seguridad de que es un niño, y aplaude con él, y si no decides hacerlo, guarda silencio. El hombre debe tener esto en cuenta; y cuando sea llamado a cualquier dificultad de este tipo, debe saber que ha llegado el momento de mostrar si ha sido instruido. Pues, el que se ve en una dificultad es como un joven de escuela que ha practicado la resolución de silogismos; y si alguien le propone un silogismo fácil, dice: «Más bien proponme un silogismo hábilmente complicado para que me ejercite en él». Incluso los atletas están insatisfechos con los jóvenes ligeros, y dicen: «No puede levantarme. Este es un joven de noble disposición». Pero cuando llega el momento de la prueba, uno de ustedes debe llorar y decir: «Ojalá hubiera aprendido más». ¿Un poco más de qué? Si no aprendiste estas cosas para mostrarlas en la práctica, ¿para qué las aprendiste? Creo que hay alguno entre vosotros que está sentado aquí, que está sufriendo como una mujer de parto, y diciendo: «Oh, que no se me presente una dificultad semejante a la que le ha llegado a este hombre; oh, que esté desperdiciando mi vida en un rincón, cuando podría ser coronado en Olimpia. ¿Cuándo me anunciará alguien tal concurso?». Tal debería ser la disposición de todos vosotros. Incluso entre los gladiadores del César hay algunos que se quejan penosamente de que no se les presenta y se les empareja, y elevan oraciones a Dios y se dirigen a sus superintendentes rogándoles que puedan luchar. ¿Y no hay nadie entre vosotros que se muestre así? De buena gana haría un viaje con este fin y vería lo que hace mi atleta, cómo estudia su tema[56]. «No elijo tal tema», dice.

¿Está en tu poder para tomar el supuesto que quieras? Se te ha dado un cuerpo como el que tienes, tales padres, tales hermanos, tal país, tal lugar en tu país; entonces, vienes a mí y dices: «Cambia mi tema». ¿No tienes habilidades que te permitan manejar el tema que

56 Se refiere a los sucesos de la vida que no son elegibles.

se te ha dado? «A ti te corresponde proponer; a mí me corresponde ejercitarme bien». Sin embargo, no dices eso, sino que dices: «No me propongas tal tropelía, sino tal; no me insistas en tal objeción, sino en tal». Habrá un tiempo, tal vez, en que los actores trágicos supondrán que son máscaras y coturnos y largos mantos. Yo digo que estas cosas, hombre, son tu material y tu tema. Di algo para que podamos saber si eres un actor trágico o un bufón, pues ambos tienen todo lo demás en común. Si al actor trágico se le quita la piel y la máscara, y se le introduce en el escenario como un fantasma, ¿se pierde el actor trágico o sigue existiendo? Si tiene voz, aún permanece. Un ejemplo de otro tipo: «Asume la gobernación de una provincia». La asumo, y cuando la he asumido, muestro cómo se comporta un hombre instruido. «Deja a un lado el laticlave y, vistiéndote con harapos, preséntate con este carácter». ¿Qué no tengo, entonces, el poder de mostrar una buena voz? ¿Cómo, entonces, te presentas ahora? Como un testigo convocado por Dios. «Acércate, tú, y da testimonio por mí, pues eres digno de ser presentado como testigo por mí: ¿es bueno o malo algo externo a la voluntad?, ¿hago daño a algún hombre?, ¿hago depender el interés de cada hombre de otro que no sea él mismo?». ¿Qué testimonio das por Dios? «Estoy en una condición miserable, Maestro, y soy desgraciado; ningún hombre se preocupa por mí, ningún hombre me da nada; todos me culpan, todos hablan mal de mí». ¿Es esta la prueba que vas a dar y vas a deshonrar su convocatoria, que tanto honor te ha conferido y te ha considerado digno de ser llamado a dar tal testimonio?

Pero supongamos que quien tiene el poder ha declarado: «Te juzgo impío y profano». ¿Qué te ha pasado? «Me han juzgado impío y profano». ¿Nada más? «Nada más». Pero si la misma persona hubiera juzgado un silogismo hipotético, y hubiera hecho una declaración: «La conclusión de que, si es de día, es de luz, la declaro falsa», ¿qué ha sucedido con el silogismo hipotético? ¿Quién es juzgado en este caso?, ¿quién ha sido condenado?, ¿el silogismo hipotético o el hombre que ha sido engañado por él? ¿Sabe, pues, el que tiene la facultad de hacer cualquier declaración sobre él mismo lo que es piadoso o impío? ¿Lo ha estudiado y lo ha aprendido? ¿De dónde? ¿De quién? Entonces, ¿es el hecho de que un músico no presta atención a quien declara que el acorde más bajo de la lira es el más alto; ni tampoco un geómetra si declara que las líneas desde el centro de un círculo hasta la circunferencia no son iguales; y el que está realmente instruido, ¿prestará atención al hombre no instruido cuando pronuncia un juicio sobre lo que es piadoso y lo que es impío, sobre lo que es justo e injusto?

Oh, la señal de mal que hacen los instruidos. ¿Aprendieron esto aquí? ¿No dejarán las pequeñas discusiones sobre estos asuntos a otros, a compañeros perezosos, para que se sienten en un rincón y reciban su lamentable paga, o refunfuñen porque nadie les da nada; y no se adelantarán y harán uso de lo que han aprendido? Porque no son estos pequeños argumentos los que se necesitan ahora, los escritos de los estoicos están llenos de ellos. ¿Qué es, entonces, lo que se necesita? Un hombre que los aplique, uno que con sus actos dé testimonio de sus palabras. Asumid, os ruego, este carácter, para que ya no utilicemos en las escuelas los ejemplos de los antiguos, sino que tengamos algún ejemplo propio.

¿A quién corresponde, pues, la contemplación de estos asuntos? Al que tiene tiempo libre, pues el hombre es un animal que ama la contemplación. Pero es vergonzoso contemplar estas cosas como lo hacen los esclavos fugitivos; deberíamos sentarnos, como en un teatro, libres de distracción, y escuchar en un momento al actor trágico, en otro al que toca el laúd, y no hacer como los esclavos. Tan pronto como el esclavo haya tomado su puesto, alaba al actor y al mismo tiempo mira a su alrededor. Entonces, si alguien grita el nombre de su amo, el esclavo se asusta y se perturba inmediatamente. Es vergonzoso que los filósofos contemplen así las obras de la naturaleza. Porque, ¿qué es un amo? El hombre no es el amo del hombre, pero la muerte sí lo es, y la vida y el placer y el dolor; pues si viene sin estas cosas, traedme al César y veréis qué firme soy. Pero cuando venga con estas cosas, truenos y relámpagos, y cuando tenga miedo de ellos, ¿qué hago, entonces, sino reconocer a mi amo como el esclavo fugitivo? Pero mientras tenga algún respiro de estos terrores, como un esclavo fugitivo se queda en el teatro, así hago yo: me baño, bebo, canto; pero todo esto lo hago con terror y desasosiego. Sin embargo, si me libero de mis amos, es decir, de aquellas cosas por medio de las cuales los amos son formidables, ¿qué más problemas tengo?, ¿qué amo tengo todavía? «¿Qué, pues, debemos publicar estas cosas a todos los hombres?». No, sino que debemos acomodarnos a los ignorantes y decir: «Este hombre me recomienda lo que cree que es bueno para él: Yo lo disculpo». Porque también Sócrates disculpó al carcelero que lo tenía a su cargo en la cárcel y que lloraba cuando Sócrates iba a beber el veneno, y dijo: «Qué generosamente se lamenta por nosotros». ¿Dice, entonces, al carcelero que por esta razón hemos despedido a las mujeres? No, sino que se lo dice a sus amigos que pudieron oírlo, y trata al carcelero como a un niño.

30

Lo que debemos tener preparado en circunstancias difíciles

Cuando te dirijas a cualquier gran personaje, recuerda que otro[57] también desde arriba ve lo que sucede, y que debes complacerle a él antes que a los demás. Él, entonces, que ve desde arriba, te pregunta: «En las escuelas, ¿qué solías decir sobre el exilio y las ataduras, la muerte y la desgracia?». Solía decir que son cosas indiferentes. «¿Qué dices, entonces, de ellas ahora? ¿Han cambiado algo?». No. «¿Están cambiadas entonces?». No. «¿Dime, entonces, qué cosas son indiferentes?». Las cosas que son independientes de la voluntad. «Dime, además, qué se desprende de esto». Las cosas que son independientes

57 Dios.

de la voluntad no son nada para mí. «Dime también sobre el bien, ¿cuál era tu opinión?». Una voluntad como la que debemos tener y también un uso de las apariencias. «Y el fin, ¿cuál es?». Seguirte a ti. «¿También dices esto ahora?». También digo lo mismo ahora.

Entonces, entra en el gran personaje con valentía y recuerda estas cosas; y verás lo que es un joven que ha estudiado lo debido cuando está entre hombres que no lo han estudiado. En efecto, me imagino que tendrás pensamientos como estos: «¿Por qué hacemos tantos y tan grandes preparativos para nada? ¿Es esto lo que los hombres llaman poder? ¿Es esto la antecámara?, ¿los hombres de la alcoba? ¿los guardias armados? ¿Es por esto por lo que he escuchado tantos discursos? Todo esto no es nada: pero me he estado preparando para algo grande».

LIBRO DOS

1

Que la confianza no es incompatible con la prudencia

La opinión de los filósofos, tal vez, les parezca a algunos una paradoja, aun así, la examinaremos lo mejor que podamos si es cierto que es posible hacer todo tanto con precaución como con confianza. Porque la cautela parece ser en cierto modo contraria a la confianza, y los contrarios no son en absoluto coherentes. Lo que a muchos les parece una paradoja en el asunto que estamos considerando, en mi opinión, es de este tipo: si afirmáramos que debemos emplear la precaución y la cautela en las mismas cosas, los hombres podrían acusarnos justamente de juntar cosas que no pueden estar unidas. Pero ahora, ¿dónde está la dificultad de lo que se dice? Porque si son ciertas estas cosas, que se han dicho y probado a menudo, que la naturaleza del bien está en el uso de las apariencias, y la naturaleza del mal igualmente, y que las cosas independientes de nuestra voluntad no admiten ni la naturaleza del mal ni la del bien, ¿qué paradoja afirman los filósofos si dicen que, donde las cosas no dependen de la voluntad, allí debes emplear la confianza; pero, donde dependen de la voluntad, allí debes emplear la precaución? Porque si el mal consiste en un mal ejercicio de la voluntad, la precaución solo debe emplearse donde las cosas dependen de la voluntad. Si las cosas independientes de la voluntad y que no están en nuestro poder no son nada para nosotros, con respecto a ellas, debemos emplear la confianza; y así seremos tanto cautelosos como confiados y, de hecho, confiados a causa de nuestra cautela. Porque, empleando la cautela respecto de las cosas que son realmente malas, tendremos confianza respecto de las que no lo son.

Estamos, entonces, en la condición de los ciervos; cuando huyen asustados de las plumas[58] de los cazadores, ¿a dónde se dirigen y en qué buscan refugio como algo seguro? Se dirigen a las redes, y así perecen al confundir las cosas que son objeto de temor con las que no deben temer.

Así actuamos también: ¿en qué casos tememos? En los que son independientes de la voluntad. ¿En qué casos, por el contrario, nos comportamos con confianza, como si no hubiera peligro? En los que dependen de la voluntad. Ser engañados o actuar precipitadamente o con desvergüenza o con vil deseo de buscar algo no nos preocupa en absoluto si solo damos en el blanco en las cosas que son independientes de nuestra voluntad. Pero donde hay muerte, o destierro o dolor o infamia, allí intentamos o examinamos huir, allí nos asalta el terror. Por lo tanto, como es de esperar que suceda con los que se equivocan en los asuntos más importantes, convertimos la confianza natural en audacia, desesperación, temeridad, desvergüenza; y convertimos la cautela y la modestia naturales en cobardía y mezquindad, que están llenas de miedo y confusión. Porque si un hombre transfiere la cautela a las cosas en las que puede ejercitarse la voluntad y a los actos de la voluntad, inmediatamente, al querer ser cauteloso, tendrá también el poder de evitar lo que elija; pero si la transfiere a las cosas que no están en su poder y voluntad, y trata de evitar las cosas que están en el poder de otros, necesariamente temerá, será inestable, estará perturbado. Porque la muerte o el dolor no son formidables,

58 La referencia es a una trampa de caza con plumas para ahuyentar a los ciervos y así lograr que se dirijan a redes en las que son atrapados.

sino el miedo al dolor o a la muerte. Por eso, alabamos al poeta que dijo: «La muerte no es mala, sino una muerte vergonzosa[59]».

La confianza debería emplearse, entonces, contra la muerte, y la precaución, contra el miedo a la muerte. Pero ahora hacemos lo contrario, y empleamos contra la muerte el intento de huir; y a nuestra opinión sobre ella le añadimos el descuido, la temeridad y la indiferencia. A estas cosas Sócrates las llamaba propiamente «máscaras trágicas», pues, así como a los niños las máscaras les parecen terribles y temibles por su inexperiencia, a nosotros también nos afectan los acontecimientos de la misma manera que a los niños las máscaras. Porque, ¿qué es un niño? La ignorancia. ¿Qué es un niño? La falta de conocimiento. Porque cuando un niño sabe estas cosas, no es en absoluto inferior a nosotros. ¿Qué es la muerte? Una «máscara trágica». Gírala y examínala. Mira, no muerde. El pobre cuerpo debe separarse del espíritu ahora o después, como antes se separó de él. ¿Por qué, entonces, te preocupas si se separa ahora? Porque si no se separa ahora, se separará después. ¿Por qué? Para que el período del universo se complete, pues tiene necesidad del presente, del futuro y del pasado. ¿Qué es el dolor? Una máscara. Gírala y examínala. La pobre carne se mueve bruscamente, después, por el contrario, suavemente. Si esto no te satisface, la puerta está abierta; si lo hace, aguanta. Porque la puerta debe estar abierta para todas las ocasiones, y así no tendremos problemas.

¿Cuál es, entonces, el fruto de estas opiniones? El que debería ser lo más noble y lo que más conviene a los que están realmente educados, la liberación de la perturbación, la liberación del miedo, la libertad. Porque en estos asuntos no debemos creer a los muchos que dicen que solamente las personas libres deben ser educadas, sino que debemos creer a los filósofos que dicen que solo los educados son libres. «¿Cómo es esto?». De esta manera. ¿Acaso la libertad es otra cosa que el poder de vivir como queramos? «Nada más». Decidme,

59 Verso de autor desconocido.

entonces, hombres, ¿queréis vivir en el error? «No queremos». Nadie, pues, que viva en el error es libre. ¿Deseáis vivir en el miedo? ¿Deseáis vivir en la tristeza? ¿Deseáis vivir en la perturbación? «De ninguna manera». Nadie, pues, que esté en un estado de miedo o de pena o de perturbación es libre, pero quien se libra de las penas y de los miedos y de las perturbaciones, se libra también, al mismo tiempo, de la servidumbre. ¿Cómo, pues, podemos seguir creyendo en vosotros, queridísimos legisladores, cuando decís: «Solo permitimos que se eduquen personas libres»? Pues los filósofos dicen que no permitimos que nadie sea libre, excepto los educados; es decir, Dios no lo permite. «Cuando un hombre ha hecho que su propio esclavo de la vuelta ante el pretor[60], ¿no ha hecho nada?». Ha hecho algo. «¿Qué?». Ha dado la vuelta su propio esclavo ante el pretor. «¿No ha hecho nada más?». Sí, también está obligado a pagar por él el impuesto llamado la vigésima[61]. «Entonces, ¿no es libre el hombre que ha pasado por esta ceremonia?». No más que se ha convertido en libre de las perturbaciones. ¿No es el dinero su amo, o una muchacha o un muchacho, o algún tirano, o algún amigo del tirano? Es por esta razón que a menudo digo: Estudia y ten preparados estos principios por los que podrás determinar cuáles son las cosas en las que debes tener confianza, y cuáles son las cosas en las que debes ser cauto; valiente en lo que no depende de tu voluntad; cauto en lo que sí depende de ella.

«¿No te he leído, y no sabes lo que estaba haciendo[62]?». ¿En qué? «En mis pequeñas disertaciones». Muéstrame cómo eres con respecto al deseo y a la aversión; y muestra si no fallas en conseguir lo que deseas, y si no caes en las cosas que evitarías; pero en cuanto a estas largas y trabajadas frases, las tomarás y las borrarás.

60 Este movimiento formaba parte del rito de manumisión (dar libertad a un esclavo).

61 Tasa que había que pagar al Estado.

62 Se entiende que se trata de un discípulo que interrumpe a Epicteto porque le ha llevado su tarea.

«¿Qué no escribió, entonces, Sócrates[63]?». ¿Y quién escribió tanto? ¿Pero cómo? Como no podía tener siempre a mano a alguien para argumentar contra sus principios o para ser argumentado a su vez, solía argumentar y examinarse a sí mismo, y siempre trataba al menos algún tema de forma práctica. Estas son las cosas que escribe un filósofo. Pero las pequeñas disertaciones y ese método, del que hablo, él se lo deja para otros, para los estúpidos, o para aquellos hombres felices que estando libres de perturbaciones tienen tiempo libre o para aquellos que son demasiado tontos para calcular las consecuencias.

¿Y vas a ir ahora, cuando la oportunidad te invite, a exhibir esas cosas que posees, y a recitarlas, y a hacer un espectáculo ocioso, y a decir: «Mira cómo hago diálogos»? No lo hagas, hombre mío. Más bien, di: «Mira cómo no me decepciono de lo que deseo. Mira cómo no caigo en lo que quiero evitar. Pon ante mí la muerte, y verás. Pon delante de mí el dolor, la prisión, la desgracia y la condena». Este es el despliegue propio de un joven que ha salido de las escuelas. Pero deja lo demás a otros, y que nadie te oiga nunca decir una palabra sobre estas cosas; y, si alguien te elogia por ellas, no lo permitas, sino piensa que no eres nadie ni sabes nada. Demuestra solamente que sabes esto, cómo no ser nunca defraudado en tu deseo y cómo no caer nunca en lo que quisieras evitar. Deja que otros se afanen en las causas forenses, en los problemas y en los silogismos: esfuérzate tú en pensar en la muerte, en las cadenas, en el potro de tortura, en el destierro; y haz todo esto con confianza y seguridad en aquel que te ha llamado a estos sufrimientos, que te ha juzgado digno del lugar en el que, estando colocado, mostrarás qué cosas puede hacer el poder racional de gobierno cuando se enfrenta a las fuerzas que no están

63 Resulta interesante esta pregunta, ya que se supone que Sócrates no escribió. Podría referirse a la interrupción que había tenido el alumno anteriormente. Epicteto le contesta que debió hacer la tarea desde la filosofía, no desde la retórica.

dentro del poder de nuestra voluntad. Y así dejará de parecer imposible o paradójica esta paradoja de que un hombre debe ser al mismo tiempo cauto y valiente: valiente hacia las cosas que no dependen de la voluntad, y cauto en las cosas que están dentro del poder de la voluntad.

2

De la tranquilidad

Considera, tú, que vas a la corte, lo que deseas mantener y lo que deseas lograr. Porque si deseas mantener una voluntad conforme a la naturaleza, tienes toda la seguridad, toda la facilidad, no tienes problemas. Si deseas mantener lo que está en tu propio poder y es naturalmente libre, y si estás contento con esto, ¿qué más te importa? Porque, ¿quién es el dueño de esas cosas? ¿Quién puede quitarlas? Si eliges ser modesto y fiel, ¿quién no te permitirá serlo? Si eliges no ser restringido ni obligado, ¿quién te obligará a desear lo que crees que no debes desear?, ¿quién te obligará a evitar lo que no crees conveniente evitar? Pero ¿qué dices? El juez determinará contra ti algo que parece formidable, pero que tú también sufras al tratar de evitarlo, ¿cómo puede hacerlo? Cuando, pues, la persecución de los objetos y su evitación están en tu poder, ¿qué más te importa? Que este sea tu prefacio, esta tu narración, esta tu confirmación, esta tu victoria, esta tu perorata, este tu aplauso.

Por eso Sócrates dijo a uno que le recordaba que debía prepararse para su juicio: «¿No crees que me he estado preparando para ello toda mi vida?». ¿Con qué tipo de preparación? «He mantenido lo que estaba en mi poder». ¿Cómo? «Nunca he hecho nada injusto en mi vida privada ni en la pública».

Si quieres mantener también lo externo, tu pobre cuerpo, tu pequeña propiedad y tu poca estimación, te aconsejo que hagas desde este momento toda la preparación posible, y entonces considera tanto la naturaleza de tu juez como la de tu adversario. Si es necesario abrazar sus rodillas, abraza sus rodillas; si llorar, llora; si gemir, gime. Pues, cuando hayas sometido a lo externo lo que es tuyo, entonces sé esclavo y no te resistas, y no elijas a veces ser esclavo y a veces no elegir serlo, sino que con toda tu mente sé uno u otro, ya sea libre o esclavo, ya sea instruido o no instruido, ya sea un gallo bien educado o uno mezquino, ya sea que aguantes ser golpeado hasta morir o que te rindas de inmediato, y que no te suceda recibir muchos azotes y después rendirte. Pero si estas cosas son viles, determina inmediatamente: «¿Dónde está la naturaleza del mal y del bien? Está donde esté la verdad; donde esté la verdad, también está la naturaleza. Y allí está la cautela; donde está la verdad, y está el valor, en donde está la naturaleza».

Pues, ¿qué crees? ¿Crees que, si Sócrates hubiera querido preservar lo externo, se hubiera adelantado a decir: «Ánito y Meleto[64] pueden ciertamente matarme, pero para dañarme no son capaces»? ¿Era tan necio como para no ver que este camino no conduce a la conservación de la vida y la fortuna, sino a otro fin? ¿Cuál es la razón, entonces, de que no tenga en cuenta a sus adversarios, e incluso los irrite? Del mismo modo, mi amigo Heráclito[65], que tenía un pequeño pleito en Rodas sobre un pedazo de tierra y había demostrado a los jueces que su caso era justo, dijo, cuando había llegado a la perorata de su discurso: «No os rogaré ni me importará qué juicio daréis, y sois vosotros más que yo los que estáis en vuestro juicio». Y así terminó el asunto. ¿Qué necesidad había de esto? Solo no pedir, pero también no agregar «yo no suplico», a menos que hubiera una ocasión propicia para irritar a propósito a los jueces, como fue el caso de Sócrates. Y tú, si estás preparando tal perorata, ¿por qué

---

64 Ánito y Meleto: personajes de la obra de PLATÓN.

65 Se ignora cuál pudo ser la relación entre Epicteto y su «amigo» Heráclito.

esperas?, ¿por qué obedeces la orden de someterte a juicio? Pues, si quieres ser crucificado, espera y la cruz vendrá; pero, si decides someterte y defender tu causa lo mejor que puedas, debes hacer lo que sea coherente con ese objeto, siempre que mantengas lo que es tuyo.

Por eso también es ridículo decir: «Sugiéreme algo». ¿Qué debería sugerirte? «Pues que forme mi mente de manera que se acomode a cualquier acontecimiento». Pues, eso es lo mismo que si un hombre que ignorara las letras dijera: «Dime qué debo escribir cuando se me proponga cualquier nombre». Porque si le dijera que escribiera Dión, y después viniera otro y le propusiera no el nombre de Dión sino el de Teón, ¿qué hará? ¿Qué escribirá? Pero si se comporta de forma práctica escribiendo, también está preparado para escribir todo lo que se le pida. Si no lo está, ¿qué puedo sugerir ahora? Porque si las circunstancias exigen otra cosa, ¿qué dirá o qué hará? Recuerda, pues, este precepto general y no necesitarás ninguna sugerencia. Pero si buscas lo externo, deberás necesariamente ir de un lado a otro en obediencia a la voluntad de tu amo. ¿Y quién es el amo? Aquel que tiene el poder sobre las cosas que buscas ganar o tratas de evitar.

3

A los que recomiendan personas a los filósofos

Diógenes dijo bien a uno que le pedía cartas de recomendación: «Que eres un hombre —dijo—, lo sabrá en cuanto te vea; y sabrá si eres bueno o malo si es de experiencia hábil para distinguir lo bueno y lo malo; pero si no tiene experiencia, nunca lo sabrá, aunque le escriba diez mil veces». Pues es lo mismo que si una dracma pidiera ser recomendada a una persona para ser probada. Si él es hábil para probar la plata, sabrá lo que eres, pues te recomendarás a ti mismo. Entonces, también en la vida debemos tener cierta habilidad como en el caso de la moneda de plata para que un hombre pueda decir, como el juez de la plata: «Tráeme cualquier dracma y la probaré». Pero en el caso de los silogismos diría: «Traed a cualquier hombre que queráis, y yo distinguiré por vosotros al hombre que sabe resolver silogismos y al que no». ¿Por qué? Porque yo sé resolver silogismos. Tengo el poder que debe tener un hombre que es capaz de descubrir a los que tienen el poder de resolver silogismos. Pero en la vida, ¿cómo actúo? En un momento llamo a una cosa buena y, en otro momento, mala. ¿Cuál es la razón? La contraria a la que es en el caso de los silogismos, la ignorancia y la inexperiencia.

4

Contra una persona que alguna vez fue detectada en adulterio

Mientras Epicteto decía que el hombre está formado para la fidelidad, y que quien subvierte la fidelidad subvierte la característica peculiar de los hombres, entró uno de los que se consideran hombres de letras, quien una vez había sido detectado en adulterio en la ciudad. Entonces, Epicteto continuó: Pero si dejamos de lado esta fidelidad para la que hemos sido formados y hacemos designios contra la mujer de nuestro prójimo, ¿qué estamos haciendo? ¿Qué otra cosa sino destruir y derrocar? ¿A quién? Al hombre de la fidelidad, al hombre de la modestia, al hombre de la santidad. ¿Es esto todo? ¿Y no estamos derrocando la vecindad y la amistad y la comunidad? ¿Y en qué lugar nos ponemos? ¿Cómo te considero, hombre? ¿Como vecino, como amigo? ¿Qué tipo de vecino? ¿Como ciudadano? ¿En qué voy a confiar en ti? Si fueras un utensilio tan inútil que un hombre no pudiera utilizarte, te arrojarían a los montones de estiércol, y ningún hombre te recogería. Pero si, siendo un hombre, no puedes ocupar ningún lugar que corresponda a un hombre, ¿qué haremos contigo? Pues, supongamos que no puedes ocupar el lugar de un amigo, ¿podrás ocupar el lugar de un esclavo? ¿Y quién confiará en ti? ¿No te conformas, entonces, con que también te arrojen a algún lugar de un montón de estiércol, como un utensilio inútil y un pedazo de estiércol? ¿Entonces, dirás: «Nadie se preocupa por mí, un hombre de letras»? No lo hacen porque eres malo e inútil. Es como si las avispas se quejaran porque ningún hombre se preocupa por ellas, sino que todos huyen de ellas y, si uno puede, las golpea y las derriba. Tienes un aguijón tan grande que arrojas en problemas y dolor a cualquier hombre que hieres con él. ¿Qué quieres que hagamos contigo? No tenéis lugar donde se os pueda poner.

«¿Qué, pues, no son las mujeres comunes a todos por naturaleza[66]?». Así lo digo también; pues un cerdito es común a todos los invitados, pero cuando se hayan repartido las porciones, ve, si lo consideras oportuno, y arrebata la porción del que se reclina a tu lado, o róbala astutamente, o pon tu mano junto a ella y agárrala. Si no puedes arrancar un pedacito de la carne, engrasa tus dedos y lámelos. Un buen compañero de copas y un invitado socrático en verdad. «Bueno, ¿no es el teatro común a los ciudadanos?». Cuando, entonces, hayan tomado sus asientos, acércate si lo consideras oportuno, y expulsa a uno de ellos. Así también las mujeres son comunes por naturaleza. Cuando, pues, el legislador, como el dueño de un festín, las haya distribuido, ¿no buscarás tú también tu propia porción y no filtrarás y manejarás lo que pertenece a otro? «Pero yo soy un hombre de letras y entiendo a Arquedemo[67]». Entiende, pues, a Arquedemo, y sé adúltero e infiel, y en lugar de hombre, sé lobo o mono, ¿qué diferencia hay?

---

66 Los estoicos estaban de acuerdo con este mandato social ya expresado por Platón. Epicteto lo aceptaba, pero con algunas limitaciones.

67 Arquedemo de Tarso, filósofo estoico.

5

Cómo la magnanimidad es coherente con el cuidado

Las cosas en sí son indiferentes, pero el uso que se hace de ellas no es indiferente. ¿Cómo, pues, podrá un hombre conservar la firmeza y la tranquilidad y, al mismo tiempo, ser cuidadoso y no precipitarse ni ser negligente? Si imita a los que juegan a los dados, las fichas son indiferentes; los dados son indiferentes. ¿Cómo saber cuál será el reparto? Pero usar con cuidado y destreza el lanzamiento de los dados, este es mi negocio. Así, también en la vida, el principal asunto es este: distinguir y separar las cosas, y decir: «Lo externo no está en mi poder: la voluntad está en mi poder. ¿Dónde buscaré lo bueno y lo malo? Dentro, en las cosas que me pertenecen». Pero en lo que no te pertenece no llames a nada ni bueno ni malo, ni beneficioso ni dañino ni nada por el estilo.

«¿Y, entonces?, ¿qué? ¿Debemos usar tales cosas con descuido?». De ninguna manera: porque esto, por otra parte, es malo para la facultad de la voluntad y, por consiguiente, va contra la naturaleza; pero debemos actuar con cuidado porque el uso no es indiferente y también debemos actuar con firmeza y libertad de perturbaciones ya que el material es indiferente. Porque donde el material no es indiferente, allí ningún hombre puede obstaculizarme ni obligarme. Donde se me puede obstaculizar y obligar, la obtención de esas cosas no está en mi poder, ni es buena ni mala, pero el uso es malo o es bueno, y el uso está en mi poder. Es difícil mezclar y juntar estas dos cosas, el cuidado del que está afectado por el asunto y la firmeza del que no lo tiene en cuenta, aunque no es imposible; y si lo es, la felicidad es imposible. Debemos actuar como en el caso de un viaje. ¿Qué puedo hacer? Puedo elegir el capitán del barco, los marineros, el día, la oportunidad. Después viene una tormenta. ¿Qué más tengo que cuidar porque mi parte está hecha? El negocio pertenece a otro —el maestro—. Pero el barco se hunde, ¿qué tengo que hacer entonces?

Hago lo único que puedo, no ahogarme lleno de miedo, ni gritar, ni culpar a Dios, sabiendo que lo que se ha producido también debe perecer: pues no soy un ser inmortal, sino un hombre, una parte del todo, como una hora es una parte del día. Debo ser presente como la hora, y pasado como la hora. ¿Qué diferencia hay, pues, en la forma en que muera, ya sea por asfixia o por fiebre, pues debo pasar por algún medio?

Esto es justo lo que harán los que juegan a la pelota con habilidad. Nadie se preocupa de que la pelota sea buena o mala, sino de lanzarla y atraparla. En esto, pues, está la destreza, este es el arte, la rapidez, el juicio, de modo que si extiendo mi regazo puedo no ser capaz de atraparla, y otro, si tiro, puede atrapar la pelota. Pero si con perturbación y temor recibimos o lanzamos la pelota, ¿qué clase de juego es?, ¿y en qué se mantendrá firme el hombre?, ¿y cómo verá el hombre el orden en el juego? Pero uno dirá: «Lanza» o «No lances». Y otro dirá: «Has lanzado una vez». Esto es disputa, no es juego.

Sócrates, entonces, sabía jugar a la pelota. ¿Cómo? Usando la cortesía en el tribunal donde fue juzgado. «Dime —dijo—, Ánito, cómo dices que no creo en Dios. Los démones[68], ¿quiénes son, crees, tú? ¿No son hijos de los dioses, o compuestos de dioses y hombres?». Cuando Ánito lo admitió, Sócrates dijo: «¿Quién, entonces, piensas que puede creer que hay mulas, pero no asnos?». Y esto lo dijo como si estuviera jugando a la pelota. ¿Y qué era la pelota en ese caso? La vida, las cadenas, el destierro, un trago de veneno, la separación de la esposa, y dejar huérfanos a los hijos. Estas eran las cosas con las que jugaba, pero aun así jugaba y lanzaba la pelota con habilidad. Lo mismo deberíamos hacer nosotros: debemos emplear todo el cuidado de los jugadores, pero mostrar la misma indiferencia por la pelota. Porque debemos, por todos los medios, aplicar nuestro arte a

---

68 Los démones tienen en el culto religioso un papel de primer plano: son intermediarios entre los hombres y los dioses; trasladan a los dioses las plegarias de los hombres y a éstos los dones de los dioses.

algún material externo, no como valorando el material, sino, sea lo que sea, mostrando nuestro arte en él. Así también el tejedor no hace lana, sino que ejerce su arte sobre lo que recibe. Otro te da comida y bienes y es capaz de quitártelos y también tu pobre cuerpo. Cuando hayas recibido el material, trabaja en él. Si, entonces, sales sin haber sufrido nada, todos los que te encuentren te felicitarán por tu fuga; pero el que sabe mirar estas cosas[69], si ve que te has comportado correctamente en el asunto, te elogiará y se alegrará por ti; y si encuentra que debes tu fuga a alguna falta de comportamiento adecuado, hará lo contrario. Porque donde el regocijo es razonable, también es razonable la felicitación.

¿Cómo, pues, se dice que unas cosas externas son según la naturaleza y otras contrarias a la naturaleza? Se dice como si estuviéramos separados de la unión. Al pie diré que es conforme a la naturaleza que esté limpio; pero si lo tomas como un pie y como una cosa no desprendida, le corresponderá tanto pisar el barro como pisar espinas, y a veces ser cortado en beneficio de todo el cuerpo; de lo contrario, ya no es un pie. También debemos pensar de alguna manera en nosotros mismos. ¿Qué eres tú? Un hombre. Si te consideras a ti mismo como un ser separado de los demás hombres, es conforme a la naturaleza vivir hasta la vejez, ser rico, estar sano. Pero si te consideras un hombre y una parte de un cierto conjunto, es por el bien de ese conjunto que en un momento dado estés enfermo, en otro momento hagas un viaje y corras peligro, y en otro momento estés en la miseria y, en algunos casos, mueras prematuramente. ¿Por qué, entonces, te preocupas? ¿No sabes que, al igual que un pie ya no es un pie si se separa del cuerpo, tú ya no eres un hombre si te separas de los demás hombres? Porque, ¿qué es un hombre? Una parte de un estado, de ese primero que consiste en dioses y hombres; después de eso, del que esté más cercano, que es una pequeña imagen del estado universal. «¿Qué, pues?, ¿debo ser llevado a juicio? ¿Otro debe tener

69 Dios.

fiebre, otro navegar por el mar, otro morir, y otro ser condenado?». Sí, es imposible en tal cuerpo, en tal universo de cosas, entre tantos que conviven, que no sucedan tales cosas, unas a unos y otras a otros. Es, pues, vuestro deber, ya que habéis venido aquí, decir lo que debéis para arreglar estas cosas como conviene. Entonces, alguien dice: «Te acusaré de haberme hecho mal». Mucho bien te puede hacer. Yo he hecho mi parte, pero si tú también has hecho la tuya, debes fijarte en eso, porque también hay cierto peligro de que se te escape.

6

De la indiferencia

La proposición hipotética es indiferente; el juicio sobre ella no es indiferente, sino que es conocimiento u opinión o error. Así la vida es indiferente, el uso no es indiferente. Cuando cualquier hombre te diga, entonces, que estas cosas también son indiferentes, no te vuelvas negligente; y cuando un hombre te invite a tener cuidado, no te vuelvas abyecto ni te dejes impresionar por la admiración de las cosas materiales. Y es bueno que conozcas tu propia preparación y poder, para que, en aquellos asuntos en los que no has sido preparado, puedas callar, y no te enojes si otros tienen ventaja sobre ti. Porque también tú, en los silogismos, pretenderás tener ventaja sobre ellos; y si los demás se enfadan por ello, los consolarás diciendo: «Yo los he aprendido y tú no». Así también, donde haya necesidad de alguna práctica, no busques lo que se requiere de la necesidad, sino cede en esa materia a los que han tenido práctica, y confórmate con la firmeza del ánimo.

Ve y saluda a cierta persona. «¿Cómo?». No de forma mezquina. «Pero me he quedado fuera, porque no he aprendido a abrirme paso por la ventana; y cuando he encontrado la puerta cerrada, debo volver o entrar por la ventana». Pero sigue hablándole. «¿De qué manera?». No de forma mezquina. Pero supón que no has conseguido lo que querías. ¿Era esto asunto tuyo, y no suyo? ¿Por qué, entonces, reclamas lo que pertenece a otro? Recuerda siempre lo que es tuyo y lo que es de otro, y no serás molestado. Por eso Crisipo dijo bien: «Mientras las cosas futuras sean inciertas, me aferro siempre a las que son más adecuadas para la conservación de lo que es conforme a la naturaleza, porque Dios mismo me ha dado la facultad de tal elección». Pero si supiera que está destinado a enfermarme, incluso me movería hacia ello, pues también el pie, si tuviera inteligencia, se movería para ir al barro. Porque, ¿por qué se producen espigas? ¡No es para que se sequen! ¿Y no se secan para poder ser cosechadas porque no están separadas de la comunión con otras cosas? Si, entonces, tuvieran percepción, ¿deberían desear no ser cosechadas nunca? Pero esto es una maldición para las espigas, no ser cosechadas nunca. Así que debemos saber que también en el caso de los hombres es una maldición no morir, lo mismo que no estar maduro y no ser cosechado. Pero como debemos ser cosechados, y también sabemos que somos cosechados, nos sentimos enojados por ello; porque no sabemos lo que somos ni hemos estudiado lo que pertenece al hombre, como los que han estudiado a los caballos saben lo que pertenece a los caballos. Pero Crisantas, cuando iba a golpear al enemigo, se frenó al oír la trompeta que tocaba la retirada. Le pareció mejor obedecer la orden del general que seguir su propia inclinación. Pero ninguno de nosotros elige, incluso cuando la necesidad nos convoca, obedecer fácilmente, sino que, llorando y gimiendo, sufrimos y lo llamamos «circunstancias». ¿Qué clase de circunstancias, hombre? Si das el nombre de circunstancias a las cosas que te rodean, todas las cosas son circunstancias, pero si llamas a las penurias con este nombre, ¿qué penuria hay en la muerte de lo que se ha producido? Lo que destruye es una espada o una rueda o el mar o una teja o un tirano.

¿Por qué te importa la forma de bajar al Hades? Todos los caminos son iguales[70]. Pero si escuchas la verdad, el camino que te envía

70 Al decir de varios filósofos, según se atribuye.

el tirano es más corto. Un tirano nunca ha matado a un hombre en seis meses, pero una fiebre suele durar un año. Todas estas cosas son solo sonido y ruido de nombres vacíos.

«Estoy en peligro de muerte por el César[71]». ¿Y no estoy en peligro yo que habito en Nicópolis, donde hay tantos terremotos? Y cuando estás cruzando el Adriático, ¿qué peligro corres? ¿No es el peligro de tu vida? «Pero también estoy en peligro en cuanto a la opinión». ¿Te refieres a la tuya? ¿Cómo? Porque, ¿quién puede obligarte a tener una opinión que no elijas? Pero ¿es en cuanto a la opinión de otro hombre? ¿Qué clase de peligro es el tuyo si otros tienen opiniones falsas? «Pero estoy en peligro de ser desterrado». ¿Qué es ser desterrado? ¿Estar en otro lugar que no sea Roma? «Sí, ¿qué pasa, entonces, si me envían a Gíaros?». Si eso te conviene, irás allí; pero si no te conviene, puedes ir a otro sitio en lugar de a Gíaros, adonde también irá quien te envíe a Gíaros, lo elija o no. ¿Por qué, entonces, subes a Roma como si fuera algo grande? No vale la pena toda esta preparación para que un joven ingenuo diga: «No valía la pena haber oído tanto y haber escrito tanto y haberse sentado tanto tiempo al lado de un viejo[72] que no vale mucho». Solo recuerda esa división por la que se distingue lo propio y lo ajeno: nunca reclames nada que pertenezca a otros. Un tribunal y una prisión son cada uno un lugar, uno alto y el otro bajo, pero la voluntad puede mantenerse igual si decides mantenerla igual en cada uno. Y, entonces, seremos imitadores de Sócrates cuando seamos capaces de escribir poesías en la cárcel. Pero en nuestra disposición actual, considera si soportaríamos en prisión que otra persona nos dijera: «¿Queréis que os lea unos peanes?». «¿Por qué me molestas? ¿No conoces los males que me atenazan? ¿Puedo en tales circunstancias?». ¿Qué circunstancias? «Voy a morir». ¿Y los demás hombres serán inmortales?

---

71 Se trataría de un alumno que viajará a Roma y expone, de este modo, una contradicción a los dichos de Epicteto.

72 Nuevamente, Epicteto hace alusión a su avanzada edad.

7

Cómo debemos usar la adivinación[73]

Por una consideración irracional de la adivinación, muchos de nosotros omitimos bastantes deberes. Porque, ¿qué más puede ver el adivino que la muerte o el peligro o la enfermedad, en general, cosas de ese tipo? Si, entonces, debo exponerme al peligro por un amigo, y si es mi deber incluso morir por él, ¿qué necesidad tengo de la adivinación? ¿No tengo dentro de mí un adivino que me ha dicho la naturaleza del bien y del mal, y me ha explicado los signos de ambos? ¿Qué necesidad tengo, entonces, de consultar las vísceras de las víctimas o el vuelo de los pájaros? ¿Por qué me someto cuando me dice: «Es por tu interés»? Porque, ¿sabe él lo que es para mi interés?, ¿sabe lo que es bueno y, como ha aprendido los signos de las vísceras, ha aprendido también los signos del bien y del mal? Porque si conoce estos signos, conoce los signos tanto de lo bello como de lo feo, y de lo justo como de lo injusto. Dime, hombre, qué es lo que se significa para mí: ¿es la vida o la muerte?, ¿la pobreza o la riqueza? Pero si estas cosas son de mi interés o no, no pretendo preguntártelo. ¿Por qué no dais vuestra opinión sobre cuestiones de gramática, y por qué la dais aquí sobre cosas en las que todos estamos equivocados y disputamos entre nosotros? La mujer, por tanto, que pretendía enviar en una nave las provisiones de un mes a Gratila[74] en su destierro, respondió bien a quien dijo que Domiciano le confiscaría lo que enviaba. «Prefiero —replicó ella— que Domiciano lo embargue todo a que yo no lo envíe».

¿Qué es lo que nos lleva a utilizar con frecuencia la adivinación? La cobardía, el temor a lo que pueda ocurrir. Esta es la razón por la

73 Epicteto no impugna la adivinación, práctica muy habitual en su tiempo. Sin embargo, pregona la superioridad del sentido del deber y lo poco útil de preguntar acerca de lo que no depende de nuestra voluntad.

74 Es posible que se trate de Verulana Gratila, la esposa de Aruleno Rústico.

que adulamos a los adivinos. «Por favor, maestro, ¿tendré la propiedad de mi padre?». «Veamos: sacrifiquemos en la ocasión». «Sí, maestro, como la fortuna quiera». Cuando ha dicho: «Sucederás a la herencia», le damos las gracias como si recibiéramos la herencia de él. La consecuencia es que se juega con nosotros.

¿Qué debemos hacer entonces? Debemos acudir sin deseo ni aversión, como el caminante que pregunta al hombre con el que se encuentra cuál de los dos caminos lo lleva (al final de su viaje), sin desear el que lo lleva a la derecha en lugar de a la izquierda, pues no desea ir por ningún camino, excepto por el que lo lleva (a su fin). De la misma manera, debemos acudir a Dios como guía; como usamos nuestros ojos, no pidiéndole que nos muestre más bien las cosas que deseamos, sino recibiendo las apariencias de las cosas tal como los ojos nos las presentan. Pero ahora, temblando, tomamos al augur de la mano y, mientras invocamos a Dios, suplicamos al augur, y decimos: «Maestro, ten piedad de mí; permíteme salir a salvo de esta dificultad». Desgraciado, ¿quieres, entonces, otra cosa que no sea lo mejor? ¿Hay, pues, algo mejor que lo que agrada a Dios? ¿Por qué, en la medida de tus posibilidades, corrompes a tu juez y extravías a tu consejero?

8

¿Cuál es la naturaleza del bien?

Dios es beneficioso. Pero el bien también es beneficioso. Es coherente que, donde está la naturaleza de Dios, esté también la naturaleza del bien. ¿Cuál es, entonces, la naturaleza de Dios? ¿La carne? Ciertamente no. ¿Un patrimonio en tierras? De ninguna manera. ¿Fama? No. ¿Es la inteligencia, el conocimiento, la razón correcta? Sí. Aquí, pues, busca simplemente la naturaleza del bien, porque supongo que no la buscas en una planta. No. ¿La buscas en un animal irracional?

No. Si, entonces, la buscas en un animal racional, ¿por qué la sigues buscando en cualquier parte excepto en la superioridad de los animales racionales sobre los irracionales? Ahora bien, las plantas ni siquiera tienen el poder de usar las apariencias y, por esta razón, no se les aplica el término bueno. El bien requiere, entonces, el uso de las apariencias. ¿Requiere solamente este uso? Porque si dices que solo requiere este uso, di que el bien y que la felicidad y la infelicidad están también en los animales irracionales. Pero no decís esto, y hacéis bien; porque si poseen incluso en el más alto grado el uso de las apariencias, sin embargo, no tienen la facultad de comprender el uso de las apariencias; y hay una buena razón para ello, pues existen con el fin de servir a los demás, y no ejercen ninguna superioridad. Porque el asno, supongo, no existe por ninguna superioridad sobre los demás. No, sino porque teníamos necesidad de un lomo capaz de soportar algo y, en verdad, teníamos necesidad también de que pudiera caminar, y por esta razón recibió también la facultad de hacer uso de las apariencias, pues de otro modo no hubiera podido caminar. Y aquí se detuvo el asunto. Porque, si hubiera recibido también la facultad de comprender el uso de las apariencias es evidente que, en consonancia con la razón, no habría estado, entonces, sometido a nosotros, ni nos habría hecho estos servicios, sino que habría sido igual y semejante a nosotros.

¿No buscarás, entonces, la naturaleza del bien en el animal racional? Porque si no está ahí, no eliges decir que existe en cualquier otra cosa. «¿Qué?, ¿no son también las plantas y los animales obras de Dios?». Lo son, pero no son cosas superiores, ni tampoco partes de los dioses. Pero tú eres una cosa superior, eres una porción separada de la deidad, tienes en ti mismo una cierta porción de él. ¿Por qué, entonces, ignoras tu propia y noble ascendencia? ¿Por qué no sabes de dónde vienes? ¿No recuerdas, cuando comes, quiénes sois los que coméis y a quiénes alimentáis? Cuando estáis en relación con una mujer, ¿no recordáis quiénes sois los que hacéis eso? Cuando tienes relaciones sociales, cuando te ejercitas, cuando te dedicas a discutir,

¿no sabes que estás alimentando a un dios, que estás ejercitando a un dios? Desgraciado, llevas contigo un dios, y no lo sabes. ¿Crees que me refiero a un dios de plata o de oro, y externo? Lo llevas dentro de ti, y no percibes que lo estás contaminando con pensamientos impuros y acciones sucias. Si una imagen de Dios estuviera presente, no os atreveríais a hacer ninguna de las cosas que estáis haciendo, pero, cuando Dios mismo está presente dentro y lo ve todo y lo oye todo, no os avergonzáis de pensar tales cosas y de hacer tales cosas, ignorantes como sois de vuestra propia naturaleza y sujetos a la ira de Dios.

Entonces, ¿por qué tememos, cuando enviamos a un joven de la escuela a la vida activa que haga algo indebido, que no coma bien, que tenga relaciones con las mujeres?, ¿por qué tememos que los trapos en los que está envuelto no lo degraden, que los vestidos finos lo enorgullezcan? Este joven no conoce a su propio Dios: no sabe con quién se pone en camino. Pero ¿podemos soportar cuando dice: «Quisiera tenerte conmigo[75]»? ¿No tienes a Dios contigo? ¿Buscas a otro cuando lo tienes? ¿O te dirá Dios algo más que esto? Si fueras una estatua de Fidias, ya sea de Atenea o de Zeus[76], pensarías en el caldo de cultivo de ti mismo y del artista y, si tuvieras algo de entendimiento, tratarías de no hacer nada indigno de quien te hizo o de ti mismo, y tratarías de no aparecer con un vestido impropio para los que te miran. Pero ahora, porque Zeus te ha hecho, ¿acaso no te importa cómo aparecerás? Sin embargo, ¿es el artista como otro artista? ¿La obra se parece en un caso como en el otro? ¿Y qué obra, por ejemplo, tiene en sí misma las facultades que el artista muestra al hacerla? ¿Acaso no es mármol o bronce, u oro o marfil? La Atenea de Fidias, cuando ha extendido la mano y ha recibido en ella la figura de la Victoria, permanece en esa actitud para siempre. Pero

75 Se refiere a cuando el alumno o el discípulo quiera tener consigo al maestro para que le dé consejos.

76 En relación con las estatuas de Fidias veneradas en Olimpia y Atenas.

las obras de Dios tienen poder de movimiento, respiran, tienen la facultad de utilizar las apariencias de las cosas y el poder de examinarlas. Siendo la obra de un artista así, ¿lo deshonra? ¿Y qué diré, no solo que te hizo, sino que te confió y te hizo un depósito para ti? ¿No pensarás en esto, sino que también deshonras esa tutela? Pero si Dios te hubiera confiado un huérfano, ¿lo descuidarías así? Te ha entregado a tu cuidado, y te dice: «No he tenido a nadie más apto para confiárselo que a ti mismo: guárdalo para mí tal como es por naturaleza, modesto, fiel, erguido, sin ternura, libre de pasiones y perturbaciones». Y, entonces, ¿no lo conservarás así?

Pero algunos dirán: «¿De dónde ha sacado este hombre la arrogancia de que hace gala y esas miradas altivas?». Todavía no tengo la gravedad que corresponde a un filósofo, pues aún no siento confianza en lo que he aprendido y en lo que he asentido. Todavía temo mi propia debilidad. Dejad que adquiera confianza y veréis un semblante como el que debo tener y una actitud como la que debo tener. Entonces, os mostraré la estatua cuando esté perfeccionada, cuando esté pulida. ¿Qué esperas? ¿Un semblante soberbio? ¿Acaso el Zeus de Olimpia levanta la frente? No, su mirada está fija como corresponde a quien está dispuesto a decir: «Irrevocable es mi palabra y no fallará».

Así me mostraré ante ti, fiel, modesto, noble, libre de perturbaciones. «¿Qué, y también inmortal, y exento de la vejez y de la enfermedad[77]?». No, pero morir como lo hace un dios; enfermar como lo hace un dios. Este poder lo poseo, esto lo puedo hacer. Pero el resto no lo poseo ni puedo hacerlo. Mostraré los nervios de un filósofo. «¿Qué nervios son esos?». Un deseo nunca defraudado, una aversión que nunca cae en lo que quiere evitar, una búsqueda adecuada, un propósito diligente, un asentimiento que no es precipitado. Esto es lo que verás.

---

77 Las tres particularidades que diferenciaban a los dioses antropomórficos de los seres humanos.

9

Que cuando no podemos cumplir lo que el carácter de una persona promete, asumimos el carácter de un filósofo

No es algo común hacer esto solamente para cumplir la promesa de la naturaleza de una persona. Porque, ¿qué es una persona? La respuesta es: «Un ser racional y mortal». Entonces, por la facultad racional, ¿de quién estamos separados? De las bestias salvajes. ¿Y de qué otros? De las ovejas y animales similares. Cuida, entonces, de no hacer nada como una bestia salvaje, pero si lo haces, has perdido el carácter de hombre; no has cumplido tu promesa. Procura no hacer nada como una oveja; pero si lo haces, en este caso el hombre está perdido. ¿Qué hacemos, entonces, como ovejas? Cuando actuamos con glotonería, cuando actuamos con lascivia, cuando actuamos con imprudencia, con suciedad, con desconsideración, ¿a qué nos hemos reducido? A las ovejas. ¿Qué hemos perdido? La facultad racional. Cuando actuamos de manera contenciosa, dañina, apasionada y violenta, ¿a qué hemos llegado? A ser bestias salvajes. En consecuencia, algunos de nosotros somos grandes bestias salvajes, y otros, pequeñas bestias de mala disposición de las que podemos decir: «Que me coma un león». Pero en todas estas formas se destruye la promesa de un hombre que actúa como tal. Pues, ¿cuándo se mantiene una proposición conjuntiva? Cuando cumple lo que su naturaleza promete; de modo que la conservación de una proposición compleja es cuando es una conjunción de verdades. ¿Cuándo se mantiene una disyuntiva? Cuando cumple lo que promete. ¿Cuándo se conservan las flautas, la lira, el caballo o el perro? ¿Cuál es la maravilla, entonces, si el hombre también de la misma manera se conserva, y de la misma manera se pierde? Cada hombre es mejorado y preservado por actos correspondientes: el carpintero, por actos de carpintería; el gramático, por actos de gramática. Pero si un hombre se acostumbra a escribir sin gramática, necesariamente su arte se corrompe y se destruye. Así, las acciones modestas conservan al hombre modesto, y las acciones inmodestas lo destruyen; y las acciones de fidelidad conservan al hombre fiel, y las acciones contrarias lo destruyen. Y, por otra parte, las acciones contrarias fortalecen los caracteres contrarios; la desvergüenza fortalece al hombre desvergonzado; la falta de fe, al hombre infiel; las palabras abusivas, al hombre abusivo; la ira, al hombre de temperamento colérico; y el recibir y el dar desiguales hacen al hombre avaro más avaro. Por esta razón, los filósofos nos alientan a no conformarnos con aprender solamente, sino a añadir el estudio, y después la práctica. Porque hace tiempo que estamos acostumbrados a hacer cosas contrarias, y ponemos en práctica opiniones que son contrarias a las verdaderas. Si, entonces, no ponemos en práctica también las opiniones correctas, no seremos más que los expositores de las opiniones de otros.

Pues ahora, ¿quién de nosotros no es capaz de discutir según las reglas del arte sobre las cosas buenas y malas? «Que de las cosas unas son buenas y otras malas, y otras indiferentes: las buenas, pues, son las virtudes, y las cosas que participan de las virtudes; y las contrarias, y las indiferentes son la riqueza, la salud, la reputación». Entonces, si en medio de nuestra conversación se produce algún ruido mayor que el habitual, o algunos de los presentes se ríen de nosotros, nos perturbamos. Filósofo, ¿dónde están las cosas de las que hablabas? ¿De dónde las produjisteis y proferisteis? De los labios, y solo de ahí. ¿Por qué, entonces, corrompes las ayudas que te proporcionan otros? ¿Por qué tratas los asuntos más importantes como si estuvieras jugando a los dados? Porque una cosa es guardar el pan y el vino como en un almacén, y otra cosa es comer. Lo que se ha comido, se digiere, se distribuye, y se convierte en tendones, en carne, en huesos, sangre, color sano, aliento sano. Lo que se almacena, cuando se quiere, se puede tomar y mostrar fácilmente, pero no se obtiene ninguna otra ventaja de ello, salvo la de parecer que se posee. Pues, ¿cuál es la diferencia entre explicar estas doctrinas y las de los hombres que tienen opiniones diferentes? Siéntate ahora y explica según las reglas del arte las opiniones de Epicuro, y tal vez expliques sus opiniones de forma más útil que el propio Epicuro. ¿Por qué, entonces, te llamas estoico? ¿Por qué engañas a muchos? ¿Por qué te haces pasar por judío, cuando eres griego? ¿No ves cómo cada uno es llamado judío, o sirio o egipcio? Y, cuando vemos a un hombre inclinarse hacia dos lados, estamos acostumbrados a decir: «Este hombre no es judío, pero actúa como tal». Pero cuando ha asumido los afectos de alguien que ha sido imbuido con la doctrina judía y la ha adoptado, entonces, es de hecho y se le nombra judío. Así nosotros también, siendo falsamente imbuidos, somos de nombre judíos, pero de hecho somos otra cosa. Nuestros afectos son inconsistentes con nuestras palabras; estamos lejos de practicar lo que decimos, y de lo que estamos orgullosos, como si lo supiéramos. Siendo así, incapaces de cumplir siquiera lo que el carácter de hombre promete, incluso le añadimos la profesión de filósofo, que es una carga tan pesada como si un hombre que no puede soportar diez libras intentara levantar la piedra que Ayante[78] levantó.

10

Cómo podemos descubrir los deberes de la vida a partir de los nombres

Considera quién eres. En primer lugar, eres un hombre; y este es uno que no tiene nada superior a la facultad de la voluntad, sino todas las demás cosas sometidas a ella; y la facultad misma la posee sin esclavizar y libre de sujeción. Considera, pues, de qué cosas has sido separado por la razón. Has sido separado de las bestias salvajes, has sido separado de los animales domésticos. Además, eres un ciudadano del

78 Podría tratarse de una referencia a la piedra que Ayante utilizó en su enfrentamiento contra Héctor.

mundo, y una parte de él, no una de las subordinadas, sino una de las principales, pues eres capaz de comprender la administración divina y de considerar la conexión de las cosas. ¿Qué promete, entonces, el carácter de ciudadano? No tener nada como provechoso para sí mismo; no deliberar sobre nada como si estuviera desvinculado de la comunidad, sino actuar como lo harían la mano o el pie si tuvieran razón y entendieran la constitución de la naturaleza, pues nunca se pondrían en movimiento ni desearían nada, sino con referencia al conjunto. Por eso dicen bien los filósofos que, si el hombre bueno tuviera conocimiento previo de lo que va a suceder, cooperaría a su propia enfermedad y muerte y mutilación, pues sabe que estas cosas le son asignadas según la disposición universal, y que el todo es superior a la parte, y el estado al ciudadano. Pero ahora, dado que no conocemos el futuro, es nuestro deber atenernos a las cosas que, por su naturaleza, son las más adecuadas para nuestra elección, ya que fuimos hechos, entre otras cosas, para esto.

Después de esto, recuerda que eres un hijo. ¿Qué promete este carácter? Tener en consideración que todo lo que es del hijo pertenece al padre, obedecerle en todo, no echarle nunca la culpa a otro, ni decir o hacer nada que lo perjudique, cederle en todo, cooperando con él en lo que puedas. Después de esto, sabed que también sois un hermano, y que se deben hacer concesiones: ser fácilmente persuadido, hablar bien de vuestro hermano, no reclamar nunca en oposición a él ninguna de las cosas que son independientes de la voluntad, sino cederlas fácilmente, para tener la mayor parte en lo que depende de la voluntad. Pues fíjate qué cosa es, en lugar de una lechuga, si así sucede, o de un asiento, ganar para ti la bondad de la disposición. Cuán grande es la ventaja.

Además de esto, si eres senador de algún Estado, recuerda que eres senador; si eres joven, que eres joven; si eres anciano, que eres anciano, pues cada uno de tales nombres, si llega a ser examinado, señala los deberes propios. Pero si vas y culpas a tu hermano, te digo: «Has olvidado quién eres y cuál es tu nombre». Si fueras un herrero e hicieras un mal uso del martillo, te habrías olvidado del herrero; y si te has olvidado del hermano y en lugar de un hermano te has convertido en un enemigo, ¿no te parece que en ese caso has cambiado una cosa por otra? Y si en lugar de un hombre, que es un animal manso y social, te has convertido en una bestia salvaje traviesa, traicionera y mordaz, ¿no has perdido nada? Pero ¿debes perder un poco de dinero para que puedas sufrir un daño? ¿Y la pérdida de nada más hace daño a un hombre? Si hubieras perdido el arte de la gramática o de la música, ¿pensarías que su pérdida es un daño? Y si perdieras la modestia, la moderación y la dulzura, ¿piensas que la pérdida no es nada? Y, sin embargo, las cosas mencionadas en primer lugar se pierden por alguna causa externa e independiente de la voluntad, y las segundas por nuestra propia culpa; y en cuanto a las primeras ni tenerlas ni perderlas es vergonzoso; pero, en cuanto a las segundas, no tenerlas y perderlas es vergonzoso y materia de reproche y una desgracia. ¿Qué pierde el patético? Pierde al hombre. ¿Qué pierde el que hace que el patético sea lo que es? Muchas otras cosas; y también pierde el hombre no menos que el otro. ¿Qué pierde quien comete adulterio? Pierde al modesto, al templado, al decente, al ciudadano, al vecino. ¿Qué pierde quien se enoja? Algo más. ¿Qué pierde el cobarde? Algo más. Ningún hombre es malo sin sufrir alguna pérdida y daño. Si, entonces, buscas el daño en la pérdida de dinero solamente, todos estos hombres no reciben ningún daño o perjuicio; puede ser que incluso tengan beneficio y ganancia cuando adquieren un poco de dinero por cualquiera de estas acciones. Pero considera que, si refieres todo a una pequeña moneda, ni siquiera el que pierde su nariz es dañado en tu opinión. «Sí —dices—, pues queda mutilado en su cuerpo». Bien, pero el que ha perdido el olfato, ¿no pierde nada? ¿No hay, pues, ninguna energía del alma que sea una ventaja para quien la posee, y un daño para quien la ha perdido? «Dime a qué clase te refieres». ¿No tenemos una modestia natural? «La tenemos». ¿Acaso el que la pierde no sufre ningún daño?, ¿no se ve privado de nada, no se desprende de nada de las cosas que le pertenecen? ¿No tenemos naturalmente la fidelidad, el afecto natural, la disposición natural a ayudar a los demás, la disposición natural a la tolerancia? El hombre, pues, que se deja dañar en estas cuestiones, ¿puede estar libre de daño y no ser dañado? «¿Qué?, ¿no voy a herir a quien me ha herido?». En primer lugar, considera lo que es el daño, y recuerda lo que has oído a los filósofos. Pues si el bien consiste en la voluntad, y el mal también en la voluntad, mira si lo que dices no es esto: «¿Qué, pues, ya que ese hombre se ha perjudicado a sí mismo haciendo un acto injusto conmigo, no me perjudicaré yo haciendo algún acto injusto con él?». ¿Por qué no imaginamos algo de este tipo? Pero donde hay algún detrimento en el cuerpo o en nuestra posesión, allí hay daño; y donde lo mismo sucede con la facultad de la voluntad, no hay daño; porque el que ha sido engañado o el que ha hecho un acto injusto no sufre en la cabeza ni en el ojo ni en la cadera, ni pierde su hacienda; y no deseamos otra cosa que estas cosas. Pero que la voluntad sea modesta y fiel o desvergonzada e infiel no nos importa lo más mínimo, salvo en la escuela en lo que se refiere a unas pocas palabras. Por lo tanto, nuestra competencia se limita a esas pocas palabras, pero más allá de ellas no existe ni siquiera en el más mínimo grado.

11

Qué es el principio de la filosofía

El principio de la filosofía, al menos para quien entra en ella por el camino correcto y por la puerta, es la conciencia de su propia debilidad e incapacidad sobre las cosas necesarias[79]. Porque venimos al mundo sin una noción natural de un triángulo rectángulo, o de las diesis o de un medio tono; pero aprendemos cada una de estas cosas por una cierta

79 Epicteto plantea, ahora, los límites del conocimiento que llega a través de la atención de los nombres. Lo difícil no es reconocer lo bueno y lo malo, sino aplicar esos saberes o esos pareceres. Enuncia aquí que identificar esa limitación es el verdadero principio de la filosofía.

transmisión según el arte; y por esta razón los que no las conocen, no piensan que las conocen. Pero en cuanto al bien y al mal, a lo bello y a lo feo, a la felicidad y a la desgracia, a lo que conviene y a lo que no conviene, y a lo que hay que hacer y lo que no se debe hacer, ¿quién vino al mundo sin tener una idea innata de ello? Por eso todos usamos estos nombres, y nos esforzamos por ajustar las preconcepciones a los diversos casos de esta manera: «Ha hecho bien, no ha hecho bien; ha hecho como debe, no como debe; ha sido desafortunado, ha sido afortunado; es injusto, es justo». ¿Quién no usa estos nombres?, ¿quién de nosotros aplaza el uso de ellos hasta que los haya aprendido como aplaza el uso de las palabras sobre líneas o sonidos? Y la causa de esto es que venimos al mundo ya como enseñados por la naturaleza en algunas cosas sobre esta materia, y a partir de ellas hemos añadido la autoconciencia. «¿Por qué —dice un hombre— no conozco lo bello y lo feo? ¿No tengo la noción de ello?». La tienes. «¿No la adapto a los detalles?». Sí. «¿No la adapto, entonces, adecuadamente?». En eso radica toda la cuestión, y aquí se añade la presunción. Porque, partiendo de estas cosas admitidas, los hombres proceden a lo que es materia de disputa por medio de una adaptación inadecuada; pues si poseyeran este poder de adaptación además de esas cosas, ¿qué les impediría ser perfectos? Pero ahora, ya que crees que se adaptan adecuadamente los preconceptos a los particulares, dime de dónde lo derivas. «Porque a mí me lo parece». Pero a otro no le parece así, y piensa que él también hace una adaptación adecuada, ¿o no lo cree? «Él sí lo cree». ¿Es posible, entonces, que ambos puedan aplicar correctamente los preconceptos a cosas sobre las que tienen opiniones contrarias? «No es posible». ¿Puede, entonces, mostrarnos algo mejor hacia la adaptación de los preconceptos más allá de su pensamiento? ¿Hace el loco otras cosas que las que le parecen correctas? ¿Es, entonces, este criterio para él también? «No es suficiente». Ven, entonces, a algo que es superior a la apariencia. ¿Qué es esto?

Este es el comienzo de la filosofía: una percepción del desacuerdo de los hombres entre sí, y una investigación de la causa del desacuerdo, y una condena y desconfianza de lo que solo «parece», y una cierta investigación de lo que «parece» si «parece» correctamente, y un descubrimiento de alguna regla, como hemos descubierto una balanza en la determinación de los pesos, y una regla de carpintero en el caso de las cosas rectas y torcidas. Este es el principio de la filosofía. ¿Debemos decir que son correctas todas las cosas que a todos les parecen correctas? ¿Y cómo es posible que las contradicciones puedan ser correctas? No todas, entonces, ¿sino todas las que nos parecen correctas? ¿Por qué más que lo que les parece correcto a los sirios? ¿Por qué más que lo que les parece correcto a los egipcios? ¿Por qué más que lo que me parece correcto a mí o a cualquier otro hombre? En absoluto más. Lo que «parece» a cada hombre no es suficiente para determinar lo que «es», pues ni en el caso de los pesos o las medidas nos conformamos con la mera apariencia, sino que en cada caso hemos descubierto una cierta regla. En este asunto, pues, ¿no hay una regla cierta para lo que «parece»? ¿Y cómo es posible que las cosas más necesarias entre los hombres no tengan ningún signo, y sean incapaces de ser descubiertas? Hay, entonces, alguna regla. ¿Y por qué, entonces, no buscamos la regla y la descubrimos, y después la usamos sin variar de ella, ni siquiera extendiendo el dedo sin ella? Porque esto, creo, es lo que cuando se descubre cura de la locura a los que usan la mera «apariencia» como medida y la usan mal; de modo que, para el futuro, procediendo de ciertas cosas conocidas y aclaradas, podemos usar en el caso de las cosas particulares las preconcepciones que están claramente fijadas.

¿Cuál es el asunto que se nos presenta y sobre el que preguntamos? «El placer». Sométela a la regla, ponlo en la balanza. ¿El bien debe ser tal que sea conveniente que tengamos confianza en él? «Sí. Debe serlo». ¿Es conveniente confiar en algo que es inseguro? «No». ¿Es, entonces, el placer algo seguro? «No». Tómalo, entonces, y arrójalo fuera de la balanza, y aléjalo del lugar de las cosas buenas. Pero si no eres perspicaz, y una balanza no te basta, trae otra. ¿Es adecuado alegrarse por lo que es bueno? «Sí». ¿Es apropiado, entonces, alegrarse por el placer presente? Procura no decir que es adecuado; pero si lo haces, entonces no te consideraré digno ni siquiera de la balanza. Así se prueban y pesan las cosas cuando las reglas están listas. Y filosofar es esto, examinar y confirmar las reglas; y después usarlas, cuando se conocen, es el acto de un hombre sabio y bueno.

12

De la disputa o discusión

Las cosas que un hombre debe aprender para poder aplicar el arte de la disputa han sido mostradas con precisión por nuestros[80] filósofos, pero con respecto al uso apropiado de las cosas, estamos completamente sin práctica. Basta con dar a cualquiera de nosotros, a quien les plazca, un hombre analfabeto para que discuta con él, y no podrá descubrir cómo tratar con el hombre. Si este responde al margen del propósito, no sabe cómo tratarlo, sino que, entonces, lo maltrata o lo ridiculiza, y dice: «Es un analfabeto, no es posible hacer nada con él». Ahora bien, un guía, cuando ha encontrado a un hombre fuera del camino, lo lleva por el camino correcto: no lo ridiculiza ni lo maltrata y después lo abandona. Muéstrale también a este analfabeto la verdad, y verás que te sigue. Pero mientras no le muestres la verdad, no lo ridiculices, sino que siente tu propia incapacidad.

¿Cómo actuaba, entonces, Sócrates? Solía obligar a su adversario en la disputa a dar testimonio de él, y no quería ningún otro testigo. Por eso podía decir: «No me importan otros testigos, sino que siempre me satisface la evidencia de mi adversario, y no pido la opinión de otros, sino solamente la del que disputa conmigo». Pues solía exponer las conclusiones extraídas de las nociones naturales con tanta claridad que todos veían la contradicción y se retraían de ella.

«¿Se alegra el envidioso?». «De ninguna manera, sino que más bien le duele». Pues bien, «¿crees que la envidia es dolor por los males?,

---

80 En clara referencia a los estoicos.

¿qué envidia hay de los males?». Por eso hizo decir a su adversario que la envidia es dolor por los bienes. «Pues bien, ¿alguien envidiaría a los que no son nada para él?». «De ninguna manera». Así, habiendo completado la noción y fijándola distintamente, se iba sin decir a su adversario: «Defíneme la envidia»; y si el adversario había definido la envidia, no decía: «La has definido mal, porque los términos de la definición no corresponden a la cosa definida». Se trata de términos técnicos, y por ello desagradables y difícilmente inteligibles para el hombre analfabeto, y de los que nosotros no podemos prescindir. Pero no podemos mover o hacer nunca, por el uso de los términos, que el propio hombre analfabeto, que sigue las apariencias que se le presentan, pueda conceder algo o rechazarlo. En consecuencia, siendo conscientes de nuestra propia incapacidad, no intentamos la cosa; al menos los que tenemos alguna precaución no lo hacemos. Pero la mayor parte y los imprudentes, cuando entran en tales disputas, se confunden a sí mismos y confunden a los demás; y finalmente, abusando de sus adversarios y, abusados por ellos, tal vez, se alejen.

Ahora bien, esta era la primera y principal peculiaridad de Sócrates, no irritarse nunca en las discusiones, no proferir nunca nada abusivo, nada insultante, sino soportar a las personas abusivas y poner fin a la disputa. Si queréis saber qué gran poder tenía en este sentido, leed *Simposio*, de Jenofonte, y veréis a cuántas disputas puso fin. De ahí que, con razón, también entre los poetas este poder sea muy alabado: el poder de la habilidad con la que rápidamente resuelve grandes disputas.

Pues bien, el asunto no es ahora muy seguro, y en particular en Roma, ya que quien intente hacerlo, no debe hacerlo en un rincón, podéis estar seguros, sino que debe acudir a un hombre de rango consular, si es que lo hace, o a un hombre rico, y preguntarle: «¿Podéis decirme, señor, a quién habéis confiado vuestros caballos?». «Puedo decírtelo». ¿Los habéis confiado a una persona indiferente y sin experiencia en caballos? «De ninguna manera». Pues bien, ¿puedes decirme a quién confías tus cosas de oro o plata o tus vestimentas? «No confío ni siquiera estos a nadie». Bien; tu propio cuerpo, ¿has pensado ya en confiar su cuidado a alguna persona? «Ciertamente». A un hombre con experiencia, supongo, y conocedor de la medicina o del arte de curar. «Sin duda». ¿Son estas las mejores cosas que tenéis, o también poseéis algo más que es mejor que todo esto? «¿A qué clase de cosa te refieres?». A lo que me refiero es a lo que hace uso de estas cosas, y prueba cada una de ellas y delibera. «¿Te refieres al alma?». Piensas bien, pues es el alma a lo que me refiero. «En verdad, pienso que el alma es algo mucho mejor que todo lo demás que poseo». ¿Puedes, entonces, mostrarnos de qué manera has cuidado el alma? Porque no es probable que tú, que eres un hombre tan sabio y tienes una reputación en la ciudad, permitas desconsideradamente y sin cuidado que se descuide y se pierda lo más valioso que posees. «Ciertamente no». Pero ¿has cuidado tú mismo del alma, y has aprendido de otro a hacerlo o has descubierto tú mismo los medios? Aquí viene el peligro de que, en primer lugar, diga: «¿Qué es esto para ti, mi buen hombre?, ¿quién eres?». Después, si persistes en molestarle, existe el peligro de que levante las manos y te dé golpes. Yo mismo fui una vez un admirador de este modo de instrucción hasta que caí en estos peligros[81].

13

Sobre la ansiedad

Cuando veo a un hombre ansioso, digo: «¿Qué quiere este hombre? Si no quisiera algo que no está en su mano, ¿cómo podría estar ansioso?». Por esta razón, un laudista cuando está cantando no tiene ninguna ansiedad por sí mismo, aunque, cuando entra en el teatro, está ansioso incluso si tiene una buena voz y toca bien el laúd, porque no solo desea cantar bien, sino también obtener aplausos, pero

81 Epicteto instruye a sus discípulos en que deben tomar el ejemplo moral de Sócrates, no imitarlo en la apariencia y en los discursos platónicos.

esto no está en su poder. Por lo tanto, donde tiene habilidad, allí tiene confianza. Traed a cualquier persona que no sepa nada de música, y el músico no se interesa por él. Pero en el asunto donde un hombre no sabe nada y no ha practicado, allí está ansioso. ¿Qué asunto es este? No sabe lo que es una multitud o lo que es la alabanza de una multitud. Sin embargo, ha aprendido a tocar el acorde más bajo y el más alto, pero lo que es la alabanza de la multitud y el poder que tiene en la vida no lo sabe ni ha pensado en ello. Por lo tanto, necesariamente debe temblar y palidecer. No puedo, pues, decir que un hombre no es un laudista cuando lo veo temeroso, sino que puedo decir otra cosa, y no una cosa, sino muchas. En primer lugar, lo llamo forastero y digo: «Este hombre no sabe en qué parte del mundo se encuentra y, aunque lleva tanto tiempo aquí, ignora las leyes del Estado y las costumbres, y lo que está permitido y lo que no, y nunca ha contratado a ningún abogado para que le diga y le explique las leyes». Pero un hombre no escribe un testamento si no sabe cómo debe escribirse o sin emplear a una persona que lo sepa, ni sella precipitadamente una fianza o escribe un título valor. Pero usa su deseo sin el consejo de un abogado, y la aversión, y la búsqueda, y el intento y el propósito. «¿Cómo que sin abogado?». No sabe que quiere lo que no está permitido, y no quiere lo que es de necesidad; y no sabe ni lo que es suyo ni lo que es de otro; pero si lo supiera, nunca podría ser impedido, nunca sería obstaculizado, no estaría ansioso. «¿Cómo es eso?». ¿Acaso hay alguien que tenga miedo por cosas que no son malas? No. ¿Tiene miedo de las cosas que son malas, pero que todavía están tan lejos de su poder que pueden no suceder? Ciertamente no. Si, entonces, las cosas que son independientes de la voluntad no son ni buenas ni malas, y todas las cosas que dependen de la voluntad están dentro de nuestro poder, y ningún hombre puede ni quitárnoslas ni dárnoslas si no lo elegimos, ¿dónde queda lugar para la ansiedad? Estamos ansiosos por nuestro pobre cuerpo, por nuestra pequeña propiedad, por la voluntad del César, pero no estamos ansiosos por las cosas internas. ¿Estamos ansiosos por no formarnos una opinión falsa? No, porque está en mi poder. ¿De no ejercer nuestros movimientos en contra de la naturaleza? No, ni siquiera por esto. Cuando ves a un hombre pálido, como dice el médico, a juzgar por la complexión, el bazo de ese hombre está desordenado, el hígado de ese hombre; así también di, el deseo y la aversión de este hombre están desordenados, no está en el camino correcto, tiene fiebre. Porque ninguna otra cosa cambia el color o causa el temblor o el castañeteo de los dientes, o hace a un hombre hundir las rodillas y pasar de un pie a otro.

Por esta razón, cuando Zenón[82] iba a encontrarse con Antígono[83], no estaba ansioso, porque Antígono no tenía poder sobre ninguna de las cosas que Zenón admiraba; y a Zenón no le importaban las cosas sobre las que Antígono tenía poder. Pero Antígono estaba ansioso cuando iba a encontrarse con Zenón, pues deseaba agradar a Zenón, pero esto era algo externo. Zenón no quería complacer a Antígono, pues ningún hombre que sea hábil en algún arte desea complacer a quien no lo es.

¿Debo tratar de complacerte? ¿Por qué? Supongo que conoces la medida por la que un hombre es estimado por otro. ¿Te has esforzado en aprender qué es un hombre bueno y qué es un hombre malo, y cómo un hombre se convierte en uno u otro? ¿Por qué, entonces, no eres bueno tú mismo? «¿Cómo? —responde—, ¿no soy bueno?». Ningún hombre bueno se lamenta o ruge o llora, ningún hombre bueno está pálido y tiembla, o dice: «¿Cómo me recibirá?, ¿cómo me escuchará?». Esclavo, tal y como le place. ¿Por qué se preocupa de lo que es de los demás? ¿Es ahora su culpa si recibe mal lo que procede de ti? «Ciertamente». ¿Y es posible que la culpa sea de un hombre y el mal de otro? «No». ¿Por qué, entonces, te preocupas por lo que es de los demás? «Tu pregunta es razonable, pero me preocupa cómo debo hablarle». ¿No puedes, entonces, hablarle como quieras? «Pero

---

82 Zenón de Citio, fundador de la escuela filosófica estoica.
83 Antígono Gonatas, rey de Macedonia, amigo de Zenón.

temo que me desconcierte». Si vas a escribir el nombre de Dión, ¿temes que te desconcierte? «De ninguna manera». ¿Por qué? ¿No es porque has practicado la escritura del nombre? «Ciertamente». Pues bien, si fueras a leer el nombre, ¿no sentirías lo mismo?, ¿por qué? Porque todo arte tiene una cierta fuerza y confianza en las cosas que le pertenecen. ¿No habéis practicado, entonces, la oratoria? ¿Y qué más habéis aprendido en la escuela? ¿Silogismos y proposiciones sofísticas? ¿Y no es lo mismo hablar con destreza que hacerlo a tiempo, con cautela y con inteligencia, sin cometer errores y sin obstáculos, y además con confianza? «Sí». Cuando, entonces, estás montado en un caballo y te adentras en una llanura, ¿estás ansioso por ser emparejado con un hombre que va a pie, y ansioso en un asunto en el que tú tienes práctica y él no? «Sí, porque esa persona tiene poder para matarme». Habla, pues, la verdad, infeliz, y no te jactes, ni pretendas ser filósofo, ni te niegues a reconocer a tus maestros, sino que, mientras presentes este asidero en tu cuerpo, sigue a todo hombre que sea más fuerte que tú. Sócrates practicaba el hablar, el que hablaba como con los tiranos[84], con los jueces, el que hablaba en la prisión. Diógenes practicaba el hablar, el que hablaba como lo hacía con Alejandro, con los piratas, con la persona que lo compró. Estos hombres tenían confianza en las cosas que practicaban. Pero tú te vas a tus propios asuntos y no los dejas nunca: ve a sentarte en un rincón, y teje silogismos, y propónselos a otro. No hay en ti el hombre que pueda gobernar un estado.

84 Habla de los Treinta Tiranos.

14

A Nasón[85]

Cuando cierto romano entró con su hijo y escuchó una lectura, Epicteto dijo: «Este es el método de instrucción», y se detuvo. Cuando el romano le pidió que continuara, Epicteto dijo: Todo arte, cuando se enseña, causa trabajo a quien no lo conoce y no es hábil en él, y en verdad las cosas que proceden de las artes muestran inmediatamente su uso en el propósito para el que fueron hechas; y la mayoría de ellas contienen algo atractivo y agradable. Porque, en efecto, estar presente y observar cómo aprende un zapatero no es algo agradable; pero el zapato es útil y además no es desagradable de ver. Y la disciplina de un herrero, cuando está aprendiendo, es muy desagradable para el que está presente y es un extraño al arte, pero el trabajo muestra el uso del arte. Esto lo verás mucho más en la música; porque si estás presente mientras una persona está aprendiendo, la disciplina parecerá muy desagradable; y, sin embargo, los resultados de la música son agradables y deliciosos para aquellos que no saben nada de música. Y aquí concebimos que el trabajo de un filósofo es algo de este tipo: debe adaptar su deseo a lo que está sucediendo, de modo que ninguna de las cosas que están teniendo lugar se produzca en contra de nuestro deseo, ni ninguna de las cosas que no tiene lugar no se produzca cuando deseamos que se produzca. De esto resulta, para los que han arreglado así el trabajo de la filosofía, no caer en el deseo, ni caer en lo que quisieran evitar; sin inquietud, sin miedo, sin perturbación pasar por la vida ellos mismos, junto con sus asociados, manteniendo las relaciones tanto naturales como adquiridas, como la relación de hijo, de padre, de hermano, de ciudadano, de hombre, de esposa, de vecino, de compañero de viaje, de gobernante,

---

85 No existe certidumbre acerca de quién era Nasón.

de gobernado. El trabajo de un filósofo lo concebimos como algo así. Queda por preguntar cómo debe llevarse a cabo.

Vemos, entonces, que el carpintero, cuando ha aprendido ciertas cosas, se convierte en carpintero; el piloto, al aprender ciertas cosas, se convierte en piloto. ¿No será, pues, que en la filosofía no basta con desear ser sabio y bueno, y que también es necesario aprender ciertas cosas? Preguntamos, entonces, qué son esas cosas. Los filósofos dicen que, en primer lugar, debemos aprender que existe un Dios y que él provee todas las cosas; también que no es posible ocultarle nuestros actos, ni siquiera nuestras intenciones y pensamientos. Lo siguiente es aprender cuál es la naturaleza de los dioses; pues tal como se descubre que son, aquel que quiera complacerlos y obedecerlos debe intentar con todo su poder ser como ellos. Si lo divino es fiel, el hombre también debe ser fiel; si es libre, el hombre también debe ser libre; si es benéfico, el hombre también debe ser benéfico; si es magnánimo, el hombre también debe ser magnánimo; siendo, entonces, un imitador de Dios debe hacer y decir todo lo que sea consistente con este hecho.

«¿Con qué debemos empezar entonces?». Si entras en la discusión, te diré que primero debes entender los nombres. «¿Dices, ahora, que no entiendo los nombres?». No los entiendes. «¿Cómo, entonces, los uso?». Así como los analfabetos usan el lenguaje escrito, así como el ganado usa las apariencias: pues una cosa es el uso y otra la comprensión. Pero si crees que los entiendes, produce la palabra que quieras, y probemos si la entendemos.

Pero es una cosa desagradable para un hombre que ya es viejo y, tal vez, ya ha cumplido sus tres campañas[86]. Yo también lo sé, porque vienes a mí como si no te faltara nada: ¿y qué podrías imaginar que te faltara? Eres rico, tienes hijos, y esposa, tal vez, y muchos esclavos; el César te conoce, en Roma tienes muchos amigos, a todos

86 Para ser elegible en el senado, era imprescindible haber participado en tres campañas en caballería o en seis en infantería.

les rindes pleitesía, sabes retribuir al que te hace un favor y devolver de la misma manera al que te hace un mal. ¿Qué te falta? Si, pues, te muestro que te faltan las cosas más necesarias y principales para la felicidad, y que hasta ahora has cuidado de todo más que de lo que debías, y, para rematar, que no sabes lo que es Dios ni lo que es el hombre, ni lo que es bueno ni lo que es malo; y, en cuanto a lo que he dicho sobre tu ignorancia de otros asuntos, eso quizá pueda soportarse, pero si digo que no sabes nada de ti mismo, ¿cómo es posible que me aguantes y soportes la prueba y te quedes aquí? No es posible, enseguida te vas de mal humor. Y, sin embargo, ¿qué daño te he hecho? A no ser que el espejo también hiera al hombre feo porque le muestra a sí mismo tal como es; a no ser que el médico también deba insultar al enfermo, cuando le dice: «Hombre, crees que no te duele nada, pero si tienes fiebre, hoy no comas, bebe agua». Y nadie dice: «¡Qué insulto!». Pero si se le dice a un hombre: «Tus deseos son febriles, tus aversiones son bajas, tus intenciones son inconsistentes, tus búsquedas no son cómodas para la naturaleza, tus opiniones son precipitadas y falsas», el hombre se aleja inmediatamente y dice: «Me ha insultado».

Nuestra manera de negociar es como la de una asamblea abarrotada. Se traen bestias para vender y bueyes; y la mayor parte de los hombres vienen a comprar y a vender, y hay algunos pocos que vienen a mirar el mercado y a preguntar cómo se lleva a cabo y por qué, y quién fija la reunión y con qué propósito. Así sucede también en esta asamblea: algunos, como el ganado, no se preocupan de nada más que de su forraje. Porque para todos vosotros, que estáis ocupados con las posesiones y las tierras y los esclavos y los cargos magistrales, estos no son más que forraje. Pero hay unos pocos que asisten a la asamblea a contemplar, hombres que aman mirar y considerar qué es el mundo, quién lo gobierna. ¿No tiene gobernador? ¿Y cómo es posible que una ciudad o una familia no puedan seguir existiendo, ni siquiera el menor tiempo, sin un administrador y guardián, y que un sistema tan grande y hermoso sea administrado con tanto orden y, sin embargo, sin un propósito y por casualidad? Existe, entonces, un administrador. ¿Qué clase de administrador y cómo gobierna? ¿Y quiénes somos nosotros, que fuimos producidos por él, y con qué propósito? ¿Tenemos alguna conexión con él y alguna relación con él, o ninguna?

Esta es la forma en que estos pocos se ven afectados, y se aplican solo a esta cosa, para examinar la reunión y después irse. ¿Qué sucede entonces? Ellos son ridiculizados por los muchos, como los espectadores de la feria lo son por los comerciantes; y si las bestias tuvieran algo de entendimiento, ridiculizarían a los que admiran algo más que el forraje.

15

A los que se obstinan en lo que han determinado

Cuando algunas personas han oído estas palabras, que un hombre debe ser constante, y que la voluntad es naturalmente libre y no está sujeta a la compulsión, pero que todas las demás cosas están sujetas a obstáculos, a la esclavitud, y están en el poder de otros, suponen que deben acatar sin desviarse todo lo que han determinado. Pero, en primer lugar, lo que se ha determinado debe ser sólido. Requiero tono en el cuerpo, aunque tal como existe en un cuerpo sano, en un cuerpo atlético, pero si me resulta evidente que tienes el tono de un hombre frenético y te jactas de ello, te diré: «Hombre, busca al médico: esto no es tono, sino atonía». De manera diferente, algo del mismo tipo sienten los que escuchan estos discursos de manera equivocada; así fue el caso de uno de mis compañeros que sin razón alguna resolvió morirse de hambre. Me enteré de esto cuando era el tercer día de su abstinencia de alimentos y fui a preguntar qué había pasado. «Lo he resuelto», me dijo. Pero dime todavía qué fue lo que te indujo a resolver; porque si has resuelto bien, nos sentaremos contigo y te ayudaremos a partir, pero si has tomado una resolución irrazonable, cambia de opinión. «Debemos mantener nuestras determinaciones». ¿Qué estás haciendo, hombre? No debemos atenernos a todas nuestras determinaciones, sino a las que son correctas. Pues, si ahora estás persuadido de que es correcto, no cambies de opinión si lo consideras oportuno, sino persiste y di: «Debemos atenernos a nuestras determinaciones». ¿No vais a empezar y a poner los cimientos en una investigación sobre si la determinación es sólida o no, y así construir sobre ella firmeza y seguridad? Pero si ponéis unos cimientos podridos y ruinosos, ¿no se derrumbará vuestro miserable edificio tanto más pronto cuanto más fuertes sean los materiales que pongáis sobre él? ¿Sin ninguna razón retirarías de la vida a un hombre que es un amigo y un compañero, un ciudadano de la misma ciudad, tanto de la grande[87] como de la pequeña? Entonces, mientras cometéis un asesinato y destruís a un hombre que no ha hecho ningún mal, ¿decís que debéis ateneros a vuestras determinaciones? Y si alguna vez se te ocurriera matarme, ¿deberías acatar tus decisiones?

Ahora bien, este hombre fue persuadido con dificultad a cambiar de opinión. Pero es imposible convencer a algunas personas en la actualidad; de modo que me parece que ahora sé lo que no sabía antes, el significado del dicho común: «Que no se puede persuadir ni doblegar a un tonto». Que nunca me toque tener como amigo a un tonto sabio: no hay nadie más intratable. «Estoy decidido», dice el hombre. Los locos también lo están; pero cuanto más firmemente se forman un juicio sobre cosas que no existen, más eléboro[88] requieren. ¿No actuará como un enfermo y llamará al médico? «Estoy enfermo, maestro, ayúdame, considera lo que debo hacer. Es mi deber obedecerte». Así es también aquí: «No sé lo que debo hacer, pero he venido a aprender». No es así, sino: «Háblame de otras cosas; sobre esto me he decidido». ¿Qué otras cosas? Pues, ¿qué es más grande o

87 Con clara referencia al mundo.
88 Remedio contra la locura utilizado en la Antigüedad.

más útil que el hecho de que te persuadan de que no basta con haber tomado tu determinación y no cambiarla?

Este es el tono de la locura, no de la salud. «Moriré si me obligas a esto». ¿Por qué, hombre? ¿Qué ha pasado? «Lo he determinado». He tenido la suerte de que no hayas determinado matarme. «No acepto dinero». ¿Por qué? «Lo he decidido». Tened por seguro que, con el mismo tono que ahora empleáis al negaros a tomarlo, nada os impide en algún momento inclinaros sin razón a tomar dinero y decir entonces: «Lo he determinado». Como en un cuerpo destemplado, sujeto a inflamaciones, el humor se inclina unas veces a estas partes y después a aquellas, así también un alma enferma no sabe hacia dónde inclinarse, pero si a esta inclinación y movimiento se les añade un tono, entonces, el mal se vuelve más allá de la ayuda y de la cura.

16

Que no nos empeñemos en usar nuestras opiniones sobre el bien y el mal

¿Dónde está el bien? En la voluntad. ¿Dónde está el mal? En la voluntad. ¿Dónde no está ninguno de los dos? En las cosas que son independientes de la voluntad. ¿Y bien? ¿Alguien entre nosotros piensa en estas lecciones fuera de las escuelas? ¿Medita alguien por sí mismo para dar una respuesta a las cosas como en el caso de las preguntas? ¿Es de día? «Sí». ¿Es de noche? «No». ¿Es el número de estrellas par? «No puedo decirlo». Cuando se te muestra el dinero, ¿has estudiado para dar la respuesta adecuada, que el dinero no es algo bueno? ¿Te has ejercitado en estas respuestas o solo contra los sofismas? ¿Por qué te sorprendes, entonces, si en los casos que has estudiado has mejorado, pero en los que no has estudiado, en esos sigues igual? Cuando el retórico sabe que ha escrito bien, que ha memorizado lo que ha escrito, y trae una voz agradable, ¿por qué sigue ansioso? Porque no está satisfecho con haber estudiado. ¿Qué quiere entonces? ¿Ser elogiado por el público? Para poder practicar la declamación ha sido disciplinado, pero no lo ha sido con respecto a la alabanza y la culpa. Porque, ¿cuándo ha oído de alguien lo que es la alabanza, lo que es la culpa?, ¿cuál es la naturaleza de cada una, qué clase de alabanza debe buscarse o qué clase de culpa debe evitarse? ¿Y cuándo practicó la disciplina que sigue a estas palabras? ¿Por qué, entonces, te sorprendes si en los asuntos que un hombre ha aprendido, ahí supera a los demás, y en aquellos en los que no ha sido disciplinado, ahí es igual a los demás? Así, el laudista sabe tocar, canta bien y tiene un buen vestido y, sin embargo, tiembla cuando entra en escena, porque estas cuestiones las entiende, pero no sabe lo que es una multitud, ni los gritos de una multitud, ni lo que es el ridículo. Tampoco sabe qué es la ansiedad, si es obra nuestra o de otro, si es posible detenerla o no. Por eso, si ha sido alabado, sale del teatro hinchado, pero si ha sido ridiculizado, la vejiga hinchada ha sido pinchada y se calma.

Así ocurre también con nosotros mismos. ¿Qué admiramos? Lo externo. ¿En qué cosas estamos ocupados? En lo externo. ¿Y tenemos alguna duda, entonces, de por qué tememos o por qué estamos ansiosos? ¿Qué sucede cuando pensamos que las cosas que se nos vienen encima son males? No está en nuestro poder no tener miedo, no está en nuestro poder no estar ansiosos. Entonces, decimos: «Señor Dios, ¿cómo no voy a estar ansioso?». Tonto, ¿no tienes manos?, ¿no las hizo Dios para ti? Siéntate ahora y reza para que no te gotee la nariz. Límpiate más bien y no le eches la culpa. Pues bien, ¿no te ha dado nada en el presente caso? ¿No te ha dado resistencia? ¿No te ha dado magnanimidad? ¿No te ha dado hombría? Cuando tienes tales manos, ¿buscas a alguien para que te limpie la nariz? Pero nosotros no estudiamos estas cosas ni nos preocupamos por ellas. Dadme un hombre que se preocupe de cómo ha de hacer algo, no por la obtención de una cosa, sino que se preocupe de su propia energía. ¿Qué hombre, cuando camina, se preocupa por su propia energía? ¿Quién, cuando delibera, se preocupa por su propia deliberación, y no por obtener aquello sobre lo que delibera? Y si tiene éxito, se alegra y dice: «Qué bien hemos deliberado; ¿no te dije, hermano, que es imposible, cuando hemos pensado en algo, que no salga así?». Pero si la cosa resulta de otro modo, el desdichado se humilla, no sabe ni siquiera qué decir de lo que ha sucedido. ¿Quién de nosotros ha consultado a un vidente por este asunto? ¿Quién de nosotros, en cuanto a sus acciones, no ha dormido en la indiferencia? ¿Quién? Dadme uno para que pueda ver al hombre que he estado buscando durante mucho tiempo, que sea verdaderamente noble e ingenuo, ya sea joven o viejo; nombradlo. ¿Por qué, entonces, aún nos sorprendemos si somos bien practicados en el pensamiento de las cosas, pero en nuestros actos somos bajos, sin decencia, sin valor, cobardes, impacientes de trabajo, del todo malos? Porque no nos preocupamos de las cosas, ni las estudiamos. Pero si no temiéramos la muerte o el destierro, sino el miedo mismo, habríamos estudiado para no caer en aquellas cosas que nos parecen malas. Ahora bien, en la escuela somos irritables y parlanchines y, si surge alguna pequeña duda sobre alguna de estas cosas, somos capaces de examinarla a fondo. Pero arrastradnos a la práctica, y nos encontraréis naufragando miserablemente. Dejad que nos sobrevenga alguna apariencia perturbadora, y sabréis qué hemos estado estudiando y en qué nos hemos ejercitado. En consecuencia, por falta de disciplina, siempre estamos añadiendo algo a la apariencia y representando las cosas como más grandes de lo que son. Por ejemplo, en lo que respecta a mí mismo, cuando estoy de viaje y miro hacia abajo en el mar profundo, o miro alrededor y no veo tierra, estoy fuera de mí y me imagino que debo beber toda esa agua si naufrago, y no se me ocurre que tres pintas son suficientes. ¿Qué me perturba entonces? ¿El mar? No, sino mi opinión. También, cuando hay un terremoto, me imagino que la ciudad se me va a caer encima, ¿no basta una piedrecita para que se me caigan los sesos?

¿Cuáles son, entonces, las cosas que nos pesan y nos perturban? ¿Qué más que las opiniones? ¿Qué más que las opiniones pesan sobre quien se va y deja a sus compañeros y amigos y lugares y hábitos de vida? Ahora bien, los niños pequeños, por ejemplo, cuando lloran porque la enfermera los deja por poco tiempo, olvidan su pena si reciben un pequeño pastel. ¿Eliges, entonces, que te comparemos con los niños pequeños? No, por Zeus, pues no deseo que me calmen con un pastelito, sino con opiniones correctas. ¿Y cuáles son? Tales como que un hombre debe estudiar todo el día, y no dejarse afectar por nada que no sea suyo, ni por el compañero, ni por el lugar, ni por la gimnasia, y ni siquiera por su propio cuerpo, sino recordar la ley y tenerla ante sus ojos. ¿Y cuál es la ley divina? Conservar lo propio, no reclamar lo ajeno, sino usar lo que se nos ha dado; y cuando no se nos ha dado, no desearlo; y cuando se nos quita una cosa, entregarla pronta e inmediatamente, y agradecer el tiempo que el hombre ha tenido el uso de ella, si no llorarías por tu nodriza y por tu mamá. Porque, ¿qué importa por qué cosa está sometido un hombre?, ¿y de qué depende? ¿En qué eres mejor que el que llora por una muchacha si te afliges por un pequeño gimnasio, y por pequeños pórticos y por jóvenes y por tales lugares de diversión? Otro viene y se lamenta de que ya no beberá el agua de Dirce[89]. ¿Es el agua de Marcia[90] peor que la de Dirce? «¡Pero yo estaba acostumbrado al agua de Dirce!». Y tú a su vez estarás acostumbrado a la otra. Entonces, si te acostumbras a esta, llora por esta también, y trata de hacer un verso como el de Eurípides: Los baños calientes de Nerón y el agua de Marciano.

Vean cómo aparece la tragedia cuando las cosas comunes les suceden a los hombres tontos. «¿Cuándo volveré a ver Atenas y la Acrópolis?». Desgraciado, ¿no te conformas con lo que ves a diario?, ¿tienes algo mejor o más grande que ver que el sol, la luna, las estrellas, toda la tierra, el mar? Pero si en verdad comprendes al que administra el Todo, y lo llevas en ti mismo, ¿todavía deseas pequeñas piedras, y una hermosa roca[91]? Cuando, pues, vayáis a dejar el sol

89 Dirce es una renombrada fuente tebana.

90 El agua de Marcia llegaba a Roma por acueductos construidos por los romanos.

91 La Acrópolis y los edificios de Atenas.

mismo y la luna, ¿qué haréis? ¿Os sentaréis a llorar como niños? ¿Qué habéis hecho en la escuela? ¿Qué habéis oído, qué habéis aprendido? ¿Por qué os habéis llamado filósofos cuando podríais haber escrito la verdad: «Hice ciertas introducciones, y leí a Crisipo, pero ni siquiera me acerqué a la puerta de un filósofo». Porque, ¿cómo podría yo poseer algo del tipo que poseía Sócrates, que murió como él, que vivió como él, o algo como lo que poseía Diógenes? ¿Crees que alguno de esos hombres lloró o se afligió porque no iba a ver a cierto hombre, o a cierta mujer, ni a estar en Atenas o en Corinto, sino, si acaso, en Susa o en Ecbatana? Porque, si un hombre puede dejar el banquete cuando quiera y no divertirse más, ¿se queda todavía y se queja, o no se queda, como en cualquier diversión, solo mientras le complace? Un hombre así, supongo, soportaría el exilio perpetuo o ser condenado a muerte. ¿No se destetará ahora, como los niños, y tomará alimentos más sólidos, y no llorará tras las mamás y las nodrizas, que son los lamentos de las viejas? «Pero si me voy, les causaré tristeza». ¿Les causarás tristeza? De ninguna manera, les causará tristeza, que también te causará a ti, la opinión. ¿Qué tienes que hacer entonces? Quita tu propia opinión, y si estas mujeres son sabias, quitarán la suya; si no, se lamentarán por su propia culpa.

Hombre mío, como dice el proverbio, haz un esfuerzo desesperado en favor de la tranquilidad del espíritu, la libertad y la magnanimidad. Levanta por fin la cabeza como liberado de la esclavitud. Atrévete a mirar a Dios y dile: «Trata conmigo para el futuro como quieras; soy de la misma mente que tú; soy tuyo. No rechazo nada de lo que te agrada, condúceme a donde quieras, vísteme con el vestido que quieras. ¿Es tu voluntad que ocupe el cargo de un magistrado, que esté en la condición de un particular, que me quede allí o que sea un exiliado, que sea pobre, que sea rico? Haré tu defensa ante los hombres en nombre de todas estas condiciones. Mostraré la naturaleza de cada cosa». No lo harás, sino que te sentarás en el vientre de un buey y esperarás a tu madre hasta que te alimente. ¿Quién habría sido Hércules si se hubiera quedado en casa?

Habría sido Euristeo[92] y no Hércules. Y en sus viajes por el mundo, ¿cuántos íntimos y cuántos amigos tuvo? Pero nada más querido para él que Dios. Por eso se creía que era el hijo de Dios, y lo era. En obediencia a Dios, pues, fue purgando la injusticia y la anarquía. Pero tú no eres Hércules y no eres capaz de purgar la maldad de los demás; ni tampoco eres Teseo, capaz de purificar las cosas malas del Ática[93]. Limpia las tuyas. De ti mismo, de tus pensamientos expulsa, en lugar de a Procusto y a Escirón[94], la tristeza, el miedo, el deseo, la envidia, la malevolencia, la avaricia, el afeminamiento, la intemperancia. Pero no es posible expulsar estas cosas de otro modo que no sea mirando solo a Dios, fijando solo en él tus afectos, consagrándote a sus mandatos. Pero si eliges cualquier otra cosa, te verás obligado a seguir con suspiros y gemidos lo que es más fuerte que tú mismo, buscando siempre la tranquilidad y sin poder encontrarla nunca, porque buscas la tranquilidad allí donde no está, y te descuidas de buscarla donde está.

17

Cómo debemos adaptar las preconcepciones a los casos particulares

¿Cuál es el primer asunto de quien filosofa? Deshacerse de la presunción. Porque es imposible que un hombre comience a aprender lo que cree que sabe. En cuanto a las cosas que deben hacerse y no deben hacerse, y a las buenas y a las malas, y a las bellas y a las feas, todos los que hablamos de ellas al azar acudimos a los filósofos;

---

92 Euristeo, rey de Micenas, fue quien impuso los doce famosos trabajos a Hércules.

93 Teseo, rey de Atenas, realizó trabajos, menos famosos que los de Hércules, durante el regreso de Trecén a Atenas.

94 Procusto y Escirón: bandidos a los que les dio muerte Teseo, como parte de los trabajos mencionados en la nota anterior.

y sobre estos asuntos alabamos, censuramos, acusamos, culpamos, juzgamos y determinamos sobre los principios honorables y deshonrosos. Pero ¿por qué acudimos a los filósofos? Porque deseamos aprender lo que creemos no saber. ¿Y qué es esto? Teoremas. Porque deseamos aprender lo que los filósofos dicen como algo elegante y agudo; y algunos desean aprender para obtener beneficios de lo que aprenden. Es, pues, ridículo pensar que una persona desea aprender una cosa, y aprenderá otra; o más aún, que un hombre se hará competente en lo que no aprende. Pero los muchos se engañan con esto que engañó también el retórico Teopompo[95], cuando culpa incluso a Platón de desear que todo se defina. Pues, ¿qué dice? «¿Ninguno de nosotros, antes de ti, usaba las palabras "bueno" o "justo"? ¿O pronunciábamos los sonidos de manera insustancial y vacía sin entender lo que significaba cada una de ellas?». Ahora bien, ¿quién te dice, Teopompo, que no hemos tenido nociones naturales de cada una de estas cosas y preconceptos? Pero no es posible adaptar las preconcepciones a sus objetos correspondientes si no las hemos distinguido, e investigado qué objeto debe estar sujeto a cada preconcepción. También se puede hacer la misma acusación contra los médicos. Porque, ¿quién de nosotros no usaba las palabras «sano» y «no sano» antes de que viviera Hipócrates?, ¿o pronunciábamos estas palabras como sonidos vacíos? Porque también tenemos una cierta idea preconcebida de la salud, pero no somos capaces de adaptarla. Por esta razón, uno dice: «Absténgase de comer»; otro dice: «Dele de comer»; otro dice: «Sangrar»; y otro dice: «Use ventosas». ¿Cuál es la razón? ¿Es otra que el hecho de que el hombre no puede adaptar adecuadamente la preconcepción de la salud a lo particular?

Así sucede también en este asunto, en las cosas que conciernen a la vida. ¿Quién de nosotros no habla de lo bueno y de lo malo, de lo útil y de lo no útil, pues quién de nosotros no tiene una preconcepción

95 Teopompo (c. 378 a. C.), historiador, autor contemporáneo de Éforo y discípulo de Isócrates.

de cada una de estas cosas? ¿Es, entonces, una preconcepción distinta y perfecta? Demuéstralo. ¿Cómo puedo demostrarlo? Adaptando la preconcepción adecuadamente a las cosas particulares. Platón, por ejemplo, somete las definiciones al preconcepto de lo útil, pero tú al preconcepto de lo inútil. ¿Es posible, entonces, que ambos tengan razón? ¿Cómo es posible? ¿No adapta un hombre la preconcepción del bien a la cuestión de la riqueza, y otro no a la riqueza, sino a la cuestión del placer o de la salud? Porque, en general, si todos los que usamos esas palabras conocemos suficientemente cada una de ellas, y no necesitamos diligencia para resolver las nociones de los preconceptos, ¿por qué diferimos, por qué nos peleamos, por qué nos culpamos unos a otros?

¿Y por qué alego ahora esta contención entre nosotros y hablo de ella? Si tú mismo adaptas adecuadamente tus preconceptos, ¿por qué eres infeliz, por qué te sientes obstaculizado? Omitamos por ahora el segundo tema[96] sobre las actividades y el estudio de los deberes que se relacionan con ellas. Omitamos también el tercer tema, que se refiere a los asentimientos. Renuncio a estos dos temas. Insistamos en el primero, que presenta una demostración casi obvia de que no adaptamos bien los preconceptos. ¿Deseáis ahora lo que es posible y lo que os es posible? ¿Por qué, entonces, se ve obstaculizado? ¿Por qué eres infeliz? ¿No tratas ahora de evitar lo inevitable? ¿Por qué, entonces, caes en lo que quieres evitar? ¿Por qué sois desgraciados? ¿Por qué, cuando deseas una cosa, no sucede, y, cuando no la deseas, sucede? Pues esta es la mayor prueba de la infelicidad y la miseria: «Deseo algo, y no sucede». ¿Y quién es más desdichado que yo?

Fue porque no podía soportar esto que Medea llegó a asesinar a sus hijos: un acto de un espíritu noble en este punto de vista, por lo menos, ya que ella tenía una opinión justa, que no tiene éxito lo que una persona desea. Después dice: «Así me vengaré de quien me ha agraviado e insultado; y, ¿qué ganaré si se le castiga así?, ¿cómo,

96 Los temas a los que se refiere son el deseo, el impulso y el asentimiento.

pues, se hará? Mataré a mis hijos, pero también me castigaré a mí misma, ¿y qué me importa?[97]». Esta es la aberración del alma que posee gran energía. Porque no supo en qué consiste el hacer lo que deseamos; que no se puede conseguir esto desde fuera ni tampoco por la alteración y nueva adaptación de las cosas. No desees al hombre, y nada de lo que desees caerá en saco roto; no te obstines en desear que viva contigo; no desees permanecer en Corinto; y, en pocas palabras, no desees más que lo que Dios quiere. ¿Y quién os lo impedirá? ¿Quién os obligará? Ningún hombre os obligará más de lo que puede Zeus. Cuando tienes tal guía, y tus deseos y anhelos son los mismos que los suyos, ¿por qué temes el desengaño? Renuncia a tu deseo de riqueza y a tu aversión a la pobreza, y te decepcionarás en lo uno, caerás en la otra. Pues bien, entrégalos a la salud, y serás desgraciado; entrégalos a las magistraturas, a los honores, a la patria, a los amigos, a los hijos, en pocas palabras, a cualquiera de las cosas que no están en poder del hombre y te ocurrirá igual. Pero entrégalas a Zeus y a los demás dioses, entrégalas a los dioses, deja que los dioses gobiernen, deja que tu deseo y tu aversión se pongan del lado de los dioses y, ¿en qué serás ya infeliz? Pero si, desgraciado perezoso, envidias, te quejas, tienes celos, temes y no dejas ni un solo día de quejarte tanto de ti mismo como de los dioses, ¿por qué hablas todavía de ser educado? ¿Qué clase de educación, hombre? ¿Quieres decir que te has empleado en silogismos sofísticos? ¿No quieres, si es posible, desaprender todas estas cosas y empezar desde el principio, y ver al mismo tiempo que hasta ahora ni siquiera has tocado el asunto? Y, entonces, empezando desde este fundamento, ¿no construirás todo lo que venga después de modo que nada pueda suceder que no elijas, y nada que elijas deje de suceder?

Dadme un solo joven que haya venido a la escuela con esta intención, que se haya convertido en un paladín de este asunto y que diga:

---

97 Resumen de las palabras de Medea, según la tragedia de EURÍPIDES (*Medea*).

«Renuncio a todo lo demás, y me basta con que esté en mi mano pasar mi vida libre de obstáculos y libre de problemas, y extender mi cuello a todas las cosas como un hombre libre, y mirar al cielo como un amigo de Dios, y no temer nada de lo que pueda ocurrir». Que alguno de vosotros me señale a un hombre así para que pueda decirle: «Entra, joven, en la posesión de lo que es tuyo, es tu destino adornar la filosofía, tuyas son estas posesiones, tuyos estos libros, tuyos estos discursos». Entonces, cuando haya trabajado suficientemente y se haya ejercitado en esto de la materia, que venga de nuevo a mí y me diga: «Deseo estar libre de pasión y libre de perturbación; y deseo como hombre piadoso y filósofo y diligente saber cuál es mi deber para con los dioses, cuál para con mis padres, cuál para con mis hermanos, cuál para con mi país, cuál para con los extraños».

Pasemos también al segundo asunto, este también es tuyo. «Pero ya he estudiado suficientemente la segunda parte también, y me gustaría estar seguro e intacto, y no solo cuando estoy despierto, sino también cuando estoy dormido, y cuando estoy lleno de vino, y cuando estoy melancólico». Hombre, eres un dios, tienes grandes designios. «No, pero deseo entender lo que dice Crisipo en su tratado del *Pseudomeno*[98]». ¿No te ahorcarás, desgraciado, con esa intención? ¿Y de qué te servirá? Lo leerás todo con pena, y hablarás a los demás temblando. Así lo haces tú también: «¿Deseas, hermano, que yo te lea[99], y tú a mí?». «Escribes excelentemente, hombre mío, y también excelentemente al estilo de Jenofonte; y tú al de Platón; y tú al de Antístenes». Después de contaros vuestros sueños, volvéis a las mismas cosas: vuestros deseos son los mismos; vuestras aversiones, las mismas; vuestros afanes son los mismos, y vuestros designios y propósitos; deseáis las mismas cosas y trabajáis por las mismas cosas.

98 Se trata del sofisma *Sobre el mentiroso* escrito por Crisipo.

99 Los discípulos debían preparar disertaciones para leer en la clase, a esas disertaciones hace referencia. Se supone, además, que esperarían halagos.

En segundo lugar, ni siquiera buscáis a alguien que os aconseje, sino que os enfadáis si oís tales cosas. Entonces, dices: «Un viejo de mal carácter, cuando me iba, no lloró ni dijo: "En qué peligro vas: si sales bien, hijo mío, quemaré luces"[100]». Esto es lo que haría un hombre de buen carácter. Será una gran cosa para ti si vuelves a salvo, y valdrá la pena quemar luces por una persona así, pues deberías ser inmortal y estar exento de enfermedades.

Desechando, pues, como digo, este engreimiento de pensar que sabemos algo útil, debemos llegar a la filosofía como nos aplicamos a la geometría y a la música, pero, si no lo hacemos, ni siquiera nos acercaremos a la competencia, aunque leamos todas las colecciones y comentarios de Crisipo y los de Antípatro[101] y Arquedemo.

18

Cómo debemos luchar contra las apariencias

Todo hábito y facultad se mantiene y aumenta con las acciones correspondientes: el hábito de caminar, caminando; el hábito de correr, corriendo. Si quieres ser un buen lector, lee; si eres escritor, escribe. Pero cuando no hayas leído durante treinta días seguidos, sino que hayas hecho otra cosa, conocerás la consecuencia. Del mismo modo, si has permanecido inactivo durante diez días, levántate e intenta dar un largo paseo, y verás cómo se debilitan tus piernas.

Por lo general, si quieres convertir algo en un hábito, hazlo; si no quieres convertirlo en un hábito, no lo hagas, sino acostúmbrate a hacer otra cosa en su lugar.

---

100 Costumbre en acción de gracias.

101 Antípatro de Tarso (s. II a. C.). Filósofo estoico discípulo y sucesor de Diógenes de Babilonia como jefe de la escuela estoica.

Lo mismo ocurre con los afectos del alma: cuando te has enfadado, debes saber que no solo te ha ocurrido este mal, sino que también has aumentado el hábito y, en cierto modo, has echado leña al fuego. Cuando hayas sido vencido en las relaciones sexuales con una persona, no cuentes solo con esta derrota, sino que también has alimentado, aumentado tu incontinencia. Pues es imposible que no se produzcan hábitos y facultades, algunos de los cuales no existían antes, y que no se aumenten y fortalezcan otros con los actos correspondientes.

De esta manera, ciertamente, como dicen los filósofos, también crecen las enfermedades de la mente. Porque cuando una vez has deseado dinero, si se aplica la razón para llevar a la percepción del mal, el deseo se detiene, y la facultad gobernante de nuestra mente se restablece a la autoridad original. Pero si no se aplica ningún medio de curación, ya no vuelve al mismo estado, sino que, al ser excitada de nuevo por la apariencia correspondiente, se inflama para desear más rápidamente que antes. Y, cuando esto tiene lugar continuamente, se endurece en adelante, y la enfermedad de la mente confirma el amor al dinero. Porque el que ha tenido fiebre y se ha aliviado de ella, no está en el mismo estado que antes, a menos que se haya curado completamente. Algo así ocurre también en las enfermedades del alma. Quedan en ella ciertas huellas y ampollas y, a menos que un hombre las borre por completo, cuando vuelva a ser azotado en los mismos lugares, el latigazo no producirá ampollas sino llagas. Si, pues, quieres no tener un temperamento colérico, no alimentes el hábito; no le eches nada que lo aumente. Al principio mantente tranquilo, y cuenta los días en que no te has enfadado. Antes estaba apasionado todos los días, ahora cada dos días, después cada tres, cada cuatro. Pero si has intercalado treinta días, haz un sacrificio a Dios. Porque el hábito al principio comienza a debilitarse y después se destruye por completo. «No me he disgustado hoy, ni el día siguiente, ni ningún otro día sucesivo durante dos o tres meses, pero me cuidé cuando ocurrieron algunas cosas excitantes». Tened la seguridad de que estáis en buen camino. Hoy, cuando he visto a una persona guapa, no me he dicho: «Ojalá pudiera acostarme con ella» y «Feliz es su marido»; porque quien dice esto, dice también: «Feliz es su amante». Tampoco me imagino el resto en mi mente; la mujer presente, y desnudándose y acostándose a mi lado. Me acaricio la cabeza y digo: «Bien hecho, Epicteto, has resuelto un pequeño y fino sofisma, mucho más fino que el que se llama sofisma maestro». Y si incluso la mujer está dispuesta y da señales y envía mensajes, y si también me acaricia y se acerca a mí, y yo me abstengo y salgo victorioso, eso sería un sofisma más allá de lo que se llama «El mentiroso» y «El quiescente». Por una victoria como esta, un hombre puede estar justamente orgulloso; no por proponer el sofisma maestro. ¿Cómo, pues, se hará esto? Está dispuesto a ser aprobado por ti mismo, está dispuesto a aparecer hermoso a Dios, desea estar en pureza con tu propio ser puro y con Dios. Entonces, cuando te visite tal apariencia, Platón dice: «Recurre a las expiaciones, acude suplicante a los templos de las deidades que te alejan del mal». Incluso, basta con que «recurras a la sociedad de los hombres nobles y justos» y te compares con ellos, tanto si encuentras uno vivo como si está muerto. Acude a Sócrates y míralo recostado con Alcibíades y burlándose de su belleza[102]; considera qué victoria encontró al final que había ganado sobre sí mismo; qué victoria olímpica; en qué número se situó desde Hércules[103]; de modo que, por los dioses, se puede saludar con justicia: «Salve, hombre maravilloso, tú que has conquistado, no menos a estos lamentables boxeadores y pancracios ni tampoco a los que son como ellos, los gladiadores». Colocando estos objetos en el otro lado, conquistarás la apariencia; no te dejarás arrastrar por ella. Pero, en primer lugar, no te dejes arrastrar por la

102 PLATÓN, *El banquete.*

103 Hércules, cuando fundó los Juegos Olímpicos, venció en el mismo día en la lucha y en el pancracio. Este logro solo se repitió siete veces. Los vencedores fueron nombrados «sucesores de Hércules».

rapidez de la apariencia, sino di: «Apariencias, esperadme un poco: dejadme ver quiénes sois, y de qué vais: dejadme poneros a prueba». Y, entonces, no permitas que la apariencia te lleve y dibuje vivamente las cosas que seguirán; porque, si lo haces, te llevará a donde quiera. Más bien, oponedle alguna otra apariencia hermosa y noble, y desechad esta apariencia vil. Y si te acostumbras a ejercitarte de esta manera, verás qué hombros, qué tendones, qué fuerza tienes. Pero ahora son solo palabras insignificantes, y nada más.

Este es el verdadero atleta, el hombre que se ejercita contra esas apariencias. Quédate, desgraciado, no te dejes llevar. Grande es el combate, divino es el trabajo; es por la realeza, por la libertad, por la felicidad, por la liberación de la perturbación. Acuérdate de Dios, invócalo como ayudante y protector, como los hombres en el mar invocan a los Dióscuros[104] en una tormenta. Pues, ¿qué es mayor tormenta que la que proviene de las apariencias que son violentas y alejan la razón? Porque la tormenta misma, ¿qué es sino una apariencia? Pues quita el miedo a la muerte, y supone tantos truenos y relámpagos como quieras, y sabrás qué calma y serenidad hay en la facultad gobernante. Pero si una vez has sido derrotado y dices que vencerás en lo sucesivo, vuelve a decir lo mismo, ten por seguro que al final estarás en una condición tan miserable, tan débil, que ni siquiera sabrás después que estás haciendo mal, sino que incluso empezarás a pedir disculpas por tu maldad y, entonces, confirmarás que el dicho de Hesíodo es cierto: Con constantes males se esfuerza el dilatador[105].

104 Los Dioscuros o «hijos de Zeus», también conocidos como «los gemelos celestiales», eran Castor y Polideuces, este último también llamado Pólux en Roma. Los dos eran hijos de Leda, esposa del rey Tindareo de Esparta. Sus hermanas eran Helena y Clitemnestra.

105 HESÍODO, *Los trabajos y los días*.

19

Contra los que abrazan las opiniones filosóficas solo de palabra

El argumento llamado «argumento rector»[106] parece haber sido propuesto a partir de principios. En efecto, hay una contradicción común entre las tres posiciones, y cada una de ellas está en contradicción con la tercera. Las proposiciones son: que todo lo pasado debe ser necesariamente verdadero; que de una imposibilidad no se sigue una posibilidad; y que es posible lo que no es ni será verdadero. Diodoro[107], al observar esta contradicción, empleó la fuerza probatoria de las dos primeras para la demostración de esta: «Nada es posible que no sea verdadero y que nunca lo será». Ahora bien, otro sostendrá estas dos: «Es posible algo que no es verdadero ni lo será nunca», y: «De una imposibilidad no se sigue una posibilidad», pero no admitirá que todo lo pasado sea necesariamente verdadero, como parecen pensar los seguidores de Cleantes, y los defendió copiosamente Antípatro. Pero otros sostienen las otras dos proposiciones: «Que es posible una cosa que no es verdadera ni será verdadera» y «Que todo lo que es pasado es necesariamente verdadero»; pero, entonces, sostendrán que de una imposibilidad puede seguirse una posibilidad. Pero es imposible mantener estas tres proposiciones debido a su contradicción común entre ellas.

Si alguien me pregunta cuál de estas proposiciones sostengo, le responderé que no lo sé, pero he recibido esta historia, que Diodoro

106 El «argumento rector», también llamado anteriormente «argumento maestro» o «argumento dominante» está atribuido al filósofo griego Diodoro Cronos, uno de los líderes representantes de la escuela de Mégara. Fueron sus discípulos Zenón de Citio y Arcesilao.

107 En referencia a Diodoro Cronos.

mantuvo una opinión, los seguidores de Pantoides[108], creo, y Cleantes mantuvieron otra opinión, y los de Crisipo una tercera. «¿Cuál es, entonces, su opinión?». No estoy hecho para esto, para examinar las apariencias que se me ocurren y para comparar lo que otros dicen y formarme una opinión propia en el tema. Por lo tanto, no difiero en absoluto del gramático. «¿Quién era el padre de Héctor?». Príamo. «¿Quiénes eran sus hermanos?». Alejandro y Deífobo. «¿Quién era su madre?». Hécuba. He oído esta historia. «¿De quién?». De Homero. Y Helánico[109] también, creo, escribe sobre las mismas cosas, y tal vez otros como él. ¿Y qué más tengo sobre el argumento de la sentencia? Nada. Pero, si soy un hombre vano, especialmente en un banquete, sorprendo a los invitados enumerando a los que han escrito sobre estas cuestiones. Tanto Crisipo ha escrito maravillosamente en su primer libro *Sobre lo posible*, como Cleantes ha escrito especialmente sobre el tema, y Arquedemo. Antípatro también ha escrito no solo en su obra *Sobre lo posible*, sino también por separado sobre el argumento rector. ¿No has leído la obra? «No la he leído». Lee. ¿Y qué provecho sacará el hombre de ella? Será más insignificante e impertinente de lo que es ahora; pues, ¿qué más has aprendido al leerla? ¿Qué opinión te has formado al respecto? Ninguna; pero nos hablarás de Helena y Príamo, y de la isla de Calipso que nunca fue ni será.

Y en este asunto, en efecto, no tiene gran importancia si retiene la historia, pero no se ha formado una opinión propia. Pero en cuestiones de moralidad esto nos sucede mucho más que en estas cosas de las que estamos hablando.

«Háblame del bien y del mal». Escucha: El viento de Ilión a las costas de Ciconia me trajo[110].

---

108 Pantoides fue un dialéctico y filósofo de la escuela de Mégara. Escribió un libro llamado *Sobre las ambigüedades*, contra el que Crisipo escribió un tratado.

109 Helánico de Lesbos, historiador contemporáneo de Heródoto.

110 Basado en *La odisea*, de HOMERO.

«De las cosas, algunas son buenas, otras son malas y otras son indiferentes. Lo bueno, pues, son las virtudes y las cosas que participan de las virtudes; lo malo son los vicios y las cosas que participan de ellos; y lo indiferente son las cosas que se encuentran entre las virtudes y los vicios, la riqueza, la salud, la vida, la muerte, el placer, el dolor». ¿De dónde se sabe esto? «Helánico lo dice en su historia egipcia»; pues ¿qué diferencia hay entre decir esto, o decir que «Diógenes[111] lo tiene en su *Ética*», o Crisipo o Cleantes? ¿Has examinado, entonces, alguna de estas cosas y te has formado una opinión propia? Muestra cómo estás acostumbrado a comportarte en una tormenta a bordo de un barco. Recuerda esta división, cuando la vela traquetea y un hombre, que no sabe nada de tiempos y estaciones, se pone a tu lado cuando estás gritando y te dice: «Dime, te lo pido por los dioses, lo que estabas diciendo hace un momento. ¿Es un vicio sufrir el naufragio, participar del vicio?». ¿No tomarás un palo y se lo pondrás en la cabeza? ¿Qué tenemos que hacer contigo, hombre? ¿Estamos pereciendo y vienes a burlarte de nosotros? Pero si el César te mandó llamar para responder a una acusación, ¿recuerdas la distinción? Si al entrar, pálido y tembloroso, se te acercara una persona y te dijera: «¿Por qué tiemblas, hombre? ¿Acaso el César que se sienta dentro da la virtud y el vicio a los que entran a él?». Tú respondes: «¿Por qué también te burlas de mí y aumentas mis penas actuales?». Dime todavía, filósofo, dime, ¿por qué tiemblas? ¿No es la muerte de la que corres el riesgo, o una prisión, o el dolor del cuerpo, o el destierro, o la desgracia? ¿Qué más hay? ¿Hay algún vicio o algo que participe del vicio? ¿Qué decías, entonces, de estas cosas? «¿Qué tienen que ver conmigo, hombre? Mis propios males me bastan». Y dices bien. Te bastan tus propios males, tu bajeza, tu cobardía, tu jactancia que

111 Diógenes de Babilonia (c. 228-140 a. C.), filósofo estoico. Fue uno de los representantes más destacados de esta corriente. Sucedió a Zenón de Tarso en la dirección de la escuela.

mostrabas cuando te sentabas en la escuela. ¿Por qué te adornaste con lo que era de otros? ¿Por qué te llamaste estoico?

Observaos a vosotros mismos en vuestras acciones, y encontraréis a qué secta pertenecéis. Descubriréis que la mayoría de vosotros sois epicúreos, unos pocos peripatéticos y débiles. Porque, ¿dónde demostraréis que realmente consideráis la virtud igual a todo lo demás o incluso superior? Pero muéstrame un estoico si puedes. ¿Dónde o cómo? Pero puedes mostrarme un número interminable que pronuncie pequeños argumentos de los estoicos. Pues, ¿acaso las mismas personas repiten peor las opiniones de los epicúreos? Y los peripatéticos, ¿no los manejan también con igual exactitud?, ¿quién es, entonces, un estoico? Al igual que llamamos fidíaca a una estatua que está modelada según el arte de Fidias, muéstrame un hombre que esté modelado según las doctrinas que pronuncia. Muéstrame un hombre enfermo y feliz, en peligro y feliz, muriendo y feliz, en el exilio y feliz, en la desgracia y feliz. Muéstrame. Deseo, por los dioses, ver a un estoico. No puedes mostrarme uno formado así, pero muéstrame al menos uno que se esté formando, que haya mostrado tendencia a ser estoico. Hazme este favor: no le reproches a un anciano que vea algo que aún no ha visto. ¿Creéis que debéis mostrarme el Zeus o la Atenea de Fidias, unas obras de marfil y oro? Que cualquiera de vosotros me muestre un alma humana dispuesta a pensar como Dios, y a no culpar ni a Dios ni al hombre, dispuesta a no desilusionarse por nada, a no considerarse perjudicada por nada, a no enfadarse, a no tener envidia, a no tener celos; y, ¿por qué no lo digo directamente? Deseo de un hombre de convertirse en un dios, y en este pobre cuerpo mortal pensando en su comunión con Zeus. Muéstrame al hombre. Pero no podéis. ¿Por qué, entonces, os engañáis a vosotros mismos y engañáis a los demás? Y, ¿por qué os ponéis un disfraz que no os pertenece, y os paseáis como ladrones y como ladronas de estos nombres y cosas que no os pertenecen? Y ahora soy vuestro maestro, y sois instruidos en mi escuela. Y tengo este propósito: haceros libres de ataduras, coacciones, impedimentos;

para haceros libres, prósperos, felices, mirando a Dios en todo lo pequeño y lo grande. Y tú estás aquí para aprender y practicar estas cosas. ¿Por qué, entonces, no terminas el trabajo, si tú también tienes el propósito que debes tener, y si yo, además del propósito, también tengo la calificación que debo tener? ¿Qué es lo que falta? Cuando veo a un artífice y material por él, espero la obra. Aquí, pues, está el artífice, aquí el material; ¿qué es lo que queremos? ¿No es la cosa, una que puede ser enseñada? Lo es. ¿No está, entonces, en nuestro poder? Es lo único que está en nuestro poder. Ni la riqueza está en nuestro poder, ni la salud ni la reputación ni, en pocas palabras, cualquier otra cosa excepto el uso correcto de las apariencias. Esto está por naturaleza libre de restricciones, solo esto está libre de impedimentos. ¿Por qué, entonces, no terminas la obra? Dime la razón. Porque, o bien es por mi culpa que no la terminas, o por tu propia culpa, o por la naturaleza de la cosa. La cosa en sí es posible, y es lo único que está en nuestro poder. Queda, entonces, que la culpa está en mí o en ti o, lo que es más cercano a la verdad, en ambos. Entonces, ¿estás tú dispuesto a que comencemos por fin a introducir tal propósito en esta escuela y a no tener en cuenta el pasado? Hagamos solo un comienzo. Confía en mí y verás.

20

Contra los epicúreos y los académicos

Las proposiciones que son verdaderas y evidentes son necesariamente usadas incluso por aquellos que las contradicen, y un hombre podría quizás considerar como la mayor prueba de que una cosa es evidente que encuentra que es necesario, incluso para aquel que la niega, hacer uso de ella al mismo tiempo. Por ejemplo, si un hombre niega que haya algo universalmente verdadero, es evidente que debe hacer la negación contradictoria de que nada es universalmente verdadero.

¿Qué, desgraciado, no admites ni siquiera esto? Pues, ¿qué otra cosa es esto que afirmar que todo lo que se afirma universalmente es falso?

Además, si un hombre se presentara y dijera: «Sabed que no hay nada que pueda conocerse, sino que todas las cosas son incapaces de una evidencia segura»; o si otro dijera: «Creedme y seréis los mejores por ello, que un hombre no debe creer nada»; o, de nuevo, si otro dijera: «Aprende de mí, hombre, que no es posible aprender nada, yo te lo digo y te lo enseñaré si quieres». Ahora bien, ¿en qué se diferencian estos de aquellos? ¿A quiénes debo nombrar? ¿A aquellos que se llaman a sí mismos académicos? «Hombres, acordad que ningún hombre está de acuerdo: creednos que ningún hombre cree a nadie». Así también Epicuro, cuando se propone destruir la confraternidad natural de la humanidad, se sirve al mismo tiempo de lo que destruye. Pues, ¿qué dice? «No os engañéis, hombres, ni os dejéis engañar, ni os equivoquéis: no hay compañerismo natural entre los animales racionales, creedme. Los que dicen lo contrario os engañan y os seducen con falsas razones». ¿Qué es esto para ti? Permitid que nos engañen. ¿Os irá peor si todos los demás estamos persuadidos de que existe un compañerismo natural entre nosotros, y que debe ser conservado por todos los medios? No, será mucho mejor y más seguro para ti. Hombre, ¿por qué te preocupas por nosotros? ¿Por qué te desvelas por nosotros? ¿Por qué enciendes tu lámpara? ¿Por qué te levantas temprano? ¿Por qué escribes tantos libros?, ¿para que ninguno de nosotros se engañe sobre los dioses y crea que se ocupan de los hombres o para que nadie suponga que la naturaleza del bien es otra que el placer? Pues, si esto es así, acuéstate y duerme, y lleva la vida de un gusano, de la que te has juzgado digno. Come y bebe, y disfruta de las mujeres, y relájate, y ronca. ¿Y qué te importa a ti lo que piensen los demás sobre estas cosas, si están bien o mal? Porque, ¿qué tenemos que ver con vosotros? Cuidáis de las ovejas porque nos suministran lana y leche y, por último, su carne. ¿No sería una cosa deseable que los hombres pudieran ser adormecidos y encantados por los estoicos, y que se durmieran y se presentaran ante ti y ante los que son como tú para ser esquilados y ordeñados? Pues esto es lo que debéis decir a vuestros hermanos epicúreos, pero ¿no debéis ocultarlo a los demás, y sobre todo persuadirlos de que estamos adaptados por naturaleza al compañerismo, de que la templanza es un bien para que todo os sea asegurado? ¿O debemos mantener esta comunión con algunos y no con otros? ¿Con quién, entonces, debemos mantenerla? ¿Con los que por su parte también la mantienen, o con los que violan esta comunión? ¿Y quiénes la violan más que ustedes que establecen tales doctrinas?

¿Qué fue, entonces, lo que despertó a Epicuro de su somnolencia y lo obligó a escribir lo que escribió? ¿Qué otra cosa fue sino aquello que es lo más fuerte en los hombres, la naturaleza, que atrae a un hombre a su propia voluntad, aunque no quiera y se queje? Ya que —dice— piensas que no hay comunidad entre la humanidad, escribe esta opinión y déjala para otros, y rompe tu sueño para hacer esto, y por tu propia práctica condena tus propias opiniones. ¿Diremos, entonces, que Orestes fue agitado por las Erinias y despertado de su profundo sueño, y no fueron más salvajes las Erinias y los Dolores que despertaron a Epicuro de su sueño y no le permitieron descansar, sino que le obligaron a dar a conocer sus propios males, como la locura y el vino hicieron a los galos? Tan fuerte e invencible es la naturaleza del hombre. Porque, ¿cómo puede una vid ser movida no a la manera de una vid, sino a la manera de un olivo? O, por otra parte, ¿cómo puede un olivo ser movido no a la manera de un olivo, sino a la manera de una vid? Es imposible, no se puede concebir. Tampoco es posible, pues, que un hombre pierda por completo los movimientos de un hombre, e incluso aquellos que están privados de sus miembros genitales no son capaces de privarse de los deseos del hombre. Así, Epicuro también mutiló todos los oficios de un hombre, y de un padre de familia, y de un ciudadano y de un amigo, pero no mutiló los deseos humanos, porque no pudo; no más de lo que los académicos perezosos pueden desechar o cegar sus propios sentidos, aunque hayan intentado con todas sus fuerzas hacerlo[112]. ¡Qué ver-

112 Cuestionamiento a los principios epistemológicos de los académicos.

güenza es esta, cuando un hombre ha recibido de la naturaleza medidas y reglas para el conocimiento de la verdad, y no se esfuerza por añadir a estas medidas y reglas y mejorarlas, sino que, justamente al contrario, se esfuerza por quitar y destruir todo lo que nos permite discernir la verdad!

¿Qué dices, filósofo? La piedad y la santidad, ¿qué crees que son? «Si quieres, te demostraré que son cosas buenas». Pues, demuéstralo para que nuestros ciudadanos se vuelvan y honren a la deidad y dejen de ser negligentes con las cosas de mayor valor. «¿Tienes, entonces, las demostraciones?». Las tengo, y estoy agradecido. «Ya que, entonces, estás bien satisfecho con ellas, escucha lo contrario: Que no hay dioses y, si los hay, no se ocupan de los hombres, ni hay comunión entre nosotros y ellos; y que esa piedad y esa santidad de las que se habla entre la mayoría de los hombres es la mentira de los fanfarrones y los sofistas, o ciertamente de los legisladores con el propósito de aterrorizar y controlar a los malhechores». Bien hecho, filósofo, has hecho algo por nuestros ciudadanos, has hecho que todos los jóvenes vuelvan a despreciar las cosas divinas. «¿Qué, pues, no os satisface esto? Aprended ahora que la justicia no es nada, que la modestia es una locura, que un padre no es nada, que un hijo no es nada». Bien hecho, filósofo, persuade a los jóvenes, para que haya más con las mismas opiniones y que digan lo mismo que tú. De principios como esos han surgido nuestros estados bien constituidos; con ellos se fundó Esparta: Licurgo fijó estas opiniones en los espartanos mediante sus leyes y su educación, que ni la condición servil es más ruin que honrosa, ni la condición de los hombres libres más honrosa que ruin, y que los que murieron en las Termópilas murieron por estas opiniones; ¿y por qué otras opiniones dejaron los atenienses su ciudad? Entonces, los que así hablan se casan y engendran hijos, y se emplean en los asuntos públicos y se hacen sacerdotes e intérpretes. ¿De quién? De dioses que no existen, y consultan a la sacerdotisa pitonisa para oír mentiras, y repiten los oráculos a otros. Monstruosa impudicia e impostura.

Hombre, ¿qué haces?, ¿te refutas a ti mismo cada día; ¿y no vas a renunciar a estos frígidos intentos? Cuando comes, ¿a dónde llevas la mano?, ¿a la boca o al ojo? Cuando te lavas, ¿en qué te metes?, ¿llamas a la olla plato o al cazo asador? Si yo fuera esclavo de alguno de estos hombres, aunque tuviera que ser desollado por él a diario, lo atormentaría. Si me dijera: «Muchacho, echa un poco de aceite de oliva en la bañera», cogería salsa de pepinillos y se la echaría en la cabeza. «¿Qué es esto?», decía. Se me presentaba un aspecto, lo juro por su genio, que no se distinguía del aceite y era exactamente igual. «Toma, dame la bebida de cebada», decía. Yo le llenaba y le llevaba un plato de salsa picante. «¿No he pedido la bebida de cebada?». Sí, amo; esta es la bebida de cebada. «Tómala y huele; tómala y prueba». ¿Cómo sabes, entonces, si nuestros sentidos nos engañan? Si tuviera tres o cuatro compañeros de la misma opinión, los obligaría a ahorcarse por la pasión o a cambiar de opinión. Pero ahora se burlan de nosotros utilizando todas las cosas que da la naturaleza, y con palabras las destruyen.

Agradecidos son en verdad los hombres y los modestos que, si no hacen otra cosa, están comiendo diariamente el pan y, sin embargo, son lo suficientemente desvergonzados como para decir: «No sabemos si hay una Deméter o su hija Perséfone o Hades[113]», por no hablar de que están disfrutando de la noche y del día, de las estaciones del año, de las estrellas, del mar y de la tierra, y de la cooperación de la humanidad y, sin embargo, no se sienten movidos en ningún grado por estas cosas para dirigir su atención a ellas, sino que solo buscan eructar su pequeño problema y, cuando han ejercitado su estómago, irse al baño. Pero lo que dirán, y sobre qué cosas o a qué personas, y lo que sus oyentes aprenderán de esta charla, no les importa en lo

113 Deméter, divinidad del panteón griego, cuidaba la fertilidad de la tierra y protegía los cultivos. Perséfone fue raptada por Hades, el dios del inframundo; enamorado, se la llevó a vivir con él. Perséfone es asociada con la imagen mítica del cereal porque vivía un tiempo en el mundo infernal de su esposo y otro junto a su madre en la tierra.

más mínimo, ni les importa si algún joven generoso después de oír tal charla sufriera algún daño por ello, ni después de haber sufrido el daño perdiera todas las semillas de su naturaleza generosa; ni si le damos a un adúltero ayuda para ser desvergonzado en sus actos; ni si un pecador público se ampara en alguna astuta excusa de estas doctrinas; ni si otro que descuida a sus padres es confirmado en su audacia por esta enseñanza. ¿Qué es, pues, en tu opinión, bueno o malo? ¿Esto o aquello? ¿Por qué, entonces, debería un hombre decir algo más en respuesta a personas como estas, o darles alguna razón o escuchar alguna razón de ellos, o tratar de convencerlos? Por Zeus, uno podría esperar mucho antes hacer que las certezas cambien de opinión que aquellos que se han vuelto tan sordos y ciegos a sus propios males se modifiquen.

21

De la incoherencia

Hay cosas que los hombres confiesan fácilmente, y otras que no. Nadie, entonces, confesará que es tonto o sin entendimiento, sino que, muy al contrario, oirás a todos los hombres decir: «Ojalá tuviera una fortuna igual a mi entendimiento». Pero fácilmente confiesan que son tímidos, y dicen: «Soy bastante tímido, lo confieso, pero en otros aspectos no me encontraréis tan tonto». Un hombre no confesará fácilmente que es intemperante, y que es injusto no lo confesará en absoluto. De ninguna manera confesará que es envidioso o entrometido. La mayoría de los hombres confesarán que son compasivos. ¿Cuál es, entonces, la razón? La principal es la inconsistencia y la confusión en las cosas que se relacionan con el bien y el mal. Pero los diferentes hombres tienen diferentes razones; y, generalmente, lo que imaginan que es bajo, no lo confiesan de ningún modo. Suponen que la timidez es una característica de una buena disposición y también la compasión, pero la estulticia es la característica principal de un esclavo. Y no admiten en absoluto las cosas que son ofensas a la sociedad. Pero en el caso de la mayoría de los errores, por esta razón principalmente, son inducidos a confesarlos, porque creen que hay algo involuntario en ellos como en la timidez y la compasión; y, si un hombre confiesa que es en algún aspecto intemperante, alega el amor como excusa para lo que es involuntario. Pero los hombres no imaginan que la injusticia sea en absoluto involuntaria. Hay también en los celos, como suponen, algo involuntario y, por esta razón, confiesan también los celos.

Viviendo entre tales hombres, que son tan confusos, tan ignorantes de lo que dicen, y de los males que tienen o no tienen, y de por qué los tienen, o de cómo se aliviarán de ellos, creo que vale la pena que un hombre observe constantemente «si yo también soy uno de ellos, qué imaginación tengo sobre mí mismo, cómo me conduzco, si me conduzco como un hombre prudente, si me conduzco como un hombre templado, si alguna vez digo esto: que me han enseñado a estar preparado para todo lo que pueda suceder. ¿Tengo la conciencia que debe tener un hombre que no sabe nada de que no sé nada? ¿Acudo a mi maestro como los hombres acuden a los oráculos, preparado para obedecer? ¿O acudo como un niño llorón a mi escuela para aprender la historia y entender los libros que antes no entendía, y, si así ocurriera, para explicarlos también a los demás?». Hombre, te has peleado en casa con un pobre esclavo, has puesto a la familia patas arriba, has asustado a los vecinos, y vienes a mí como si fueras un sabio, y tomas asiento y juzgas cómo he explicado alguna palabra y cómo he balbuceado lo que se me ha ocurrido. Vienes lleno de envidia y humillado porque no traes nada de casa, y te sientas durante la discusión, pensando nada más que en cómo está dispuesto tu padre hacia ti y tu hermano. «¿Qué dicen de mí allí? Ahora creen que estoy mejorando, y dicen: "Volverá con todo el conocimiento". Ojalá pudiera aprenderlo todo antes de volver, pero es necesario mucho trabajo, y nadie me envía nada, y los baños de Nicópolis están sucios; todo es malo en casa, y malo aquí».

Entonces, dicen: «Nadie obtiene ningún beneficio de la escuela». ¿Por qué?, ¿quién viene a la escuela, quién viene con el propósito de ser mejorado?, ¿quién viene a presentar sus opiniones para ser purificado?, ¿quién viene a aprender lo que le hace falta? ¿Por qué os extrañáis, entonces, de que os llevéis de la escuela las mismas cosas que traéis a ella? Porque no venís a dejarlas de lado, ni a corregirlas, ni a recibir otros principios en lugar de ellos. De ninguna manera, ni nada parecido. Más bien, buscáis esto si ya poseéis aquello por lo que venís. ¿Deseas parlotear sobre teoremas? ¿Qué es entonces? ¿No te conviertes en un gran generador de trivialidades? ¿No os dan vuestros pequeños teoremas alguna oportunidad de exhibición? Resolvéis silogismos sofísticos. ¿No examináis los supuestos del silogismo llamado «El mentiroso»? ¿No examináis los silogismos hipotéticos? ¿Por qué, entonces, sigues enfadado si recibes las cosas por las que vienes a la escuela? «Sí, pero si mi hijo muere o mi hermano muere o si yo debo morir o ser atormentado, ¿de qué me servirán estas cosas a mí?». Pues bien, ¿viniste por esto?, ¿por esto te sentaste a mi lado?, ¿alguna vez encendiste tu lámpara o te mantuviste despierto? O, cuando saliste de paseo, ¿alguna vez propusiste alguna apariencia que se te presentara en lugar de un silogismo y la discutiste con tus amigos? ¿Dónde y cuándo? Dices: «Los teoremas son inútiles». ¿Para quién? Para aquellos que hacen un mal uso de ellos. Porque los colirios no son inútiles para quienes los usan como deben y cuando deben. Los fomentos no son inútiles. Las campanas mudas no son inútiles, pero son inútiles para algunos y útiles para otros. Si me preguntáis ahora si los silogismos son útiles, os diré que lo son, y si queréis, lo demostraré. «¿Cómo me van a ser útiles de alguna manera?». Hombre, ¿preguntaste si son útiles para ti o preguntaste en general? Que el que sufre de disentería me pregunte si el vinagre es útil. Le diré que es útil. «¿Será, entonces, útil para mí?». Diré: «No». Buscad primero que la secreción se detenga y que las úlceras se cierren. Y haced vosotros, oh, hombres, primero que se curen las úlceras y que se detenga la secreción; tranquilizaos en vuestra mente, llevadla libre de distracciones a la escuela, y sabréis qué poder tiene la razón.

22

Sobre la amistad

Lo que un hombre se aplica a sí mismo con seriedad es lo que naturalmente ama. Entonces, ¿los hombres se aplican con empeño a las cosas que son malas? De ninguna manera. ¿Y se aplican a las cosas que no les conciernen? Tampoco a estas. Queda, pues, que solamente se ocupan con empeño de las cosas buenas; y si se ocupan con empeño de las cosas, también las aman. Quien, pues, entiende lo que es bueno, puede también saber amar, pero quien no puede distinguir lo bueno de lo malo, y las cosas que no son ni buenas ni malas, ¿puede poseer el poder de amar? Amar, pues, solo está en poder del sabio.

«¿Cómo es esto? —puede decir un hombre—, soy tonto y, sin embargo, amo a mi hijo». Me sorprende, en efecto, que hayas empezado por admitir que eres tonto. Porque, ¿de qué eres deficiente? ¿No puedes hacer uso de tus sentidos? ¿No distingues las apariencias? ¿No usas la comida que es adecuada para tu cuerpo, y la ropa y la vivienda? ¿Por qué, entonces, admitís que sois tontos? En verdad es porque a menudo os perturban las apariencias y os desconciertan, y su poder de persuasión os vence a menudo; y a veces pensáis que estas cosas son buenas, y después las mismas cosas son malas, y por último ni buenas ni malas; y en resumen os afligís, teméis, envidiáis, os perturban, os cambian. Esta es la razón por la que confiesas que eres tonto.

¿Y no sois cambiantes en el amor? Pero las riquezas, los placeres y, en pocas palabras, las cosas mismas, ¿te parecen a veces buenas y a veces malas? Y, ¿no crees que los mismos hombres son a veces buenos y a veces malos? Y, ¿no tienes a veces un sentimiento amistoso hacia ellos y a veces el sentimiento de un enemigo? Y, ¿no los alabas a veces y a veces los culpas? «Sí; yo también tengo esos sentimientos». Entonces, ¿crees que el que se engaña con respecto a un hombre es su amigo? «Ciertamente no». Y el que ha elegido a un hombre como su amigo y tiene una disposición cambiante, ¿tiene buena voluntad hacia él? «No la tiene». ¿Y el que ahora abusa de un hombre, y después lo admira? «Ese hombre tampoco tiene buena voluntad hacia el otro». Pues bien, ¿nunca has visto a los perritos acariciarse y jugar entre sí de modo que podrías decir que no hay nada más amistoso? Pero, para que sepas lo que es la amistad, echa un poco de carne entre ellos, y aprenderás. Arroja entre tú y tu hijo un poco de hacienda, y sabrás cuán pronto deseará él enterrarte y cuán pronto desearás tú que muera tu hijo. Entonces, cambiarás el tono y dirás: «¡Qué hijo he criado! Hace tiempo que desea enterrarme». Pon una chica inteligente entre vosotros; y haz que tú, el viejo, la ames, y el joven la amará también. Si un poco de fama interviene, o peligros, será igual. ¡Dirás las palabras del padre de Admeto[114]!: La vida te da placer, y por qué no a tu padre.

¿Creéis que Admeto no amaba a su propio hijo cuando era pequeño? ¿Que no agonizaba cuando el niño tenía fiebre? ¿Que no decía a menudo: «Ojalá tuviera yo la fiebre en lugar del niño»? Entonces, cuando la prueba (la cosa) llegaba y estaba cerca, ved qué palabras pronunciaban. ¿No eran Eteocles y Polinices de la misma madre y del mismo padre? ¿No se criaron juntos, no vivieron juntos, no bebieron juntos, no durmieron juntos y no se besaron a menudo? De modo que, si algún hombre, creo, los hubiera visto, habría ridiculizado a los filósofos por las paradojas que pronuncian sobre la amistad. Pero cuando surgió una disputa entre ellos sobre el poder real, como entre perros por un trozo de carne, ved lo que dicen:

Polinices: ¿Dónde vas a tomar tu puesto ante las torres?

---

114 Admeto, si otro moría en su lugar, la muerte lo dejaría vivir. Le había pedido al padre que lo salvara.

Eteocles: ¿Por qué me preguntas esto?

Polinices: Me coloco enfrente y trato de matarte.

Eteocles: Yo también deseo hacer lo mismo.

Tales son los deseos que expresan. Porque, universalmente, no te engañes, todo animal no está apegado a nada más que a su propio interés. Cualquier cosa que le parezca un impedimento para este interés, ya sea un hermano, un padre, un hijo, un amado o un amante, la odia, la desprecia y la maldice, porque su naturaleza es no amar nada más que su propio interés; esto es padre, hermano, pariente, país y Dios. Cuando, pues, los dioses nos parecen un impedimento para ello, abusamos de ellos y derribamos sus estatuas y quemamos sus templos, como Alejandro ordenó quemar los templos de Esculapio cuando murió su querido amigo. Por esta razón, si un hombre pone en un mismo lugar su interés, su santidad, su bondad y su patria, y sus padres y sus amigos, todo ello está asegurado; pero si pone en un lugar su interés, en otro sus amigos, y su patria y sus parientes y la propia justicia, todo ello cede siendo arrastrado por el peso del interés. Porque, donde se colocan el «yo» y el «mío», a ese lugar de necesidad se inclina el animal: si en la carne, allí está el poder gobernante; si en la voluntad, allí está; y si está en lo externo, allí está. Si, entonces, estoy allí donde está mi voluntad; entonces, solo seré un amigo como debo ser, e hijo y padre; porque este será mi interés, mantener el carácter de fidelidad, de la modestia, de la paciencia, de abstinencia, de cooperación activa, de observar mis relaciones. Pero si me pongo en un lugar, y la honestidad en otro, entonces, se hace fuerte la doctrina de Epicuro, que afirma o bien que no hay honestidad o bien que es aquello que la opinión sostiene que es honesto.

Fue por esta ignorancia que los atenienses y los lacedemonios se pelearon, y los tebanos con ambos; y el gran rey[115] se peleó con Hellas, y los macedonios con ambos; y los romanos con los getas. Y aún antes la guerra de Troya ocurrió por estas razones. Alejandro fue

115 Se refiere al gran rey de los persas.

huésped de Menelao; y, si alguien hubiera visto su disposición amistosa, no habría creído a nadie que dijera que no eran amigos. Pero se arrojó entre ellos un trozo de carne, una mujer hermosa, y en torno a ella surgió la guerra. Y ahora, cuando veas que los hermanos son amigos y parecen tener un mismo ánimo, no concluyas de ello nada sobre su amistad, ni siquiera si lo dicen y juran que es imposible que se separen el uno del otro. Porque el principio rector de un hombre malo no es de fiar, es inseguro, no tiene una regla cierta por la que se dirija, y es dominado en diferentes momentos por diferentes apariencias. Pero examina, no lo que otros hombres examinan, si han nacido de los mismos padres y se han criado juntos y bajo el mismo pedagogo, sino examina esto solamente, en qué ponen su interés, si en lo externo o en la voluntad. Si en lo externo, no los nombres amigos, no más que nombrar que sean dignos de confianza o constantes, o valientes o libres: no los nombréis ni siquiera hombres si tenéis algún juicio. Porque no es un principio de la naturaleza humana el que les hace morderse unos a otros, y maltratarse, y ocupar lugares desiertos o públicos como si fueran montañas, y en los tribunales de justicia exhibir los actos de los ladrones; ni tampoco el que les hace ser intemperantes y adúlteros y corruptores, ni el que los lleva a hacer cualquier otra cosa que los hombres hacen unos contra otros por esta sola opinión, la de ponerse a sí mismos y a sus intereses en las cosas que no están al alcance de su voluntad. Pero si oyes que en verdad estos hombres piensan que el bien solo está allí, donde está la voluntad, y donde hay un uso correcto de las apariencias, no te preocupes más si son padre o hijo, o hermanos, o si se han asociado durante mucho tiempo y son compañeros, sino que cuando hayas comprobado esto solamente, declara con confianza que son amigos, como declaras que son fieles, que son justos. Porque, ¿dónde está la amistad sino donde hay fidelidad y modestia, donde hay una comunión de cosas honestas y nada más?

«Pero —dirás—, tal me trató con consideración tanto tiempo, ¿y no me amó?». ¿Cómo sabes, esclavo, si no te consideró de la misma manera que limpia sus zapatos con una esponja o como cuida de su bestia? ¿Cómo sabes que, cuando hayas dejado de ser útil como recipiente, no te tirará como un plato roto? «Pero esta mujer es mi esposa, y hemos vivido juntos mucho tiempo». ¿Y cuánto tiempo vivió Erifila con Anfiarao[116], y fue madre de hijos y de muchos? Pero un collar se interpuso entre ellos. «¿Y qué es un collar?». Es la opinión sobre tales cosas. Ese era el principio bestial, eso era lo que rompía la amistad entre marido y mujer, lo que no permitía a la mujer ser esposa ni a la madre ser madre. Que todo hombre entre vosotros, que haya resuelto seriamente ser amigo él mismo o tener a otro por amigo, elimine estas opiniones, las odie, las expulse de su alma. Y así, en primer lugar, no se reprochará a sí mismo, no estará en desacuerdo consigo mismo, no cambiará de opinión, no se torturará. En segundo lugar, para otro también, que es como él, será total y completamente un amigo. Pero soportará al hombre que no es como él, será amable con él, gentil, dispuesto a perdonar a causa de su ignorancia, a causa de su error en cosas de la mayor importancia; pero no será duro con ningún hombre, estando bien convencido de la doctrina de Platón de que toda mente se ve privada de la verdad involuntariamente. Si no podéis hacer esto, podéis hacer en todos los demás aspectos lo mismo que los amigos, beber juntos y alojaros juntos y navegar juntos, y podéis nacer de los mismos padres, porque las serpientes también lo son, pero ni ellas serán amigas ni vosotros mientras conservéis estas opiniones bestiales y malditas.

116 El adivino Anfiarao tomó como esposa a Erifila, ella mediaría en las diferencias que pudieran aparecer entre él y el hermano de la mujer, Adrasto. Anfiarao se negó a la petición de Adrasto de participar en la expedición de los Siete contra Tebas, ya que sabía que moriría allí. Erifila fue sobornada con un collar por Polinices y envió a su marido a la guerra.

23

Sobre el poder de la palabra

Toda persona leerá un libro con más placer, o incluso con más caso, si está escrito con caracteres más justos. Por lo tanto, toda persona también escuchará más fácilmente lo que se habla si se significa con palabras apropiadas y adecuadas. No debemos decir, pues, que no existe la facultad de expresarse, porque esta afirmación es propia del impío y también del tímido. De un hombre impío porque infravalora los dones que vienen de Dios, como si quisiera quitar la mercancía del poder de la visión, o del oído, o de la vista. ¿Acaso Dios os ha dado ojos sin propósito, y sin propósito ha infundido en ellos un espíritu tan fuerte y de tan hábil ingenio como para alcanzar un largo camino y modelar las formas de las cosas que se ven?

¿Qué mensajero es tan rápido y vigilante? ¿Y para nada ha hecho la atmósfera intermedia tan eficaz y elástica que la visión penetra a través de la atmósfera que es en una manera movida? ¿Y para qué ha hecho la luz, sin cuya presencia no serviría de nada ninguna otra cosa? Hombre, no seas ingrato por estos dones ni olvides las cosas que son superiores a ellos. Pero ciertamente por el poder de ver y oír, y ciertamente por la vida misma, y por las cosas que contribuyen a sostenerla, por los frutos que están secos, y por el vino y el aceite da gracias a Dios, pero recuerda que te ha dado otra cosa mejor que todas estas, quiero decir el poder de usarlas, probarlas y estimar el valor de cada una. Pues, ¿qué es lo que da información sobre cada una de estas facultades, lo que vale cada una de ellas? ¿Es cada facultad en sí misma? ¿Habéis oído alguna vez que la facultad de la vista diga algo sobre sí misma, o la facultad del oído, o el trigo, o la cebada, o un caballo o un perro? No, pero están designados como ministros y esclavos para servir a la facultad que tiene el poder de hacer uso de las apariencias de las cosas. Y si preguntas cuál es el valor de cada cosa, ¿a quién se lo preguntas? ¿Quién te responde? ¿Cómo puede haber otra facultad más poderosa que esta, que se sirve de las demás como ministros y que ella misma prueba cada una de ellas y se pronuncia sobre ellas? Pues, ¿cuál de ellas sabe lo que es ella misma y cuál es su propio valor?, ¿cuál de ellas sabe cuándo debe emplearse y cuándo no? ¿Es la facultad de la visión? No, pero es la facultad de la voluntad. ¿Qué es esa facultad que cierra y abre los oídos? ¿Qué es aquello por lo que son curiosos e inquisitivos o, por el contrario, impasibles ante lo que se dice? No es otra que la facultad de la voluntad. Esta facultad, pues, viendo que está en medio de todas las demás facultades que son ciegas y mudas e incapaces de ver nada más que los mismos actos para los que han sido designadas con el fin de atender a esto y servirlo, pero esta facultad es la única que ve con agudeza y ve cuál es el valor de cada una de las demás; ¿esta facultad nos declarará que cualquier otra cosa es la mejor o que ella misma lo es? ¿Y qué otra cosa hace cuando está abierta que ver? Pero si debemos mirar a la mujer de cierta persona, y de qué manera, ¿quién nos lo dice? La facultad de la voluntad. Y si debemos creer lo que se dice o no creerlo, y si creemos, si debemos conmovernos por ello o no, ¿quién nos lo dice? ¿No es la facultad de la voluntad? Pero esta facultad de hablar y de adornar las palabras si es que existe tal facultad peculiar, ¿qué otra cosa hace, cuando se habla de una cosa, que adornar las palabras y arreglarlas como hacen los peluqueros con el cabello? Pero si es mejor hablar o callar, y mejor hablar de esta o de aquella manera, y si esto conviene o no conviene y la época para cada uno, y el uso, ¿qué otra cosa nos dice más que la facultad de la voluntad? ¿Quiere, entonces, que se presente y se condene a sí misma? «¿Qué, pues —dice—, si el hecho es así, puede lo que ministra ser superior a aquello a lo que ministra?, ¿puede el caballo ser superior al jinete, o el perro al cazador, o el instrumento al músico, o los siervos al rey?». ¿Qué es lo que se sirve de lo demás? La voluntad. ¿Qué se encarga de todo? La voluntad. ¿Qué es lo que destruye al hombre entero, en un momento por el hambre, en otro por la horca y en otro por un precipicio? La voluntad. Entonces, ¿hay algo más fuerte en los hombres que esto? Y, ¿cómo es posible que las cosas que están sujetas a restricción sean más fuertes que las que no lo están? ¿Qué cosas están naturalmente formadas para obstaculizar la facultad de ver? Tanto la voluntad como las cosas que no dependen de la facultad de la voluntad. Lo mismo ocurre con la facultad de oír; con la facultad de hablar, de manera similar. Pero ¿qué tiene el poder natural de obstaculizar la voluntad? Nada que sea independiente de la voluntad, sino solamente la voluntad misma cuando se pervierte. Por lo tanto, esta es solo vicio o solo virtud.

Entonces, siendo una facultad tan grande y puesta por encima de todas las demás, que se presente y nos diga que la más excelente de todas las cosas es la carne. Ni siquiera si la propia carne declarara que es la más excelente, nadie soportaría que lo dijera. Pero ¿qué es, Epicuro, lo que pronuncia esto que escribió sobre «El fin de nuestro ser», que escribió sobre «La naturaleza de las cosas», que escribió sobre el canon, que lo indujo a llevar barba[117], que escribió cuando estaba muriendo que estaba pasando el último y feliz día? ¿Fue la carne o la voluntad? Entonces, ¿admites que posees algo superior a esto y que no estás loco?, ¿eres de hecho tan ciego y sordo?

¿Entonces, qué? ¿Hay alguien que desprecie las otras facultades? ¿Dice alguien que la facultad de hablar no es útil o excelente? Espero que no. Eso sería insensato, impío, ingrato para con Dios. Pero el hombre da a cada cosa su debido valor. Porque incluso el asno es útil, pero no tanto como el buey; también el perro es útil, pero no tanto como el esclavo; también el esclavo es útil, pero no tanto como el ciudadano; también el ciudadano es útil, pero no tanto como el magistrado. En efecto, no porque algunas cosas sean superiores, debemos infravalorar la utilidad que tienen otras. Hay un cierto valor en el poder de hablar, pero no es tan grande como el poder de la voluntad. Cuando, pues, hablo así, que nadie piense que os pido que descuidéis la facultad de hablar, porque tampoco os pido que descuidéis los ojos, ni los oídos, ni las manos, ni los pies, ni la ropa, ni los zapatos. Pero si

117 Se refiere a dedicarse a la filosofía.

me preguntáis: «¿Cuál es la más excelente de todas las cosas?», ¿qué debo decir? No puedo decir el poder de hablar, sino el poder de la voluntad cuando es correcta. Pues es esta la que utiliza la otra, y todas las demás facultades tanto pequeñas como grandes. Porque cuando esta facultad de la voluntad está bien, el hombre que no es bueno se vuelve bueno; pero cuando cae, el hombre se vuelve malo. Es por esto por lo que somos desafortunados, que somos afortunados, que nos culpamos unos a otros, que nos agradamos unos a otros. En pocas palabras, es esto lo que si lo descuidamos hace la infelicidad, y si lo cuidamos con esfuerzo hace la felicidad. Pero quitar la facultad de hablar y decir que no existe tal facultad en realidad es el acto no solo de un ingrato hacia los que la dieron, sino también de un cobarde, porque tal persona me parece que teme que, si hay alguna facultad de este tipo, no seamos capaces de despreciarla. Tales son también los que dicen que no hay diferencia entre la belleza y la fealdad. Entonces, sucedería que un hombre se vería afectado de la misma manera si viera a Tersites[118] y si viera a Aquiles; de la misma manera, si viera a Helena y a cualquier otra mujer. Pero estas son nociones tontas y payasas, y las nociones de los hombres que no conocen la naturaleza de cada cosa, sino que temen que, si un hombre ve la diferencia, deba ser inmediatamente agarrado y llevado a la derrota. Pero este es el gran asunto: dejar a cada cosa el poder que tiene, y dejarle este poder para ver cuál es el valor del poder, y aprender cuál es la más excelente de todas las cosas, y perseguir esto siempre, ser diligentes en esto, considerando todas las otras cosas de valor secundario comparadas con esto, pero, sin embargo, en la medida en que podamos, sin descuidar todas esas otras cosas. Porque también debemos cuidar los ojos, no como si fueran la cosa más excelente, sino que debemos cuidarlos a causa de la cosa más excelente, porque no estará en su verdadera condición natural si no usa correctamente las otras facultades y prefiere unas cosas a otras.

---

118 Tersites, personaje de HOMERO en *La Ilíada*. Es descripto como el más feo y cobarde de los guerreros que sitiaron la ciudad de Troya.

¿Qué se suele hacer entonces? Los hombres generalmente actúan como lo haría un viajero de camino a su país cuando entra en una buena posada y estando complacido con ella debe permanecer allí. Hombre, has olvidado tu propósito: no viajabas a esa posada, sino que pasabas por ella. «Pero esta es una posada agradable». ¿Y cuántas otras posadas son agradables? ¿Cuántos prados son agradables, pero solo de paso? Tu propósito es este, volver a tu país, aliviar a tus parientes de la ansiedad, cumplir con los deberes de un ciudadano, casarte, engendrar hijos, ocupar las magistraturas habituales. Pues, no has venido a elegir lugares más agradables, sino a vivir en estos en los que naciste y de los que fuiste hecho ciudadano. Algo parecido ocurre en el asunto que estamos considerando. Ya que, con la ayuda de la palabra y la comunicación como la que recibes aquí, debes avanzar a la perfección y purgar tu voluntad, y corregir la facultad que se sirve de las apariencias de las cosas; y como es necesario también que la enseñanza de los teoremas se efectúe con cierto modo de expresión y con cierta variedad y agudeza, algunas personas cautivadas por estas mismas cosas permanecen en ellas, una cautivada por la expresión, otra por los silogismos, otra de nuevo por los sofismas, y otra más por alguna de esas posadas y allí se quedan y se consumen como si estuvieran entre sirenas.

Hombre, tu propósito era hacerte capaz de usar conforme a la naturaleza las apariencias que se te presentaban, en tus deseos no ser frustrado, en tu aversión de las cosas no caer en lo que querías evitar, nunca no tener suerte, ni nunca tener mala suerte, ser libre, no obstaculizado, no obligado, conformándote a la administración de Zeus, obedeciéndola, bien satisfecho con esto, no culpando a nadie, no acusando a nadie de culpa, capaz de pronunciar con toda tu alma estos versos: «Guíame, oh, Zeus, y tú también, Destino[119]».

Entonces, teniendo este propósito ante ti, si alguna pequeña forma de expresión te agrada, si algunos teoremas te agradan, ¿permaneces

---

119 Versión libre del verso de un poema de Cleantes.

entre ellos y eliges morar bien allí, olvidando las cosas de casa, y dices: «Estas cosas están bien»? ¿Quién dice que no están bien solo por ser un camino a casa, como lo son las posadas? Pues, ¿qué te impide ser un desgraciado, aunque hables como Demóstenes? ¿Qué te impide, si puedes resolver silogismos como Crisipo, ser desgraciado, apenado, envidioso, en pocas palabras, estar perturbado, ser infeliz? Nada. Ya ves, pues, que se trataba de posadas, que no valían nada, y que el propósito que tenías ante ti era otro. Cuando hablo así a algunas personas, piensan que estoy rechazando el cuidado por hablar o el cuidado por los teoremas. No estoy rechazando este cuidado, sino que estoy rechazando el permanecer sobre estas cosas incesantemente y poner nuestras esperanzas en ellas. Si un hombre, con esta enseñanza, hace daño a los que lo escuchan, contadme también a mí entre los que hacen este daño, porque no soy capaz, cuando veo una cosa que es la más excelente y suprema, de decir que otra lo es para agradaros.

24

A una persona que no era valorada por él

Cierta persona le dijo: «Con frecuencia he deseado escucharte y he acudido a ti, y nunca me has dado respuesta; y ahora, si es posible, te ruego que me digas algo». ¿Crees —dijo Epicteto— que, así como hay un arte en cualquier otra cosa, también hay un arte en el hablar, y que, el que tiene el arte hablará con habilidad, y el que no, hablará sin habilidad? «Yo creo que sí». El que, pues, al hablar se beneficia a sí mismo y puede beneficiar a los demás, hablará hábilmente, pero el que más bien se perjudica al hablar y hace daño a los demás, ¿será inhábil en este arte de hablar? Y puedes encontrar que unos son perjudicados y otros beneficiados al hablar. ¿Y todos los que oyen son beneficiados por lo que oyen? ¿O encontrarás que también entre ellos algunos son beneficiados y otros perjudicados? «También entre ellos hay de las dos cosas», dijo. En este caso también, entonces, ¿los que oyen hábilmente son beneficiados, y los que oyen inhábilmente son perjudicados? Lo admitió. ¿Existe, entonces, una habilidad para oír también, como la hay para hablar? «Parece que sí». Si quieres, considera el asunto también de esta manera. La práctica de la música, ¿a quién pertenece? «A un músico». Y la fabricación de una estatua, ¿a quién crees que pertenece? «A un estatuario». Y el mirar una estatua con destreza, ¿os parece que no requiere la ayuda del arte? «Esto también requiere la ayuda del arte». Entonces, si hablar correctamente es asunto del hombre hábil, ¿ves que oír también con provecho es asunto del hombre hábil? En cuanto a hablar y oír perfectamente y con utilidad, no digamos nada más por el momento, pues ambos estamos muy lejos de todo eso. Pero creo que todo el mundo admitirá esto, que quien va a escuchar a los filósofos requiere cierta cantidad de práctica en la audición. ¿No es así?

Dime, entonces, de qué debo hablarte: ¿Sobre qué asunto eres capaz de escuchar? «Sobre el bien y el mal». ¿El bien y el mal en qué? ¿En un caballo? «No». ¿En un buey? «No». Entonces, ¿en qué? ¿En un hombre? «Sí». ¿Sabéis, entonces, lo que es un hombre, cuál es la noción que tenemos de él, o tenemos nuestros oídos en algún grado practicados sobre este asunto? Pero ¿entendéis lo que es la naturaleza?, ¿o podéis siquiera en algún grado entenderme cuando digo: «Voy a usar la demostración para vosotros»? ¿Cómo? ¿Entiendes esto mismo, qué es la demostración, o cómo se demuestra algo, o por qué medios?, ¿o qué cosas son como la demostración, pero no son demostración? ¿Sabes lo que es verdadero o lo que es falso? ¿Qué es consecuente con una cosa, qué es repugnante a una cosa, o no consistente con alguna o es inconsistente? Pero ¿debo excitarte a la filosofía, y cómo? ¿Debo mostrarte la repugnancia en las opiniones de la mayoría de los hombres, por la cual difieren sobre las cosas buenas y malas, y sobre las cosas que son provechosas y no provechosas, cuando tú no sabes esto mismo, lo que es la repugnancia?

Muéstrame, pues, lo que he de conseguir discurriendo contigo; excita mi inclinación a ello. Como la hierba adecuada, cuando se presenta a una oveja, mueve su inclinación a comer, pero, si le presentas una piedra o pan, no se moverá a comer; así también hay en nosotros ciertas inclinaciones naturales a hablar cuando el oyente parece ser alguien, cuando él mismo nos excita, pero cuando se sienta a nuestro lado como una piedra o como hierba, ¿cómo puede excitar el deseo de un hombre? ¿Dice la vid al labrador: «Cuida de mí»? No, pero la vid, al mostrar en sí misma que será provechosa para el labrador si este la cuida, lo invita a ejercer su cuidado. Cuando los niños son atractivos y vivaces, ¿a quién no invitan a jugar con ellos, a gatear con ellos y a cecear con ellos? Pero ¿quién tiene ganas de jugar con un asno o de rebuznar con él? Porque, aunque sea pequeño, sigue siendo un asno pequeño.

«¿Por qué, entonces, no me dices nada?». Solo puedo decirte esto, que aquel que no sabe quién es, ni para qué existe, ni qué es este mundo, ni con quién está asociado, ni qué cosas son las buenas y las malas, y las bellas y las feas, y que no entiende el discurso ni la demostración, ni lo que es verdadero ni lo que es falso, y que no es capaz de distinguirlos, no deseará según la naturaleza, ni se apartará, ni se moverá hacia arriba, ni tendrá intención, ni asentirá, ni disentirá, ni suspenderá su juicio; para decirlo todo en pocas palabras, andará mudo y ciego, pensando que es alguien, pero sin ser nadie. ¿Es esto así por primera vez? ¿No es el hecho de que, desde que existe la raza humana, todos los errores y desgracias han surgido por esta ignorancia? ¿Por qué Agamenón y Aquiles se pelearon entre sí? ¿No fue por no saber qué cosas son provechosas y cuáles no? ¿No dice el uno que es provechoso devolver a Criseida a su padre, y no dice el otro que no es provechoso? ¿No dice el uno que debe tomar el premio de otro, y no dice el otro que no debe? ¿No olvidaron por estas razones quiénes eran y con qué propósito habían llegado allí? Oh, hombre, ¿con qué propósito has venido?, ¿para ganar amantes o para luchar[120]? «Para luchar». ¿Contra quién?, ¿contra los troyanos o contra los helenos? «Contra los troyanos». ¿Dejas, entonces, a Héctor solo y sacas tu espada contra tu propio rey? ¿Y tú, excelentísimo señor[121], descuidas los deberes del rey, tú que eres el guardián del pueblo y tienes tantos cuidados, y te peleas por una niña con el más belicoso de tus aliados, al que deberías cuidar y proteger por todos los medios? ¿Y qué dices del sacerdote que trata con todo respeto a estos finos gladiadores? ¿Ves qué clase de cosas hace la ignorancia de lo que es provechoso?

«Pero yo también soy rico». ¿Eres, entonces, más rico que Agamenón? «Pero también soy guapo». ¿Eres, entonces, más guapo que Aquiles? «Pero también tengo un cabello hermoso». ¿Pero no tenía Aquiles un cabello más hermoso y dorado, y no lo peinaba con elegancia ni lo vestía? «Pero también soy fuerte». ¿Puedes, entonces, levantar una piedra tan grande como Héctor o Ayante? «Pero también soy de noble cuna». ¿Eres hijo de una diosa? ¿Eres hijo de un padre nacido de Zeus[122]? ¿De qué le sirven, entonces, estas cosas cuando se sienta a llorar por una muchacha? «Pero soy un orador». ¿Y no lo era? ¿No ves cómo manejó a los más hábiles de los helenos en la oratoria, Odiseo y Fénix? ¿Cómo les paró la boca?

Esto es todo lo que tengo que decirte, y lo digo incluso de mala gana. «¿Por qué?». Porque no me habéis despertado. Porque, ¿qué debo mirar para ser despertado como los hombres expertos son despertados por los caballos generosos? ¿Debo mirar tu cuerpo? Lo tratas vergonzosamente. ¿A tu vestido? Es lujoso. ¿A tu comportamiento, a tu mirada? Eso es lo mismo que nada. Cuando quieras escuchar a un filósofo, no le digas: «No me dices nada», solo muéstrate digno de ser escuchado o apto para escuchar, y verás cómo conmueves al orador.

---

120 Epicteto actúa como si su interlocutor fuera Aquiles.
121 A Agamenón.
122 En clara referencia a Aquiles.

25

Que la lógica es necesaria

Cuando uno de los presentes le dijo: «Persuádeme de que la lógica es necesaria», respondió: ¿Quieres que te lo demuestre? La respuesta fue: «Sí». Entonces, debo utilizar una forma de hablar demostrativa. Se lo concedió. ¿Cómo sabrás si te estoy engañando con argumentos? El hombre guardó silencio. ¿Ves —dijo Epicteto— que tú mismo estás admitiendo que la lógica es necesaria si sin ella no puedes saber tanto como esto: si la lógica es necesaria o no es necesaria?

26

¿Qué es la propiedad del error?

Todo error encierra una contradicción, pues como el que se equivoca no quiere errar, sino acertar, es evidente que no hace lo que desea. ¿Qué desea hacer el ladrón? Lo que es para su propio interés. Si, pues, el robo no es para su interés, no hace lo que desea. Pero toda alma racional se ofende por naturaleza ante la contradicción y, mientras no entienda esta contradicción, no se ve impedida de hacer cosas contradictorias; pero cuando entiende la contradicción, debe necesariamente evitar la contradicción y evitarla tanto como un hombre debe disentir de lo falso cuando ve que una cosa es falsa, pero mientras esta falsedad no se le aparece, asiente a ella como a la verdad.

Así pues, es fuerte en la argumentación y tiene la facultad de exhortar y confutar quien es capaz de mostrar a cada hombre la contradicción por la que se equivoca y demostrar claramente cómo no hace lo que desea y hace lo que no desea. Porque si alguien mostrara esto, el hombre mismo se retiraría de lo que hace, pero mientras no lo muestres, no te sorprendas si un hombre persiste en su práctica;

porque teniendo la apariencia de hacer lo correcto, hace lo que hace. Por esta razón, Sócrates, confiando también en este poder, solía decir: «No suelo llamar a ningún otro testigo de lo que digo, sino que siempre me conformo con aquel con quien estoy discutiendo, y le pido que dé su opinión y lo llamo como testigo y, por ser uno solo, es suficiente en lugar de todos». Pues Sócrates sabía por qué se mueve el alma racional, al igual que un par de balanzas, y que debe inclinarse, lo quiera o no. Muéstrale a la facultad racional gobernante una contradicción, y se apartará de ella; pero si no se la muestras, más bien cúlpate a ti mismo que a quien no se persuade.

LIBRO TRES

1

De las galas en el vestir

Cierto joven, un retórico, vino a ver a Epicteto, con el pelo más cuidado de lo que era habitual y su atuendo en un estilo ornamental; entonces, Epicteto dijo: Dime si no crees que algunos perros y algunos caballos son hermosos, y así todos los demás animales. «Sí, lo creo», respondió el joven. ¿No son, entonces, algunos hombres hermosos y otros feos? «Ciertamente». Entonces, ¿llamamos hermoso a cada uno de ellos por la misma razón o cada uno es hermoso por algo peculiar? Y tú juzgarás este asunto así. Puesto que vemos un perro naturalmente formado para una cosa, y un caballo para otra y para otra aun, como, por ejemplo, un ruiseñor, podemos generalmente y no impropiamente declarar que cada uno de ellos es bello, entonces, cuando es más excelente según su naturaleza, pero puesto que la naturaleza de cada uno es diferente, cada uno de ellos me parece ser bello de una manera diferente. ¿No es así? Admitió que sí. Lo que hace bello a un perro, hace feo a un caballo; y lo que hace bello a un caballo, hace feo a un perro si es cierto que sus naturalezas son diferentes.

«Parece que es así». Pues creo que lo que hace bello a un pancracio[123], hace que un luchador no sea bueno, y que un corredor sea de lo más ridículo; y el que es bello para el pentatlón[124], es muy feo para la lucha. «Así es», dijo. ¿Qué es, entonces, lo que hace bello a un hombre? ¿Es lo mismo que hace hermoso a un perro y a un caballo? «Así es», dijo. ¿Qué es lo que hace bello a un perro? La posesión de la excelencia del perro. ¿Y qué hace bello a un caballo? La posesión de la excelencia del caballo. ¿Qué es lo que hace bello a un hombre? ¿No es la posesión de la excelencia del hombre? Y tú, entonces, si quieres ser bello, joven, trabaja en esto, en la adquisición de la excelencia humana. ¿Pero qué es esto? Observa a quién alabas tú mismo; cuando alabas a muchas personas sin parcialidad, ¿alabas a los justos o a los injustos? «A los justos». ¿Alabas a los moderados o a los inmoderados? «A los moderados». ¿Y a los templados o a los destemplados? «A los templados». Si, pues, te haces una persona así, sabrás que te harás bella, pero mientras descuides estas cosas, serás fea, aunque te empeñes en parecer bella.

Además, no sé qué decirte, porque si te digo lo que pienso, te ofenderé, y tal vez dejes la escuela y no vuelvas a ella; y si no digo lo que pienso, mira cómo actuaré, si vienes a mí para que te mejore, y no te mejoraré en absoluto; y si vienes a mí como a un filósofo, y no te diré nada como filósofo. Y qué cruel es para ti dejarte sin corregir. Si en algún momento posterior adquieres sentido común, me reprocharás con razón y dirás: «¿Qué observó Epicteto en mí para que, viéndome en semejante situación y acudiendo a él en tan escandalosa condición, me desatendiera y no dijera nunca una palabra? He oído

---

123 En el atletismo antiguo, el pancracio era el ejercicio más feroz y brutal. Los contrincantes recurrían a todo tipo de golpes con los puños y con los pies. Concluía la prueba cuando uno de ellos perdía el conocimiento o se declaraba vencido.

124 Prueba de atletismo que constaba de cinco disciplinas: carrera, salto en largo, lanzamiento de disco, lanzamiento de jabalina y lucha.

que un tal Polemón[125], de ser un joven muy disoluto, experimentó un cambio tan grande. Pues bien, supongamos que él no pensaba que yo debía ser un Polemón, sin embargo, podría haberme arreglado el pelo, podría haberme despojado de mis adornos, podría haberme impedido arrancarme el pelo del cuerpo, pero cuando me vio vestido como... ¿qué voy a decir?». No digo como qué; pero tú lo dirás, cuando recobres el sentido común y sepas qué es y qué personas usan tal vestido.

Si en lo sucesivo presentas esta acusación contra mí, ¿qué defensa haré? ¿Por qué? ¿Diré que el hombre no será persuadido por mí? ¿Fue Layo[126] persuadido por Apolo? ¿Acaso no se emborrachó y no mostró interés por el oráculo? Entonces, ¿por esta razón Apolo se negó a decirle la verdad? No sé, en efecto, si serás persuadido por mí o no lo serás; pero Apolo sabía con certeza que Layo no sería persuadido y, sin embargo, habló. ¿Por qué habló? Digo yo en respuesta: ¿Por qué es Apolo?, ¿por qué pronuncia oráculos? Y, ¿por qué se ha fijado en este lugar como profeta y fuente de la verdad y para que los habitantes del mundo recurran a él? ¿Por qué están escritas las palabras «Conócete a ti mismo» delante del templo, aunque nadie les haga caso?

¿Persuadió Sócrates a todos sus oyentes para que se cuidaran a sí mismos? Ni la milésima parte. Pero, sin embargo, después de haber sido colocado en esta posición por la deidad, como él mismo dice, nunca la dejó. Pero ¿qué dice incluso a sus jueces? «Si me absolvéis con estas condiciones de que ya no haga lo que hago ahora, no consentiré ni desistiré, sino que me acercaré tanto a jóvenes como a ancianos y, por decirlo claramente, a todos los hombres con los que me encuentre, y les haré las preguntas que ahora les hago; y muy

125 Polemón (314-270 a. C.). Al dedicarse a la filosofía, por el influjo del maestro Jenócrates, modificó a ultranza el comportamiento caótico que había tenido en su juventud.

126 Layo engendró en Yocasta a Edipo, a pesar de que había sido advertido por el oráculo de Delfos que su hijo lo mataría.

especialmente lo haré con vosotros, mis conciudadanos, porque estáis más relacionados conmigo». ¿Eres tan curioso, Sócrates, y tan entrometido?, ¿qué te importa cómo actuamos?, ¿qué es lo que dices? «Siendo de la misma comunidad y de la misma parentela, te descuidas, y te muestras mal ciudadano para el Estado, y mal pariente para tus parientes, y mal vecino para tus vecinos». «¿Quién eres, pues, tú?». Aquí es una gran cosa decir: «Yo soy aquel cuyo deber es cuidar de los hombres». Porque no es cualquier novillito el que se atreve a resistir a un león, pero si el toro se acerca y se le resiste, dile al toro si quieres: «¿Y tú quién eres y qué asunto tienes aquí?». Hombre, en toda clase se produce algún individuo que sobresale; en los bueyes, en los perros, en las abejas, en los caballos. No digas, pues, a lo que sobresale: «¿Quién eres, pues, tú?». Si lo haces, encontrará una voz de alguna manera y dirá: «Yo soy una cosa como la púrpura en el vestido, no esperes que sea como los demás, ni culpes a mi naturaleza de que me haya hecho diferente del resto de las criaturas».

¿Entonces, qué? ¿Soy un hombre así? Ciertamente, no. ¿Y tú eres un hombre que puede escuchar la verdad? Ojalá lo fueras. Pero, sin embargo, ya que en cierto modo he sido condenado a llevar barba blanca y capa, y tú vienes a mí como a un filósofo, no te trataré de forma cruel ni tampoco como si desesperara de ti, sino que te diré: Joven, ¿a quién quieres embellecer? En primer lugar, conoce quién eres y después adórnate adecuadamente. Eres un ser humano, y este es un animal mortal que tiene el poder de usar las apariencias racionalmente. Pero ¿qué se entiende por «racionalmente»? Conforme a la naturaleza y completamente. ¿Qué posees, entonces, que sea peculiar? ¿Es la parte animal? No. ¿Es la condición de mortalidad? No. ¿Es el poder de usar las apariencias? No. Posees la facultad racional como algo peculiar: adórnala y embellécela; pero deja tu cabello a quien lo hizo como quiso. Vamos, ¿qué otros apelativos tienes?

¿Eres hombre o mujer? «Hombre». Adórnate, entonces, como hombre, no como mujer. La mujer es naturalmente lisa y delicada; y, si tiene mucho pelo en el cuerpo, es un monstruo y se exhibe en

Roma entre los monstruos. Y en un hombre es monstruoso no tener pelo; y si al no tener pelo naturalmente, es un monstruo; si se corta los pelos y se los arranca, ¿qué haremos con él?, ¿dónde lo exhibiremos? Y ¿bajo qué nombre lo mostraremos? Os exhibiré a un hombre que elige ser mujer antes que hombre. ¡Qué espectáculo tan terrible! No hay hombre que no se asombre ante semejante anuncio. En efecto, creo que los hombres que se arrancan los pelos hacen lo que hacen sin saber lo que hacen. Hombre, ¿qué culpa tienes de tu naturaleza? ¿Qué te hizo hombre? Entonces, ¿era conveniente que la naturaleza hiciera mujeres a todas las criaturas humanas? ¿Cuál sería tu motivación para embellecerte?, ¿para quién te habrías adornado si todas las criaturas humanas fueran mujeres? Pero no te agrada el asunto: ponte, entonces, a trabajar en todo el asunto. Quita, ¿cómo se llama?, lo que es causa de los pelos. Hazte mujer en todos los aspectos, para que no nos equivoquemos: no hagas una mitad hombre y la otra mitad mujer. ¿A quién quieres complacer? ¿A las mujeres? Complácelas como un hombre. «Bien, pero a ellas les gustan los hombres suaves». ¿No te colgarás? Y si las mujeres se deleitan con los catamitas, ¿te convertirás en uno? ¿Es este tu negocio? ¿Has nacido con este propósito, para que las mujeres disolutas se deleiten en ti? ¿Haremos a alguien como tú ciudadano de Corinto y tal vez prefecto de la ciudad, o jefe de la juventud, o general o superintendente de los juegos? Y cuando hayas tomado una esposa, ¿piensas arrancarte los pelos? ¿Para complacer a quién y con qué propósito? Y cuando haya engendrado hijos, ¿los introducirás también en el estado con la costumbre de arrancarse los pelos? Un hermoso ciudadano, y senador y retórico. Deberíamos rezar para que tales jóvenes nazcan entre nosotros y se eduquen.

No lo hagas, te lo ruego por los dioses, joven; sino que, cuando hayas oído estas palabras, vete y di para ti: «Epicteto no me ha dicho esto, ¿cómo podría hacerlo? Lo hizo algún bien propicio a través de él, pues nunca se le habría ocurrido decir esto, ya que no acostumbra a hablar así con ninguna persona. Vamos, pues, a obedecer a Dios, para no ser objeto de su cólera». Tú dices: «No». Pero, si un cuervo, con su graznido, os significa algo, no es el cuervo el que significa, sino Dios a través del cuervo; y si significa algo a través de una voz humana, ¿no hará que el hombre os diga esto, para que conozcáis el poder de la divinidad, que significa a unos de esta manera, y a otros de la otra y, en lo que respecta a las cosas más grandes y al jefe, significa a través del mensajero más noble? ¿Qué otra cosa es lo que dice el poeta: Porque nosotros mismos lo hemos advertido, y hemos enviado a Hermes, el vigilante cuidadoso, el matador de Argos, que no debe matar ni pretender a la esposa.

¿Iba a bajar Hermes del cielo para decirle esto? Y ahora los dioses te dicen esto y envían al mensajero, el matador de Argos, para advertirte que no perviertas lo que está bien dispuesto, ni te ocupes de ello, sino que permitas que un hombre sea un hombre, y una mujer sea una mujer, un hombre bello sea como un hombre bello, y un hombre feo como un hombre feo, pues no eres carne y pelo, sino que eres voluntad; y si tu voluntad es bella, entonces, serás bello. Pero por el momento no me atrevo a decirte que eres feo, pues creo que estás más dispuesto a escuchar cualquier cosa que esto. Pero mira lo que dice Sócrates al más bello y floreciente de los hombres, Alcibíades: «Trata, entonces, de ser hermoso». ¿Qué le dice? «¿Viste tu cabello y arranca los pelos de tus piernas?». Nada de eso. Pero: «Adorna tu voluntad, quita las malas opiniones». «¿Cómo con el cuerpo?». Déjalo como es por naturaleza. Otro se ha ocupado de estas cosas: confiad en él. «¿Qué, pues, debe el hombre ser impuro?». Ciertamente no; pero lo que es y está hecho por naturaleza es lo que debe limpiar. Un hombre debe ser limpio como un hombre, una mujer como una mujer, un niño como un niño. Vosotros decís que no; arranquemos, entonces, también la melena del león para que no se ensucie, y la cresta del gallo, porque también debe limpiarse. De acuerdo, pero como un gallo, y el león como un león, y el perro de caza como un perro de caza.

2

En lo que debe ejercitarse el que ha hecho competencia; y que descuidamos las cosas principales

Hay tres cosas en las que debe ejercitarse una persona que quiera ser sabia y buena. La primera tiene que ver con los deseos y las aversiones para que un hombre no deje de conseguir lo que desea y para que no caiga en lo que no desea. La segunda se refiere a los movimientos hacia un objeto y a los movimientos desde un objeto, y en general a hacer lo que un hombre debe hacer para que pueda actuar de acuerdo con el orden, con la razón, y no por descuido. La tercera cosa se refiere a la ausencia de engaño y temeridad en el juicio y, generalmente, se refiere a los asentimientos. De estos temas, el principal y más urgente es el que se refiere a los afectos, porque un afecto no se produce de otra manera que por no obtener lo que un hombre desea o por caer en lo que un hombre querría evitar. Esto es lo que trae perturbaciones, desórdenes, mala fortuna, desgracias, penas, lamentaciones y envidias; lo que hace a los hombres envidiosos y celosos; y por estas causas somos incapaces incluso de escuchar los preceptos de la razón. El segundo tema se refiere a los deberes del hombre, pues no debo estar libre de afectos como una estatua, sino que debo mantener las relaciones naturales y adquiridas como un hombre piadoso, como un hijo, como un padre, como un ciudadano.

El tercer tema es el que concierne inmediatamente a los que hacen la competencia, el que concierne a la seguridad de los otros dos, para que ni siquiera en el sueño nos sorprenda ninguna apariencia no examinada, ni en la embriaguez, ni en la melancolía. «Esto —puede decirse— está por encima de nuestro poder». Pero los filósofos actuales, descuidando el primer tema y el segundo, se emplean en el tercero, utilizando argumentos sofísticos, sacando conclusiones de las preguntas, empleando hipótesis, mintiendo. «Porque un hombre debe —como se dice—, cuando se emplea en estos asuntos, tener cuidado de no ser engañado». ¿Quién debe? El hombre sabio y bueno. Esto es, pues, todo lo que te falta. ¿Has resuelto con éxito el resto? ¿Estás libre de engaños en materia de dinero? Si ves a una muchacha hermosa, ¿te resistes a la apariencia? Si tu vecino obtiene un patrimonio por testamento, ¿no te sientes molesto? ¿No te falta nada más que una firmeza de ánimo inmutable?

Desgraciado, oyes estas mismas cosas con temor y ansiedad de que alguna persona te desprecie, y con inquietudes sobre lo que cualquier persona pueda decir de ti. Y si viene un hombre y te dice que en cierta conversación en la que la pregunta era: «¿Quién es el mejor filósofo?», otro hombre que estaba presente dijo que cierta persona era el principal filósofo, tu pequeña alma, que solo tenía la longitud de un dedo, se extiende hasta dos codos. Pero si otro de los presentes te dice: «Te equivocas; no vale la pena escuchar a cierta persona, pues, ¿qué sabe? Solo tiene los primeros principios y nada más», entonces, te confundes, te pones pálido, y gritas inmediatamente: «Le mostraré quién soy, que soy un gran filósofo». Se ve por estas mismas cosas, ¿por qué quieres demostrarlo por otras? ¿No sabes que Diógenes señaló a uno de los sofistas de esta manera estirando el dedo medio[127]? Y cuando el hombre se puso furioso, le dijo: «Esta es la persona cierta. Yo te la señalé». Porque el hombre no se muestra por el dedo, como una piedra o un trozo de madera, pero, cuando cualquier persona muestra los principios del hombre, entonces, lo muestra como un hombre.

Examinemos también tus principios. ¿No es evidente que no valoras en absoluto tu propia voluntad, sino que te fijas en cosas externas que son independientes de tu voluntad? Por ejemplo, ¿qué dirá cierta persona?, y ¿qué pensará la gente de ti? ¿Se te considerará un hombre culto? ¿Has leído a Crisipo o a Antípatro? Pues, si también has leído a Arquedemo, lo tienes todo. ¿Por qué sigues inquieto por si no nos has mostrado quién eres? ¿Me dejas decirte qué clase de hombre nos has mostrado que eres? Te has exhibido ante nosotros como un

127 Este gesto podría ser considerado como un insulto.

tipo mezquino, quejumbroso, apasionado, cobarde, que encuentra defectos en todo, que culpa a todo el mundo, que nunca se calla, que es vanidoso. Esto es lo que nos has exhibido. Vete ahora y lee a Arquedemo; después, si un ratón salta y hace ruido, eres hombre muerto. Porque te espera una muerte como la que tuvo... —¿cómo se llamaba el hombre?— Crinis[128]; y él también estaba orgulloso porque entendía a Arquedemo.

Desgraciado, ¿no vas a desechar estas cosas que no te conciernen en absoluto? Estas cosas son apropiadas para aquellos que son capaces de aprenderlas sin perturbación, para aquellos que pueden decir: «No estoy sujeto a la ira, a la pena, a la envidia; no estoy impedido, no estoy restringido. ¿Qué me queda? Tengo tiempo libre, estoy tranquilo. Veamos cómo debemos tratar los argumentos sofísticos; veamos cómo cuando un hombre ha aceptado una hipótesis no se dejará llevar por nada absurdo». A ellos les corresponde este tipo de cosas. A los que son felices les corresponde encender un fuego, cenar; y si quieren, tanto cantar como bailar. Pero cuando el barco se hunde, vienen a mí e izan las velas.

3

Cuál es la materia en la que debe emplearse una persona de bien, y en qué debemos ejercitarnos principalmente

La materia para el hombre sabio y bueno es su propia facultad rectora: el cuerpo es la materia para el médico y el masajista; la tierra es la materia para el labrador. El negocio del hombre sabio y bueno es usar las apariencias conforme a la naturaleza; y, como la naturaleza de cada alma es asentir a la verdad, disentir de lo falso, y permanecer

128 Crinis, filósofo estoico. Hacía alarde de su comprensión de Arquedemo y, sin embargo, murió de un susto por un ratón que cayó.

en suspenso en cuanto a lo que es incierto, así su naturaleza es ser movido hacia el deseo del bien, y a la aversión del mal; y con respecto a lo que no es bueno ni malo se siente indiferente. Pues como al cambista no se le permite rechazar la moneda del César, ni al vendedor de hierbas, sino que, si se le muestra la moneda, elija o no, debe entregar lo que se vende por la moneda, así sucede también en el asunto del alma. Cuando el bien aparece, atrae inmediatamente hacia sí; el mal repele de sí. Pero el alma nunca rechazará la aparición manifiesta del bien, como tampoco las personas rechazarán la moneda del César. De este principio depende todo movimiento tanto del hombre como de Dios. Por esta razón, el bien es preferido a toda relación íntima. No hay relación íntima entre mi padre y yo, pero sí entre el bien y yo. «¿Eres tan duro de corazón?». Sí, porque así es mi naturaleza, y esta es la moneda que Dios me ha dado. Por eso, si el bien es algo distinto de lo bello y de lo justo, tanto el padre como el hermano y la patria, y todo, desaparecen. Pero ¿pasaré por alto mi propio bien para que tú lo tengas, y te lo cederé? ¿Por qué? «Yo soy tu padre». Pero tú no eres mi bien. «Soy tu hermano». Pero tú no eres mi bien. Pero si situamos el bien en una correcta determinación de la voluntad, la propia observancia de las relaciones de la vida es buena y, en consecuencia, quien renuncia a cualquier cosa externa obtiene lo que es bueno. Tu padre te quita tu propiedad. Pero no te perjudica. Tu hermano tendrá la mayor parte del patrimonio en tierras. Que tenga lo que quiera. ¿Tendrá, entonces, una mayor parte de modestia, de fidelidad, de afecto fraternal? Pues, ¿quién le expulsará de esta posesión? Ni siquiera Zeus, pues tampoco ha querido hacerlo; sino que lo ha dejado en mi propio poder, y me lo ha dado tal como lo poseía él mismo, libre de trabas, coacciones e impedimentos. Cuando la moneda que usa otro es una moneda diferente, si un hombre presenta esta moneda, recibe lo que se vende por ella. Supongamos que llega a la provincia un procónsul ladrón, ¿qué moneda utiliza? Una moneda de plata. Muéstrasela y llévate lo que quieras. Supongamos que viene uno que es adúltero: ¿qué moneda usa? Las pequeñas. «Toma

—dice un hombre— la moneda y véndeme lo pequeño». «Da —dice el vendedor— y compra». Otro está deseoso de poseer niños. Dale la moneda, y recibe lo que deseas. Otro es aficionado a la caza: dale un buen jamelgo o un perro. Aunque grita y se lamenta, venderá por él lo que tú quieres. Pues otro le obliga desde dentro[129], el que ha fijado esa moneda.

Contra esta clase de cosas, principalmente, debe ejercitarse el hombre. Tan pronto como salgas por la mañana, examina a cada hombre que veas, a cada hombre que oigas; responde como a una pregunta: «¿Qué has visto?». ¿Un hombre o una mujer guapos? Aplicad la regla: ¿Es independiente de la voluntad o dependiente? Independiente. Quítalo. ¿Qué has visto? Un hombre lamentándose por la muerte de un hijo. Aplica la regla. La muerte es una cosa independiente de la voluntad. Llévatelo. ¿Se ha reunido el procónsul con usted? Aplica la regla. ¿Qué clase de cosa es el cargo de procónsul? ¿Independiente de la voluntad o dependiente de ella? Independiente. Quita esto también, no soporta el examen. Échalo, no es nada para ti.

Si practicáramos esto y nos ejercitáramos en ello diariamente de la mañana a la noche, algo se haría en verdad. Pero ahora nos pilla medio dormidos cualquier apariencia y solo, si acaso, nos despertamos un poco en la escuela. Entonces, cuando salimos, si vemos a un hombre lamentándose, decimos: «Está deshecho». Si vemos a un cónsul, decimos: «Es feliz». Si vemos a un exiliado, decimos: «Es un miserable». Si vemos a un pobre, decimos: «Es desgraciado: no tiene nada que comer».

Debemos, pues, erradicar estas malas opiniones, y a este fin debemos dirigir todos nuestros esfuerzos. Porque, ¿qué es el llanto y el lamento? La opinión. ¿Qué es la mala fortuna? La opinión. ¿Qué es la sedición civil, qué es la opinión dividida, qué es la culpa, qué es la

---

129 En referencia a la divinidad, a un ser superior, que hace que el hombre elija el bien.

acusación, qué es la impiedad, qué es la trivialidad? Todas estas cosas son opiniones y nada más, y opiniones sobre cosas independientes de la voluntad como si fueran buenas y malas. Que un hombre transfiera estas opiniones a las cosas dependientes de la voluntad, y yo me comprometo por él a que sea firme y constante, sea cual sea el estado de las cosas que lo rodean. Tal como es un plato de agua, tal es el alma. Como el rayo de luz que cae sobre el agua, así son las apariencias. Cuando el agua se mueve, el rayo también parece moverse, pero no se mueve. Así pues, cuando un hombre se ve afectado por el vértigo, no son las artes y las virtudes las que se confunden, sino el espíritu en el que se imprimen; pero si el espíritu se restablece, esas cosas también se restauran.

4

Contra una persona que mostró su partidismo de forma indecorosa en un teatro

El gobernador de Epiro había mostrado su favor por un actor de forma indecorosa y fue culpado públicamente por ello, y después le informó a Epicteto que había sido culpado y que estaba enfadado con los que lo culpaban. Dijo Epicteto: ¿Qué daño han hecho? Estos hombres también actuaban como partisanos, como tú. El gobernador replicó: «¿Acaso alguna persona muestra su partidismo de esta manera?». Cuando te ven a ti —dijo Epicteto— que eres su gobernador, amigo del César y su lugarteniente, mostrar tu partidismo de esta manera, ¿no era de esperar que ellos también mostraran su partidismo de la misma manera? Pues, si no es correcto mostrar el partidismo de esta manera, no lo hagas tú; y si es correcto, ¿por qué te enfadas si ellos siguieron tu ejemplo? ¿A quién tienen que imitar los muchos sino a ti, que eres su superior?, ¿cuál ejemplo deben mirar cuando van al teatro sino el tuyo? «Mira cómo observa el diputado del César: ha gritado, y yo también, entonces, gritaré. Él se levanta de su asiento, y yo me levantaré. Sus esclavos se sientan en varias partes del teatro y gritan. Yo no tengo esclavos, pero yo mismo gritaré todo lo que pueda y tan fuerte como todos ellos juntos». Deberías, entonces, saber que cuando entras en el teatro lo haces como norma y ejemplo para el resto de cómo deben ver la actuación. ¿Por qué, entonces, te culparon? Porque todo hombre odia lo que le estorba. Ellos deseaban que una persona fuera coronada, tú deseabas que fuera otra. Ellos fueron un obstáculo para ti, y tú fuiste un obstáculo para ellos. Se encontró que tú eras el más fuerte; y ellos hicieron lo que pudieron, culparon a lo que les estorbaba. ¿Qué queréis entonces? ¿Que tú hicieras lo que te viniera en gana, y ellos ni siquiera dijeran lo que querían? ¡Por favor! ¿Y cuál es la maravilla? ¿No injurian los labradores a Zeus cuando se ven impedidos por él? ¿No lo injurian los marineros? ¿Dejan de injuriar al César? ¿Qué es lo que no sabe Zeus? ¿No se informa al César de lo que se dice? ¿Qué hace entonces? Sabe que, si castigara a todos los que lo maltratan, no tendría a nadie a quien gobernar. ¿Qué hace entonces? Cuando entra en el teatro, no debe decir: «Que se corone a Sofrón[130]», sino que debe decir esto: «Ven, déjame mantener mi voluntad en este asunto para que sea conforme a la naturaleza, ningún hombre me es más querido que yo mismo». Sería, pues, ridículo que yo me viera perjudicado —herido— para que otro que es actor sea coronado. ¿Quién deseo que gane el premio? Pues el actor que gana el premio, y así siempre ganará el premio quien yo desee que lo gane. «Pero deseo que Sofrón sea coronado». Celebra todos los juegos que quieras en tu casa, nemeos, píticos, ístmicos, olímpicos, y proclámalo vencedor. Pero en público no reclames más de lo que te corresponde, ni intentes apropiarte de lo que es de todos. Si no consientes esto, soporta que te maltraten, pues cuando haces lo mismo que los demás, te pones al mismo nivel que ellos.

---

130 Se estima que Sofrón es el actor al que se hace referencia desde el principio del capítulo.

5

Contra los que por causa de enfermedad se van a casa

«Estoy enfermo aquí —dijo uno de los alumnos—, y deseo volver a casa». En casa, supongo, estás libre de la enfermedad. ¿No consideras si estás haciendo algo aquí que pueda ser útil para el ejercicio de tu voluntad, para que se corrija? Porque si no haces nada con este fin, no ha servido de nada que hayas venido. Vete. Ocúpate de tus asuntos en casa. Porque, si tu poder gobernante no puede mantenerse en un estado conforme a la naturaleza, es posible que tu tierra pueda, que tú puedas aumentar tu dinero, que cuides a tu padre en su vejez, que frecuentes la plaza pública, que ocupes cargos magistrales. Siendo malo, harás mal cualquier otra cosa que tengas que hacer. Pero si te comprendes a ti mismo, y sabes que desechas ciertas opiniones malas, y adoptas otras en su lugar, y si has cambiado tu estado de vida de cosas que no están dentro de tu voluntad a cosas que sí lo están, y si alguna vez dices: «¡Ay!», no lo dices por tu padre, o por tu hermano, sino por ti mismo, ¿aún alegarás tu enfermedad? ¿No sabes que tanto la enfermedad como la muerte deben sorprendernos mientras hacemos algo? Al labrador, mientras labra la tierra; al marinero, mientras está de viaje. ¿Qué estarías haciendo cuando la muerte te sorprenda, pues debes ser sorprendido cuando estás haciendo algo? Si puedes estar haciendo algo mejor que esto cuando te sorprenda, hazlo. Porque deseo ser sorprendido por la enfermedad o la muerte cuando no estoy buscando otra cosa más que mi voluntad, que pueda estar libre de perturbación, que mi propia voluntad pueda estar libre de obstáculos, libre de compulsión, y en un estado total de libertad. Deseo que me encuentre practicando estas cosas para poder decir a Dios: «¿He transgredido en algún aspecto tus mandatos? ¿He usado mal en algún aspecto los poderes que me diste? ¿He usado mal mis percepciones o mis preconceptos? He estado enfermo, porque era Tu voluntad, y también otros lo han estado, pero me contenté con estar enfermo. He sido pobre porque era Tu voluntad, pero también me contenté con serlo. No he desempeñado un cargo magisterial porque no era tu voluntad que lo hiciera. Nunca lo he deseado. ¿No es cierto que nunca me has visto descontento por esa razón? ¿No me he acercado siempre a Ti con un semblante alegre, dispuesto a cumplir tus mandatos y a obedecer tus señales? ¿Es ahora tu voluntad que me aleje de la asamblea de los hombres? Me voy. Te doy todas las gracias porque me has permitido unirme a esta reunión de hombres y ver tus obras, y comprender tu administración». Que la muerte me sorprenda mientras pienso en estas cosas, mientras escribo y leo así.

«Pero mi madre no me sostiene la cabeza cuando estoy enfermo». Ve, entonces, con tu madre, porque eres una persona apta para que te sostenga la cabeza cuando estás enfermo. «Pero en casa solía acostarme en una cama deliciosa». Vete a tu cama: en efecto, eres apto para tumbarte en un lecho así incluso cuando estás sano. No pierdas, pues, lo que puedes hacer allí. Pero ¿qué dice Sócrates? «Como un hombre —dice— se complace en mejorar su tierra, otro en mejorar su caballo, así yo me complazco diariamente en observar que estoy mejorando». «¿Mejor en qué?, ¿en el uso de palabras bonitas?». Hombre, no digas eso. «¿En pequeñas cuestiones de especulación?». ¿Qué estás diciendo? «Y, en efecto, no veo qué más hay en lo que los filósofos emplean su tiempo». ¿No te parece nada el no haber encontrado nunca una falta en ninguna persona, ni en Dios ni en los hombres?, ¿el no haber culpado a nadie?, ¿el llevar siempre la misma cara al salir y al entrar? Esto es lo que sabía Sócrates y, sin embargo, nunca dijo que supiera nada ni que enseñara nada. Pero si algún hombre le pedía pequeñas palabras bonitas o pequeñas especulaciones, lo llevaba a Protágoras o a Hipias[131]; y si alguno venía a pedir hierbas de la olla, lo llevaría al jardinero. ¿Quién, pues, de vosotros tiene este propósito? Porque si lo tuvierais, estaríais contentos en la

131 Protágoras e Hipias, filósofos sofistas griegos.

enfermedad, en el hambre y en la muerte. Si alguno de vosotros ha estado enamorado de una muchacha encantadora, sabe que lo que digo es verdad.

6

Varios

Cuando alguien le preguntó cómo era posible que, mientras la razón ha sido más cultivada por los hombres de la época actual, el progreso realizado en tiempos anteriores fuera mayor, respondió: ¿En qué sentido ha sido más cultivada ahora, y en qué sentido era mayor el progreso entonces? Porque en lo que ahora se ha cultivado más, en eso también se encontrará el progreso. En la actualidad, se ha cultivado con el fin de resolver silogismos, y se progresa. Pero antiguamente se cultivaba con el fin de mantener la facultad rectora en una condición conforme a la naturaleza, y se progresaba. No mezcles, pues, cosas que son diferentes y no esperes, cuando te esfuerces en una cosa, progresar en otra. Pero fíjate si algún hombre entre nosotros, cuando se empeña en mantenerse en un estado conforme a la naturaleza y vivir siempre de ese modo, no progresa. Porque no encontrarás a un hombre así.

El hombre bueno es invencible, pues no entra en la contienda donde no es más fuerte. Si quieres tener su tierra y todo lo que hay en ella, toma la tierra, toma sus esclavos, toma su cargo magistral, toma su pobre cuerpo. Pero no harás que su deseo fracase en lo que busca, ni que su aversión caiga en lo que quiere evitar. La única contienda en la que entra es la de las cosas que están dentro del poder de su voluntad; ¿cómo, entonces, no será invencible?

Cuando alguien le preguntó qué es el sentido común, Epicteto respondió: Así como puede llamarse común el oído que solo distingue los sonidos vocales, y el que distingue los sonidos musicales no es común, sino artificial; así hay ciertas cosas que los hombres, que no están del todo pervertidos, ven por las nociones comunes que todos poseen. Tal constitución de la mente se llama sentido común.

No es fácil exhortar a los jóvenes débiles porque tampoco es fácil sujetar el queso con un gancho. Pero los que tienen una buena disposición natural, aunque se intente apartarlos, se aferran aún más a la razón. Por lo tanto, Rufo generalmente intentaba desanimar, y utilizaba este método como prueba de los que tenían una buena disposición natural y de los que no la tenían. «Porque —acostumbraba a decir— como una piedra, si la arrojas hacia arriba, será llevada a la tierra por su propia naturaleza, así el hombre cuya mente es naturalmente buena, cuanto más lo desestimes, más se vuelve hacia aquello a lo que está naturalmente inclinado».

7

Al administrador de las ciudades libres que era epicúreo

Cuando el administrador vino a visitarlo, y el hombre era un epicúreo, Epicteto dijo: Es conveniente que nosotros, que no somos filósofos, os preguntemos a vosotros, que sois filósofos, como los que llegan a una ciudad extraña preguntan a los ciudadanos y a los que la conocen, qué es lo mejor del mundo, para que también nosotros, después de preguntar, vayamos en busca de lo mejor y lo veamos como hacen los forasteros con las cosas de las ciudades. Pues, que hay tres cosas que se relacionan con el hombre, el alma, el cuerpo y las cosas externas casi nadie lo niega. A vosotros, filósofos, os queda responder cuál es la mejor. ¿Qué debemos decir a los hombres? ¿Es la carne lo mejor? ¿Fue por esto por lo que Máximo[132] navegó hasta Casíope[133] en invierno con su hijo, y lo acompañó para que pudiera

---

132 Probablemente se trataría de un amigo epicúreo de Plinio el Joven.
133 Casíope sería una población cercana a Nicópolis.

ser gratificado en la carne? Entonces, el hombre dijo que no, y añadió: «Lejos de él». ¿No conviene, entonces —dijo Epicteto—, emplearse activamente en lo mejor? «Es ciertamente de todas las cosas la más apta». ¿Qué poseemos, pues, que sea mejor que la carne? «El alma», respondió. Y las cosas buenas de lo mejor, ¿son mejores?, ¿o lo son las cosas buenas de lo peor? «Lo bueno de lo mejor». ¿Y las cosas buenas de lo mejor están dentro del poder de la voluntad o no están dentro del poder de la voluntad? «Están dentro del poder de la voluntad». ¿Es, entonces, el placer del alma una cosa dentro del poder de la voluntad? «Lo es», respondió. ¿Y de qué depende este placer? ¿De sí mismo? Pero eso no puede concebirse, porque primero debe existir una cierta sustancia o naturaleza del bien, mediante la cual tendremos placer en el alma. Aceptó también esto.

Pues, si depende de las cosas del alma, se descubre la sustancia del bien, porque el bien no puede ser una cosa, y lo que nos deleita racionalmente, otra; y si lo que precede no es bueno, lo que viene después no puede ser bueno, pues para que lo que viene después sea bueno, lo que precede debe ser bueno. Pero tú no afirmarías esto si estás en tu sano juicio, pues, entonces, dirías lo que es inconsistente tanto con Epicuro como con el resto de tus doctrinas. Queda, pues, que el placer del alma está en el placer de las cosas del cuerpo, y también que esas cosas corporales deben ser las cosas que preceden y la sustancia del bien. Por esta razón, Máximo actuó neciamente si hizo el viaje por cualquier otra razón que no fuera por el bien de la carne, es decir, por el bien de lo mejor. Y también un hombre actúa neciamente si se abstiene de lo que pertenece a otros cuando es juez y puede tomarlo. Pero, si te parece, consideremos solo esto, cómo se puede hacer esto en secreto y con seguridad y para que nadie lo sepa. Porque ni siquiera el propio Epicuro declara que robar sea malo, sino que admite que la detección lo es; y, como es imposible tener seguridad contra la detección, por esta razón dice: «No robes». Pero yo te digo que, si el robo se hace con astucia y precaución, no seremos detectados; además, tenemos amigos poderosos en Roma, tanto hombres como mujeres, y los helenos son débiles, y ningún hombre se aventurará a subir a Roma con ese propósito. ¿Por qué te abstienes de tu propio bien?

Esto no tiene sentido, es una tontería. Pero, aunque me digas que te abstienes, no te creeré. Porque, así como es imposible asentir a lo que parece falso y apartarse de lo que es verdadero, así también es imposible abstenerse de lo que parece bueno. Pero la riqueza es algo bueno, y ciertamente muy eficiente para producir placer. ¿Por qué no adquirir riquezas? ¿Y por qué no hemos de corromper a la mujer de nuestro prójimo si podemos hacerlo sin que se nos descubra? Y si el marido parlotea tontamente sobre el asunto, ¿por qué no echarlo de casa? Si quisieras ser un filósofo como debes serlo, si fueras un filósofo perfecto y si fueras consecuente con tus propias doctrinas. Si no quieres, no te diferenciarás en nada de los que nos llamamos estoicos, pues nosotros también decimos una cosa, pero hacemos otra: hablamos de lo que es bello, pero hacemos lo que es ruin. Pero vosotros seréis perversos en el sentido contrario, enseñando lo que es malo, practicando lo que es bueno.

En nombre de Dios, ¿estás pensando en una ciudad de epicúreos? «Yo no me caso». «Ni yo, pues un hombre no debe casarse; ni debemos engendrar hijos, ni ocuparnos de los asuntos públicos». ¿Qué sucederá entonces? ¿De dónde vendrán los ciudadanos? ¿Quién los educará? ¿Quién será el gobernador de los jóvenes, quién presidirá los ejercicios gimnásticos? Y, ¿en qué los instruirá también el maestro? ¿Les enseñará lo que se les enseñaba a los lacedemonios o lo que se les enseñaba a los atenienses?

Vengan a tomar un joven y edúquenlo según sus doctrinas. Las doctrinas son malas, subversivas de un estado, perniciosas para las familias, y no convienen a las mujeres. Retíralas, hombre. Vives en una ciudad principal. Es tu deber ser magistrado, juzgar con justicia, abstenerte de lo ajeno; ninguna mujer debe parecerte hermosa, salvo tu propia esposa; ningún joven agraciado, ningún vaso de plata ni ningún vaso de oro, hermosos. Busca las doctrinas que concuerden con lo que digo y, haciéndolas tu guía, te abstendrás con gusto de las cosas que tienen tanto poder persuasivo para dirigirnos y dominarnos. Pero, si a la fuerza persuasiva de estas cosas, le añadimos una filosofía como esta que nos ayuda a empujarnos hacia ellas y nos fortalece para este fin, ¿cuál será la consecuencia? En una pieza de arte teórico, ¿cuál es la mejor parte?, ¿la plata o la mano de obra? La sustancia de la mano es la carne, pero la obra de la mano es la parte principal. Los deberes, pues, son también tres: los que se dirigen a la existencia de una cosa; los que se dirigen a su existencia en un tipo particular; y las cosas principales en sí mismas. Así también en el hombre no debemos valorar lo material, la pobre carne, sino lo principal. ¿Cuáles son? Ocuparse de los negocios públicos, casarse, engendrar hijos, venerar a Dios, cuidar de los padres y, en general, tener deseos, aversiones, búsquedas de cosas y evasiones en la forma en que debemos hacer estas cosas y según nuestra naturaleza. ¿Y cómo estamos constituidos por naturaleza? Libres, nobles, modestos. Pues, ¿qué otro animal se ruboriza?, ¿qué otro es capaz de recibir la apariencia de la vergüenza? Estamos constituidos por la naturaleza de tal manera que sometemos el placer a estas cosas, como un ministro, un servidor, para que llame nuestra actividad, para que nos mantenga constantes en los actos que son conformes a la naturaleza.

«Pero soy rico y no quiero nada». ¿Por qué, entonces, pretendes ser un filósofo? Te bastan tus vasos de oro y de plata. ¿Qué necesidad tienes de principios? «Pero también soy juez de los griegos». ¿Sabes juzgar? ¿Quién te enseñó a saber? «El César me escribió un codicilo». Que te escriba y te dé una comisión para juzgar la música, ¿y de qué te servirá? ¿Cómo has llegado a ser juez? ¿La mano de quién has besado? ¿La mano de Sínforo o la de Numenio[134]? ¿Ante la alcoba de quién has dormido[135]? ¿A quién has enviado regalos? En-

134 Sínforo y Numenio: se trataría de dos libertos imperiales, reales o imaginarios.

135 Para estar disponible y ser el primero en saludarlo a la mañana.

tonces, ¿no ves que ser juez tiene el mismo valor que tiene Numenio? «Pero puedo arrojar a la cárcel a cualquier hombre que me plazca». Lo mismo puedes hacer con una piedra. «Pero puedo golpear con palos a quien me plazca». Así puedes hacer con un asno. Esto no es gobernar a los hombres. Gobiérnanos como animales racionales: muéstranos lo que es provechoso para nosotros, y lo seguiremos; muéstranos lo que no es provechoso, y nos apartaremos de ello. Haznos imitadores de ti, como Sócrates hizo a los hombres imitadores de sí mismo. Pues era como un gobernador de los hombres, que les hacía someter a él sus deseos, su aversión, sus movimientos hacia un objeto y su alejamiento de él. «Haz esto; no hagas esto; si no obedeces, te meteré en la cárcel». Esto no es gobernar a los hombres como animales racionales. Como Zeus ha ordenado, actúa: si no actúas así, sentirás el castigo, serás castigado. ¿Cuál será el castigo? Nada más que no haber cumplido con tu deber. Perderás el carácter de la fidelidad, la modestia, la corrección. No busques mayores penas que estas.

8

Cómo debemos ejercitarnos contra las apariencias

Así como nos ejercitamos contra las cuestiones sofísticas, así debemos ejercitarnos diariamente contra las apariencias, porque estas apariencias también nos proponen cuestiones. «Cierto hijo de una persona ha muerto». Respuesta: la cosa no está dentro del poder de la voluntad: no es un mal. «Un padre ha desheredado a cierto hijo. ¿Qué te parece?». Es una cosa que está más allá del poder de la voluntad, no es un mal. «El César ha condenado a una persona». Es algo más allá del poder de la voluntad, no un mal. «El hombre está afligido por esto». La aflicción es una cosa que depende de la voluntad: es un mal. «Ha soportado la condena con valentía». Es una cosa que depende de la voluntad: es un bien. Si nos entrenamos de esta manera, progresaremos, porque nunca asentiremos a nada de lo que no haya una apariencia capaz de ser comprendida. Tu hijo ha muerto. ¿Qué ha pasado? Tu hijo ha muerto. ¿Nada más? Nada. Su barco está perdido. ¿Qué ha pasado? Su barco se ha perdido. Un hombre ha sido llevado a prisión. ¿Qué ha pasado? Ha sido llevado a prisión. Pero que aquí le ha ido mal, cada hombre añade desde su propia opinión. «Pero Zeus —dices— no hace lo correcto en estos asuntos». ¿Por qué? ¿Porque te ha hecho capaz de aguantar? ¿Porque te ha hecho magnánimo? ¿Porque ha quitado a lo que te ocurre el poder de ser malo? ¿Porque está en tu mano ser feliz mientras sufres lo que sufres? ¿Porque te ha abierto la puerta cuando las cosas no te gustan? Hombre, sal y no te quejes. Escucha cómo se sienten los romanos hacia los filósofos si quieres saberlo. Itálico[136], que era el más reputado de los filósofos, una vez, estando yo presente, enojado con sus propios amigos como si sufriera algo intolerable, dijo: «No puedo soportarlo, me estáis matando, me haréis tal como es ese hombre», señalándome a mí.

9

A cierto retórico que subía a Roma con un traje

Cuando acudió a él cierta persona que subía a Roma por un pleito que tenía que ver con su rango, Epicteto le preguntó el motivo de su viaje a Roma, y el hombre le preguntó, entonces, qué pensaba sobre el asunto. Epicteto respondió: Si me preguntas qué harás en Roma, si tendrás éxito o caerás, no tengo ninguna regla al respecto. Pero si me preguntas cómo te irá, puedo decirte: Si tienes opiniones correctas, te irá bien; si son falsas, te irá mal. Porque para todo hombre la causa

136 Podría tratarse del poeta Silio Itálico.

de su actuación es la opinión. ¿Cuál es la razón por la que deseabas ser elegido gobernador de los cnosianos[137]? Tu opinión. ¿Cuál es la razón por la que ahora subes a Roma? Tu opinión. Y vas en invierno, y con peligro y gastos. «Debo ir». ¿Qué te dice esto? Tu opinión. Entonces, si las opiniones son las causas de todas las acciones, y un hombre tiene malas opiniones, tal como puede ser la causa, tal es también el efecto. ¿Entonces, todos tenemos opiniones sanas, tanto tú como tu adversario? ¿Y en qué difieren? ¿Pero tú tienes opiniones más sólidas que tu adversario? ¿Por qué? Tú crees que sí. Y lo mismo piensa él, que sus opiniones son mejores; y lo mismo hacen los locos. Este es un mal criterio. Pero muéstrame que has investigado tus opiniones y te has esmerado en ellas. Y como ahora te embarcas hacia Roma para ser gobernador de Cnosos, y no te conformas con quedarte en casa con los honores que tenías, sino que deseas algo mayor y más conspicuo, ¿cuándo has hecho un viaje con el propósito de examinar tus propias opiniones y desecharlas si es que tienes alguna mala? ¿A quién te has dirigido con ese propósito? ¿Qué tiempo has fijado para ello? ¿A qué edad? Repasa tú mismo los tiempos de tu vida si te avergüenzas de mí. Cuando eras niño, ¿examinaste tus propias opiniones? Y, ¿no hiciste, entonces, como haces con todas las cosas? Cuando eras joven y asistías a los retóricos, y tú mismo practicabas la retórica, ¿en qué te imaginabas que eras deficiente? Y cuando eras joven y te dedicabas a los asuntos públicos, y defendías tú mismo las causas, y ganabas reputación, ¿quién te parecía, entonces, igual? ¿Y cuándo te habrías sometido a que cualquier hombre te examinara y demostrara que tus opiniones son malas? ¿Qué quieres, pues, que te diga? «Ayúdame en este asunto». No tengo ningún teorema —regla— para esto. Tampoco, si has venido a mí con este propósito, has venido a mí como un filósofo, sino como un vendedor de verduras o un zapatero. «¿Para qué, pues, tienen los filósofos teoremas?». Para

137 Debía defender, dado ese cargo, los intereses de quienes representaba y actuaba como mediador ante el emperador.

esto, para que, pase lo que pase, nuestra facultad de gobernar sea y siga siendo conforme a la naturaleza. ¿Te parece esto una cosa pequeña? «No, sino lo más grande». Entonces, ¿necesita poco tiempo y es posible aprovecharlo al pasar? Si puedes, aprovéchalo.

Entonces, dirás: «Me encontré con Epicteto como podría haberme encontrado con una piedra o con una estatua», pues me viste a mí, y nada más. Pero te encuentras con un hombre como un hombre, que aprende sus opiniones, y a su vez muestra las suyas. Aprende mis opiniones: muéstrame las tuyas; y después di que me has visitado. Examinémonos mutuamente: si tengo alguna mala opinión, quítala; si la tienes tú, muéstrala.

Este es el significado de reunirse con un filósofo. «No es así, pero esto es solo una visita de paso, y mientras estamos contratando el barco, también podemos ver a Epicteto. Veamos lo que dice». Entonces, se va y dice: «Epicteto no era nada, usaba solecismos y hablaba de forma bárbara». Porque, ¿de qué otra cosa venís como jueces? Bien, pero un hombre puede decirme: «Si me ocupo de tales asuntos, no tendré tierras, como tú no tienes; no tendré copas de plata, como tú no tienes, ni bestias finas, como tú no tienes». En respuesta a esto quizás sea suficiente decir: Yo no tengo necesidad de tales cosas; pero, si tú posees muchas cosas, tienes necesidad de otras; quieras o no, eres más pobre que yo. «¿De qué tengo, pues, necesidad?». De lo que tú no tienes: de firmeza, de una mente conforme a la naturaleza, de estar libre de perturbaciones. Si tengo un patrón o no, ¿qué es eso para mí?, pero es algo para ti. Soy más rico que tú: no me preocupa lo que el César piense de mí, por eso no halago a nadie. Esto es lo que poseo en lugar de vasos de plata y oro. Tú tienes utensilios de oro, pero tu discurso, tus opiniones, tus asentimientos, tus movimientos, tus deseos son de loza. Pero si tengo estas cosas conformes a la naturaleza, ¿por qué no voy a emplear mis estudios también en la razón?, porque tengo tiempo libre, mi mente no se distrae. ¿Qué voy a hacer, ya que no tengo distracción? ¿Qué más adecuado para un hombre tengo que esto? Cuando uno no tiene nada que hacer, se perturba, va al teatro o vaga sin un propósito. ¿Por qué el filósofo no ha de trabajar para mejorar su razón? Tú te empleas en vasos de cristal, yo me empleo en el silogismo llamado «El viviente». Tú, en vasos de mirra; yo me empleo en el silogismo llamado «La negación». A ti te parece pequeño todo lo que posees, a mí me parece grande todo lo que tengo. Tu deseo es insaciable, el mío está satisfecho. A los niños que meten la mano en una vasija de barro de cuello estrecho y sacan higos y nueces, les pasa esto: si llenan la mano, no pueden sacarla y, entonces, lloran. Echad unos cuantos y sacaréis cosas. Y hazte con tus deseos: no desees muchas cosas y tendrás lo que quieres.

10

Cómo debemos soportar la enfermedad

Cuando llega la necesidad de cada opinión, debemos tenerla preparada. En ocasión del desayuno, las que se refieren al desayuno; en el baño, las que se refieren al baño; en la cama, las que se refieren a la cama.

No dejes que el sueño se apodere de tus ojos lánguidos ante cada acción diaria que has escudriñado; lo que se ha hecho mal, lo que se ha hecho, lo que se ha dejado de hacer; desde el principio hasta el final examina todo, y después culpa a lo que está mal; en lo que está bien, alégrate.

Y debemos retener estos versos de tal manera que podamos usarlos, no que los pronunciemos en voz alta, como cuando exclamamos «Peán Apolo». También en la fiebre debemos tener preparadas las opiniones que conciernen a la fiebre; y no debemos, en cuanto empieza la fiebre, perder y olvidar todo. Un hombre puede decir: «Si sigo filosofando, que me cuelguen; dondequiera que vaya, debo cuidar el pobre cuerpo, para que no venga la fiebre». Pero ¿qué es filosofar? ¿No es una preparación contra los acontecimientos que pueden ocurrir? ¿No entiendes que estás diciendo algo de este tipo? «Si aún me preparo para soportar con paciencia lo que suceda, que me cuelguen». Pero esto es como si un hombre, después de recibir golpes, renunciara al pancracio. En el pancracio está en nuestra mano desistir y no recibir golpes. Pero en el otro asunto, si renunciamos a la filosofía, ¿qué ganamos? ¿Qué debe decir, entonces, un hombre en ocasión de cada cosa dolorosa? «Por esto me ejercité, por esto me disciplinė». Dios te dice: «Dame una prueba de que has practicado debidamente el atletismo, de que has comido lo que debías, de que te has ejercitado, de que has obedecido a los preparadores». Entonces, ¿te muestras débil cuando llega el momento de la acción? Ahora es el momento de la fiebre. Que sea bien soportada. Ahora es el momento de la sed, bien; ahora es el momento del hambre, sopórtala bien. ¿No está en tu mano? ¿Quién te lo impedirá? El médico te impedirá beber, pero no podrá impedir que lleves bien la sed; y te impedirá comer, pero no podrá impedir que lleves bien el hambre.

«Pero no puedo atender mis estudios filosóficos». ¿Y con qué propósito los sigues? Esclavo, ¿no es para que seas feliz, para que seas constante?, ¿no es para que estés en un estado conforme a la naturaleza y vivas así? ¿Qué es lo que te impide, cuando tienes fiebre, tener tu facultad rectora conforme a la naturaleza? Aquí está la prueba de la cosa, aquí está la prueba del filósofo. Porque esto también es parte de la vida, como caminar, como navegar, como viajar por tierra, así también es la fiebre. ¿Lees cuando estás caminando? No. Tampoco lo haces cuando tienes fiebre. Si caminas bien, tienes todo lo que pertenece a un hombre que camina. Si soportas bien la fiebre, tienes todo lo que pertenece a un hombre con fiebre. ¿Qué es soportar bien la fiebre? No culpar a Dios ni a los hombres; no afligirse por lo que pasa, esperar bien y noblemente la muerte, hacer lo que hay que hacer: cuando viene el médico, no asustarse por lo que dice, ni alegrarse si dice: «Vas bien». Porque, ¿de qué te ha servido lo que te ha dicho? Y, cuando estabas sano, ¿de qué te sirvió? Aunque te diga: «Estás mal», no te desanimes. Porque, ¿qué es estar enfermo?

¿Es que estás cerca de la separación del alma y el cuerpo? Si no estás cerca ahora, ¿no lo estarás después? ¿Acaso el mundo va a estar al revés cuando estés muerto? ¿Por qué, entonces, halagas al médico? ¿Por qué dices: «Si te place, maestro, me pondré bien»? ¿Por qué le das la oportunidad de levantar las cejas?

¿No valoras a un médico como a un zapatero cuando te mide el pie o a un carpintero cuando construye tu casa, y tratas así al médico en cuanto al cuerpo que no es tuyo, sino que por naturaleza está muerto? El que tiene fiebre tiene la oportunidad de hacer esto: si hace estas cosas, tiene lo que le pertenece. Porque no es asunto del filósofo cuidar el exterior, ni su vino, ni su aceite, ni de su pobre cuerpo, sino de su propio poder gobernante. Pero en cuanto a lo externo, ¿cómo debe actuar? En la medida en que no sea irracionalmente. ¿Dónde hay, entonces, razón para el temor? ¿Dónde hay, entonces, todavía razón para la ira y el temor sobre lo que pertenece a otros, sobre las cosas que no tienen valor? Porque debemos tener preparados estos dos principios: que salvo la voluntad nada es bueno ni malo; y que no debemos dirigir los acontecimientos, sino seguirlos. «Mi hermano no debería haberse comportado así conmigo». No; pero él se encargará de ello; y, se comporte como se comporte, yo me comportaré con él como debo. Porque esto es asunto mío, eso es de otro; nadie puede impedir esto, lo otro puede ser impedido.

11

Algunas cuestiones diversas

Hay ciertas penas fijadas como por ley para los que desobedecen la administración divina. Quien piense que cualquier otra cosa es buena, excepto las que dependen de la voluntad, que envidie, que desee, que adule, que se perturbe; quien considere que cualquier otra cosa es mala, que se apene, que se lamente, que llore, que sea infeliz. Y, sin embargo, aunque tan severamente castigados, no podemos desistir.

Recuerda lo que dice el poeta[138] sobre el extraño: Extraño, no debo, aunque venga un hombre peor que tú, despreciar a un extranjero. Todos son de Zeus. Esto, entonces, puede aplicarse incluso a un padre: «No debo, aunque venga un hombre peor que tú, tratar indignamente a un padre, pues todos provienen del Zeus paterno». Y de un hermano: «Porque todos provienen del Zeus que preside la parentela». Y así en las demás relaciones de la vida encontraremos que Zeus es un inspector.

12

Sobre el ejercicio

No debemos hacer que nuestros ejercicios consistan en medios contrarios a la naturaleza y adaptados para causar admiración, porque, si lo hacemos, nosotros, que nos llamamos filósofos, no nos diferenciaremos en nada de los malabaristas. Pues, es difícil incluso caminar sobre una cuerda; y no solo es difícil, sino también peligroso. ¿Debemos, por tanto, practicar el caminar sobre una cuerda, o colocar una

138 Por antonomasia, Homero.

palmera, o abrazar estatuas[139]? De ninguna manera. Todo lo que es difícil y peligroso no es adecuado para la práctica, pero es adecuado lo que conduce a la realización de lo que se nos propone como cosa a realizar. Vivir con el deseo y la aversión, libre de ataduras. ¿Y qué es esto? No decepcionarse con lo que se desea, ni caer en lo que se quiere evitar.

Hacia este objetivo, pues, debe tender el ejercicio. Porque, como no es posible que tu deseo no sea defraudado y tu aversión esté libre de caer en lo que quieres evitar, con una gran y constante práctica, debes saber que, si permites que tu deseo y tu aversión se dirijan a cosas que no están dentro del poder de la voluntad, no tendrás tu deseo capaz de alcanzar el objetivo, ni tu aversión libre del poder de evitar lo que quieres evitar. Y puesto que el hábito fuerte conduce, y estamos acostumbrados a emplear el deseo y la aversión solo a cosas que no están dentro del poder de nuestra voluntad, debemos oponer a este hábito un hábito contrario y, donde haya gran resbalamiento en las apariencias, oponer allí el hábito del ejercicio.

«Me inclino más bien por el placer. Me inclinaré por el lado contrario por encima de la medida en aras del ejercicio». «Tengo aversión al dolor: frotaré y ejercitaré contra esto las apariencias que se me presentan con el fin de retirar mi aversión de toda cosa semejante». Pues, ¿quién es un practicante en el ejercicio? Aquel que no practica usando su deseo y aplica su aversión solo a las cosas que están dentro del poder de su voluntad, y practica más en las cosas que son difíciles de conquistar. Por esta razón, un hombre debe practicarse más contra una cosa y otro contra otra. ¿De qué sirve, pues, levantar una palmera, o llevar una tienda de pieles, o un mortero y una maja? Practica, hombre, si eres irritable, a soportar si te maltratan, a no enfadarte si te tratan con deshonra. Entonces, harás tantos progresos que, incluso si un hombre te golpea, te dirás a ti mismo:

139 Se cuenta que Diógenes se entrenaba abrazando estatuas tapadas de nieve en los crudos inviernos.

«Imagina que has abrazado una estatua». También ejercítate en usar el vino adecuadamente para no beber mucho, pues también en esto hay hombres que se ponen en práctica tontamente, pero antes de nada debes abstenerte de ello, y abstenerte de una joven y de pasteles delicados. Después, si la ocasión se presenta, con el fin de ponerte a prueba en el momento oportuno, descenderás a la arena para saber si las apariencias te dominan como antes. Pero al principio huye de lo que es más fuerte que tú: la contienda es desigual entre una joven encantadora y un principiante en filosofía. «El cántaro de barro —como dice el refrán— y la roca no se ponen de acuerdo». Después del deseo y la aversión, viene el segundo tema de los movimientos hacia la acción y las retiradas de ella; que seas obediente a la razón, que no hagas nada fuera de tiempo o lugar, o contrario a cualquier propiedad del tipo. El tercer tema se refiere a los asentimientos, que se relacionan con las cosas que son persuasivas y atractivas. Pues, como dijo Sócrates, «no debemos vivir una vida sin examen», así no debemos aceptar una apariencia sin examinarla, sino que debemos decir: «Espera, déjame ver qué eres y de dónde vienes». Como la guardia en la noche: «Muéstrame el paso». ¿Tienes la señal de la naturaleza que debe tener la apariencia que se acepta? Y, finalmente, cualesquiera que sean los medios aplicados al cuerpo por los que lo ejercitan, si tienden de algún modo al deseo y este a la aversión, pueden ser también medios aptos para el ejercicio. Pero si son para la exhibición, son las indicaciones de quien se ha vuelto hacia algo externo, y que está a la caza de otra cosa, y que busca espectadores que digan: «Oh, el gran hombre». Por esta razón, Apolonio[140] dijo bien: «Cuando pretendas ejercitarte para tu propio beneficio y tengas sed por el calor, toma un bocado de agua fría y escúpelo y no se lo digas a nadie».

140 Podría referirse al filósofo neopitagórico Apolonio de Tiana.

13

Qué es la soledad y qué clase de persona es un solitario

La soledad es una cierta condición del hombre indefenso. Que un hombre esté solo, no es por ello también solitario; así, aunque un hombre esté entre una multitud, no deja de ser por ello solitario. Cuando hemos perdido a un hermano o a un hijo o a un amigo, en el que estábamos acostumbrados a descansar, decimos que quedamos solitarios, aunque estemos a menudo en Roma, aunque se reúna con nosotros tal multitud, aunque vivan tantos en el mismo lugar y, a veces, tengamos un gran número de esclavos. Porque el hombre que es solitario, como se concibe, es considerado una persona indefensa y expuesta a los que quieren hacerle daño. Por esta razón, cuando viajamos, especialmente decimos que estamos solos cuando caemos entre ladrones, pues no es la vista de una criatura humana lo que nos saca de la soledad, sino la vista de alguien que nos es fiel y modesto y nos ayuda. Pues si estar solo es suficiente para hacer la soledad, puedes decir que incluso Zeus está solo en la conflagración y se lamenta diciendo: «Infeliz de mí que no tengo a Hera, ni a Atenea, ni a Apolo, ni hermano, ni hijo, ni descendiente ni pariente». Esto es lo que algunos dicen que hace cuando está solo en la conflagración. Pues, no entienden cómo pasa la vida un hombre cuando está solo, porque parten de un cierto principio natural, del deseo natural de la comunidad y del amor mutuo y del placer de la conversación entre los hombres. Pero, no obstante, el hombre debe estar preparado, en cierto modo, para esto también, para poder bastarse a sí mismo y ser su propia compañía. Porque así como Zeus habita consigo mismo y está tranquilo por sí mismo, y piensa en su propia administración y en su naturaleza y se emplea en pensamientos adecuados para sí mismo, así también debemos ser capaces de hablar con nosotros mismos para no sentir la necesidad de otros, para no estar desprovistos de los medios para pasar nuestro tiempo, observar la administración divina y la relación de nosotros mismos con todo lo demás, considerar cómo nos afectaban antes las cosas que suceden y cómo en la actualidad, cuáles son todavía las cosas que nos dan dolor, cómo se pueden curar y cómo se pueden eliminar; si hay cosas que requieren mejora, mejorarlas según la razón.

Pues ves que el César parece proporcionarnos una gran paz, que ya no hay enemigos ni batallas ni grandes asociaciones de ladrones ni de piratas, sino que podemos viajar a todas horas y navegar de este a oeste. Pero ¿puede el César darnos también seguridad contra la fiebre, contra el naufragio, contra el fuego, contra el terremoto o contra el rayo? Pues, diré, ¿puede darnos seguridad frente al amor? No puede. ¿Frente al dolor? No puede. ¿Frente a la envidia? No puede. En pocas palabras, no puede protegernos de ninguna de estas cosas. Pero la doctrina de los filósofos promete darnos seguridad incluso frente a estas cosas. ¿Y qué dice? «Hombres, si me atendéis, estéis donde estéis, hagáis lo que hagáis, no sentiréis pena ni cólera ni compulsión ni estorbo, sino que pasaréis vuestro tiempo sin perturbaciones y libres de todo». Cuando un hombre tiene esta paz, no proclamada por el César (pues, ¿cómo podría proclamarla?), sino por Dios a través de la razón, ¿no está contento cuando está solo? Cuando ve y reflexiona: «Ahora no me puede suceder ningún mal; para mí no hay ningún ladrón, ningún terremoto, todo está lleno de paz, lleno de tranquilidad. Todo camino, toda ciudad, todo encuentro, vecino, compañero es inofensivo. Una persona, cuyo negocio es, me suministra alimento; otra, vestido; otra, percepciones y preconceptos. Y si no suministra lo necesario, da la señal de retirada, abre la puerta y dice: "Vete". ¿Adónde vas? A nada terrible, sino al lugar de donde viniste, a tus amigos y parientes, a los elementos. Lo que había en ti de fuego va al fuego; de tierra, a la tierra; de aire, al aire; de agua, al agua: no hay Hades ni Aqueronte ni Cocito ni

Piriflegetonte[141], sino que todo está lleno de dioses y demonios[142]». Cuando un hombre tiene tales cosas en las que pensar, y ve el sol, la luna y las estrellas, y disfruta de la tierra y el mar, no está solo y ni siquiera desamparado. «Pues bien, si algún hombre viniera sobre mí cuando estoy solo y me asesinara...». Tonto, no te asesinará a ti, sino a tu pobre cuerpo.

¿Qué clase de soledad queda entonces? ¿Qué necesidad? ¿Por qué nos hacemos peores que los niños? ¿Qué hacen los niños cuando se quedan solos? Toman cáscaras y cenizas, y construyen algo, después lo derriban y construyen otra cosa, y así nunca les falta el medio para pasar el tiempo. ¿Deberé, entonces, si te alejas, sentarme y llorar, porque me he quedado solo y solitario? ¿No tendré, entonces, conchas ni cenizas? Pero los niños hacen lo que hacen por falta de pensamiento, y nosotros por conocimiento somos infelices. Todo gran poder es peligroso para los principiantes. Debes, entonces, soportar las cosas que puedas conforme a la naturaleza, pero no para los débiles. Practica una manera de vivir como un hombre sin salud para vivir como una persona saludable. Absteneos de comer, bebed agua, absteneos a veces por completo de desear para que alguna vez podáis desear conforme a la razón. Y si deseas conforme a la razón, cuando tengáis algo bueno en vosotros, desearéis bien. «No es así, pero queremos vivir como sabios inmediatamente y ser útiles a los hombres». ¿Útil cómo?, ¿qué haces?, ¿has sido útil a ti mismo? Pero, supongo, deseáis exhortarlos. ¡Los exhortas! Deseas serles útil. Muéstrales con tu propio ejemplo la clase de hombres que hace la filosofía y no juegues con ella. Cuando comas, haz el bien a los que comen contigo; cuando bebas, a los que beben contigo; consintiendo con todos, cediendo, soportando, hazles así el bien, y no escupas sobre ellos tu flema.

---

141 El Cocito y el Piriflegetonte son también, como el Aqueronte, ríos de Hades.

142 Adaptación de palabras de Tales de Mileto.

14

Algunas cuestiones diversas

Como los malos actores trágicos no pueden cantar solos, sino en compañía de muchos, así algunas personas no pueden andar solas. Hombre, si eres algo, camina solo y habla contigo mismo, y no te escondas en el coro. Examina un poco al fin, mira a tu alrededor, revuélvete para que sepas quién eres.

Cuando un hombre bebe agua o hace cualquier cosa por el bien de la práctica, siempre que hay una oportunidad lo dice a todos: «Bebo agua». ¿Es por esto por lo que bebes agua, por el propósito de beber agua? Hombre, si es bueno para ti beber, bebe; pero si no, estás actuando ridículamente. Pero si es bueno para ti y bebes, no digas nada al respecto a los que se disgustan con los bebedores de agua. Entonces, ¿quieres complacer a esos mismos hombres? De las cosas que se hacen, algunas se hacen con un propósito final, otras según la ocasión, otras con cierta referencia a las circunstancias, otras con el propósito de complacer a otros, y otras según un esquema fijo de vida.

Debes desarraigar de los hombres estas dos cosas, la arrogancia y la desconfianza. La arrogancia, pues, es la opinión de que no quieres nada; pero la desconfianza es la opinión de que no puedes ser feliz cuando te rodean tantas circunstancias. La arrogancia se quita con la confutación; y Sócrates fue el primero que la practicó. Y, para que la cosa no sea imposible, indaga y busca. Esta búsqueda no te hará ningún daño; y en cierto modo esto es filosofar, buscar cómo es posible emplear el deseo y la aversión sin impedimentos.

«Soy superior a ti, pues mi padre es un hombre de rango consular». Otro dice: «Yo he sido tribuno, pero tú no». Si fuéramos caballos, ¿dirías: «Mi padre era más veloz», «yo tengo mucha cebada y forraje, o elegantes adornos en el cuello»? Si, entonces, mientras decías esto, yo dijera: «Que así sea: corramos entonces», ¿qué pasaría?

Pues bien, ¿acaso no hay nada en un hombre como correr en un caballo, por lo que se sabrá cuál es superior e inferior? ¿No hay modestia, fidelidad, justicia? Muéstrate superior en esto, para que seas superior como hombre. Si me dices que puedes dar una patada violenta, también te diré que estás orgulloso de lo que es un acto de un asno.

15

Que debemos proceder con circunspección a todo

En cada acto considera lo que precede y lo que le sigue, y después procede al acto. Si no consideras, al principio comenzarás con ánimo, ya que no has pensado en absoluto en las cosas que siguen, pero después, cuando se hayan manifestado algunas consecuencias, desistirás vilmente. «Deseo vencer en los juegos olímpicos». «Y yo también, por los dioses, porque es una cosa bonita». Pero considera aquí lo que precede y lo que sigue; y después, si es para tu bien, emprende la cosa. Debes actuar de acuerdo con las reglas, seguir una dieta estricta, abstenerte de los manjares, ejercitarte por obligación a horas fijas, con calor, con frío; no beber agua fría, ni vino, cuando haya oportunidad de beberlo. En pocas palabras, debes entregarte al entrenador como lo haces con un médico. A continuación, en el concurso, debes cubrirte de arena, a veces dislocarte una mano, torcerte un tobillo, tragar una cantidad de polvo, ser azotado con el látigo y, después de sufrir todo esto, a veces, debes ser vencido. Después de contar con todas estas cosas, si todavía tienes una inclinación, ve a la práctica atlética. Si no las consideras, observa que te comportas como los niños que en un momento dado juegan como luchadores, después como gladiadores, tocan una trompeta, representan una tragedia cuando han visto y admirado tales cosas. Así hacéis también vosotros: a un tiempo sois luchadores, después gladiadores, filósofos, retóricos, pero con toda vuestra alma no sois nada.

Como el mono, imitáis todo lo que veis; y siempre os agrada una cosa tras otra, pero os desagrada lo que se hace familiar. Porque nunca has emprendido nada después de considerarlo, ni después de haber explorado todo el asunto y haberlo sometido a un examen estricto, sino que lo has emprendido a riesgo y con un frío deseo. Así, algunas personas que han visto a un filósofo y han oído hablar a uno como Éufrates[143] (pero ¿quién puede hablar como él?) quieren también hablar como los propios filósofos. Hombre, considera primero cuál es el asunto, y después también tu propia naturaleza, lo que es capaz de soportar. Si eres un luchador, mira tus hombros, tus muslos, tus lomos, pues diferentes hombres están naturalmente formados para diferentes cosas. ¿Crees que, si lo haces, puedes ser un filósofo? ¿Crees que puedes comer como lo haces ahora, beber como lo haces ahora, y de la misma manera estar enojado y sin humor? Debes vigilar, trabajar, conquistar ciertos deseos, debes apartarte de tus parientes, ser despreciado por tu esclavo, reírte de los que te conocen; en todo debes estar en una condición inferior, en cuanto a los cargos magistrales, en los honores, en los tribunales de justicia. Cuando hayas considerado todas estas cosas por completo, entonces, si lo crees oportuno, acércate a la filosofía si quieres ganar a cambio de estas cosas impavidez, libertad, tranquilidad. Si no has considerado estas cosas, no te acerques a la filosofía, no actúes como los niños; en un momento, un filósofo; después, un recaudador de impuestos; un retórico; un procurador del César. Estas cosas no son consistentes. Debes ser un hombre bueno o malo, debes trabajar en tu propia facultad gobernante o en las cosas externas; debes trabajar en las cosas internas o en las externas. Es decir, debes ocupar el lugar de un filósofo o el de uno del vulgo.

Una persona le dijo a Rufo cuando Galba fue asesinado: «¿Está el mundo ahora gobernado por la providencia?». Rufo contestó: «¿Acaso alguna vez formé incidentalmente un argumento de Galba de que el mundo es gobernado por la providencia?».

---

143 Éufrates, importante filósofo de la escuela estoica.

16

Que debemos entrar con precaución en las relaciones familiares con las personas

Si una persona se relaciona frecuentemente con otras, ya sea para conversar o para beber juntos o en general para fines sociales, debe o bien parecerse a ellas, o bien cambiarlas a su manera. Porque si una persona coloca un trozo de carbón apagado cerca de otro que está ardiendo, o bien el carbón apagado apagará al otro, o bien el carbón encendido encenderá al que está apagado. Puesto que, entonces, el peligro es tan grande, debemos entrar con cautela en tales intimidades con los del tipo común, y recordar que es imposible que un hombre pueda estar en compañía de uno que está cubierto de hollín sin ser él mismo partícipe del hollín. Pues, ¿qué harás si un hombre habla de gladiadores, de caballos, de atletas o, lo que es peor, de hombres: «Tal persona es mala; otra persona es buena; esto estuvo bien hecho; esto estuvo mal hecho», más aún, si se burla, o ridiculiza, o muestra una disposición de mal carácter? ¿Hay algún hombre entre nosotros preparado como un laudista cuando toma un laúd, de modo que, apenas ha tocado las cuerdas, descubre cuáles son discordantes y afina el instrumento? ¿Un poder como el que tenía Sócrates, que en todas sus relaciones sociales podía conducir a sus compañeros a su propio propósito? ¿Cómo deberías tener este poder? Por lo tanto, es una consecuencia necesaria que seas llevado por el tipo común de gente.

¿Por qué, entonces, son más poderosos que tú? Porque ellos pronuncian esas palabras inútiles a partir de sus verdaderas opiniones, pero vosotros no pronunciáis vuestras elegantes palabras más que a partir de vuestros labios; por esta razón, ellos están sin fuerza y muertos, y es nauseabundo escuchar vuestras exhortaciones y vuestra miserable virtud de la que se habla en todas partes. De este modo, el vulgo tiene ventaja sobre vosotros, porque toda opinión es fuerte e invencible. Hasta que los buenos sentimientos se fijen en vosotros y hayáis adquirido cierto poder para vuestra seguridad, os aconsejo que tengáis cuidado en vuestra asociación, porque, como la cera al sol, se derretirá lo que inscribáis en vuestras mentes en la escuela. Retiraos, pues, lejos del sol mientras tengáis estos sentimientos encerados. Por esta razón, también los filósofos aconsejan a los hombres que abandonen su país natal, porque los antiguos hábitos los distraen y no permiten que se inicie un hábito diferente; tampoco podemos tolerar a los que se encuentran con nosotros y dicen: «Ved que tal es ahora un filósofo, que fue una vez tal y cual». Así también los médicos envían a los que tienen enfermedades persistentes a otro país y a otro aire, y hacen bien. Introducid también vosotros otros hábitos que los que tenéis, fijad vuestras opiniones y ejercitaos en ellas. Pero vosotros no lo hacéis así: vais de allí a un espectáculo, a los gladiadores, a un lugar de ejercicio, a un circo; después volvéis aquí y, de nuevo, de este lugar vais a esos lugares y todavía sois las mismas personas. Y no hay hábito agradable, ni atención, ni cuidado de sí mismo y de la observación de este tipo: «¿Cómo utilizaré las apariencias que se me presentan?, ¿según la naturaleza o en contra de la naturaleza?, ¿cómo respondo a ellas? ¿de la forma que debo o como no debo? ¿Digo a las cosas que son independientes de la voluntad que no me conciernen?». Pues, si todavía no estás en este estado, huye de tus hábitos anteriores; huye de la clase común si pretendes empezar a ser algo.

17

Sobre la providencia

Cuando hagas alguna acusación contra la providencia, considera y aprenderás que la cosa ha sucedido de acuerdo con la razón. «Sí, pero el hombre injusto tiene ventaja». ¿En qué? «En el dinero». Sí, porque es superior a ti en esto, en que adula, no tiene vergüenza y es vigilante. ¿Cuál es la maravilla? Pero fíjate si tiene ventaja sobre ti en ser fiel, en ser modesto, pues no encontrarás que sea así, pero en lo que tú eres superior, allí encontrarás que tienes la ventaja. Y una vez le dije a un hombre que se enfadaba porque Filostorgo[144] era afortunado: «¿Elegirías acostarte con Sura[145]?». «Que nunca —respondió— llegue ese día». «¿Por qué, pues, te irritas si recibe algo a cambio de lo que vende?; ¿o cómo puedes considerar feliz a quien adquiere esas cosas por medios que tú abominas?; ¿o qué mal hace la providencia si da las cosas mejores a los hombres mejores? ¿No es mejor ser modesto que ser rico?». El admitió esto. ¿Por qué te afliges, entonces, hombre, cuando posees lo mejor? Recuerda, pues, siempre, y ten a mano la verdad de que esta es una ley de la naturaleza, que el superior tiene ventaja sobre el inferior en aquello en lo que es superior, y nunca os enojaréis. «Pero mi mujer me trata mal». Pues bien, si algún hombre te pregunta qué es esto, dile: «Mi mujer me trata mal». «¿No hay, entonces, nada más?». Nada. «Mi padre no me da nada». Pero decir que esto es un mal es algo que hay que añadir externa y falsamente. Por eso no hay que librarse de la pobreza, sino de la opinión sobre la pobreza y, entonces, seremos felices.

18

Que no debemos ser perturbados por ninguna noticia

Cuando te informen de algo que pueda perturbarte, ten preparado este principio, que la noticia no se refiere a nada que esté dentro del poder de tu voluntad. ¿Puede alguien informarte de que te has formado una mala opinión o has tenido un mal deseo? De ninguna manera. Pero tal vez te informe de que alguna persona ha muerto. ¿Qué es eso para ti? Puede informar que alguna persona habla mal de ti.

144 No se conoce referencia.
145 Posiblemente se trate de Palfurius Sura.

¿Qué es eso para ti? O que tu padre está planeando algo. ¿Contra quién? ¿Contra tu voluntad? ¿Cómo puede hacerlo? ¿Pero es contra tu pobre cuerpo, contra tu pequeña propiedad? Estás a salvo: no es contra ti. Pero el juez declara que has cometido un acto de impiedad. ¿Y no hicieron los jueces la misma declaración contra Sócrates? ¿Le preocupa que el juez haya hecho esta declaración? No. ¿Por qué, entonces, te preocupas más por ello? Tu padre tiene un cierto deber y, si no lo cumple, pierde el carácter de padre, de hombre de afecto natural, de dulzura. No desees que pierda nada más por este motivo. Porque nunca un hombre hace mal en una cosa y sufre en otra. Por otro lado, es tu deber hacer la defensa con firmeza, con modestia, sin ira, porque, si no lo haces, pierdes también el carácter de hijo, de hombre de comportamiento modesto, de generoso carácter. Entonces, ¿está el juez libre de peligro? No, pero él también corre el mismo peligro. ¿Por qué, entonces, sigues temiendo su decisión? ¿Qué tienes que hacer con lo que es el mal de otro hombre? Es tu propio mal hacer una mala defensa; ponte en guardia solo contra esto. Pero ser condenado o no ser condenado, como eso es el acto de otra persona, es el mal de otra persona. «Cierta persona te amenaza». ¿A mí? No. «Te culpa a ti». Que vea cómo maneja sus propios asuntos. «Va a condenarte injustamente». Es un hombre miserable.

19

Cuál es la condición de un tipo común de persona y cuál es la de un filósofo

La primera diferencia entre una persona común y un filósofo es esta: la persona común dice: «Ay de mí por mi hijo pequeño, por mi hermano, por mi padre». El filósofo, si alguna vez se ve obligado a decir «¡ay de mí!», se detiene y dice «pero por mí mismo». Porque nada que sea independiente de la voluntad puede obstaculizar o dañar a la voluntad, y la voluntad solo puede obstaculizarse o dañarse a sí misma. Si, pues, nosotros mismos nos inclinamos en esta dirección de modo que, cuando tengamos mala suerte, nos culpemos a nosotros mismos y recordemos que la causa de la perturbación o de la pérdida de la tranquilidad es nada más que nuestra propia opinión, os juro por todos los dioses que hemos progresado. Pero en el estado actual de las cosas hemos ido por otro camino desde el principio. Por ejemplo, cuando aún éramos niños, la cuidadora, si alguna vez tropezábamos por falta de cuidado, no nos reprendía, sino que golpeaba la piedra. ¿Pero qué hacía la piedra? ¿Debería la piedra haberse movido a causa de la locura del niño? Además, si no encontramos nada que comer al salir del baño, el pedagogo nunca comprueba nuestro apetito, sino que azota a la cocinera. Hombre, ¿te hemos hecho pedagogo de la cocinera y no del niño? Corrige al niño, mejóralo. De este modo, incluso cuando somos adultos, actuamos como niños. Porque el que no es músico es un niño en la música; el que no tiene letras, es un niño en el aprendizaje; el que no es educado, es un niño en la vida.

20

Que podemos sacar provecho de todas las cosas externas

En el caso de las apariencias, que son objetos de la visión, casi todos han permitido que el bien y el mal estén en nosotros mismos, y no en lo externo. Nadie da el nombre de bueno al hecho de que sea de día, ni de malo al hecho de que sea de noche, ni el nombre del mayor mal a la opinión de que tres son cuatro. Pero ¿qué dicen los hombres? Dicen que el conocimiento es bueno y que el error es malo; de modo que incluso respecto a la propia falsedad hay un resultado bueno, el conocimiento de que es falsa. Así debería ser también en la vida. «¿Es la salud un bien y la enfermedad un mal?». No, hombre. «Pero ¿qué son?». Estar sano, y sano de una manera correcta, es bueno; estar sano de una manera mala es malo; de modo que es posible obtener ventaja incluso de la enfermedad, declaro. Pues, ¿no es posible obtener ventajas incluso de la muerte?, ¿y no es posible obtener ventajas de la mutilación? ¿Piensas que Meneceo[146] ganó poco con la muerte? «¿Podría un hombre que dice eso ganar tanto como ganó Meneceo?». Vamos, hombre, ¿no mantuvo el carácter de ser un amante de su país, un hombre de gran mente, fiel, generoso? Y si hubiera seguido viviendo, ¿no habría perdido todo eso?, ¿no habría ganado lo contrario?, ¿no habría ganado el nombre de cobarde, innoble, odiador de su país, hombre que temía a la muerte? Bueno, ¿crees que ganó poco al morir? «Supongo que no». Pero ¿ganó mucho el padre de Admeto al prolongar su vida de forma tan innoble y miserable? ¿No murió después? Dejad, os conjuro por los dioses, de admirar las cosas. Dejad de haceros esclavos, primero de las cosas, y después, a causa de las cosas, esclavos de quienes pueden darlas o quitarlas.

«¿Puede, entonces, derivar alguna ventaja de estas cosas?». De todo, y de quien abusa de ti. ¿En qué beneficia al atleta el hombre que se ejercita antes del combate? En gran medida. Este hombre se convierte en mi ejercitador antes del combate: me ejercita en la resistencia, en el mantenimiento del temple, en la suavidad. Vosotros decís que no, pero el que me agarra el cuello y me disciplina los lomos y los hombros, me hace bien; y el maestro de ejercicios hace bien cuando dice: «Levantadlo con las dos manos y, cuanto más pesado sea, mayor será mi ventaja». Pero si un hombre me ejercita en mantener mi temperamento, ¿no hace bien? Esto es no saber sacar ventaja de los hombres. «¿Es malo mi vecino?». Malo para él, pero bueno para mí: ejerce mi buena disposición, mi moderación. «¿Es malo mi padre?». Malo para él, pero bueno para mí. Esta es la vara

146 Meneceo, personaje de la leyenda tebana que se sacrificó por su patria.

de Hermes[147]: «Toca con ella lo que quieras —como dice el refrán— y será de oro». Yo no digo eso, pero trae lo que quieras, y yo lo haré bueno. Traed la enfermedad, traed la muerte, traed la pobreza, traed el abuso, traed el juicio por cargos capitales: todas estas cosas a través de la vara de Hermes se harán provechosas. «¿Qué harás con la muerte?». ¿Qué otra cosa puede hacer que no sea honrarte, o que te muestre por medio de ella lo que es un hombre que sigue la voluntad de la naturaleza? «¿Qué harás con la enfermedad?». Mostraré su naturaleza, seré conspicuo en ella, seré firme, seré feliz, no adularé al médico, no desearé morir. ¿Qué más buscas? Cualquier cosa que me des, la haré feliz, afortunada, honrada, una cosa que un hombre debe buscar.

Dices: «No, pero ten cuidado de no enfermar: es algo malo». Esto es lo mismo que si dijeras: «Cuídate de no recibir nunca la impresión de que tres son cuatro: eso es malo». Hombre, ¿en qué sentido es malo? Si pienso en ello como debo, ¿cómo me va a perjudicar? ¿Y ni siquiera me va a hacer bien? Si, entonces, pienso en la pobreza como debo hacerlo, en la enfermedad, en no tener oficio, ¿no me basta con eso?, ¿no será una ventaja? ¿Cómo, pues, he de mirar ya para buscar el mal y el bien en lo externo? Lo que sucede es que estas doctrinas se mantienen aquí, pero nadie las lleva a su casa, sino que inmediatamente cada uno está en guerra con su esclavo, con sus vecinos, con los que se han burlado de él, con los que lo han ridiculizado.

Buena suerte a Lesbio[148], que a diario demuestra que no sé nada.

147 La vara de Hermes es el caduceo que Apolo le regaló a Hermes, quien, a su vez, le obsequió la flauta de Pan.

148 Podría tratarse de un esclavo.

21

Contra los que se prestan a la profesión de sofistas

Aquellos que han asimilado teoremas desnudos desean inmediatamente vomitarlos como hacen las personas cuyo estómago está enfermo con la comida. Primero, digiere la cosa; después, no la vomites así; si no la digieres, la cosa se convierte en un verdadero emético, en un alimento burdo y no apto para comer. Pero después de la digestión muéstranos alguna oportunidad en tu facultad gobernante, como los atletas muestran en sus hombros lo que han sido ejercitados y lo que han comido, como aquellos que han tomado ciertas artes muestran por lo que han aprendido. El carpintero no viene y dice: «Oídme hablar del arte de la carpintería», sino que, habiendo emprendido la construcción de una casa, la hace, y demuestra que conoce el arte. Tú también debes hacer algo por el estilo: comer como un hombre, beber como un hombre, vestirte, casarte, engendrar hijos, cumplir con el oficio de ciudadano, soportar el abuso, soportar al hermano irrazonable, soportar a tu padre, soportar a tu hijo, al prójimo, la compasión. Muéstranos estas cosas para que veamos que en verdad has aprendido algo de los filósofos. Dices: «No, pero ven a oírme leer comentarios». Vete, y busca a alguien para vomitarlos. «Y, en efecto, os expondré los escritos de Crisipo como ningún otro hombre puede hacerlo. Explicaré su texto con la mayor claridad. Añadiré también, si puedo, la vehemencia de Antípatro y Arquedemo».

¿Es, pues, por esto que los jóvenes han de dejar su país y a sus padres, para venir a este lugar, y oírte explicar las palabras? ¿No deberían volver con una capacidad de aguante, de ser activos en la asociación con los demás, libres de pasiones, libres de perturbaciones, con una provisión tal para el viaje de la vida con la que puedan soportar bien las cosas que suceden y obtener honor de ellas? ¿Y cómo puedes darles alguna de estas cosas que no posees? ¿Has hecho desde el principio otra cosa que emplearte en la resolución de silogismos, de argumentos sofísticos y en los que funcionan por medio de preguntas? «Pero tal hombre tiene una escuela; ¿por qué no he de tener yo también una escuela?». Estas cosas no se hacen, hombre, de una manera descuidada, ni tal como puede suceder, sino que debe haber una edad y una vida (adecuadas) y Dios como guía. Tú dices: «No». Pero ningún hombre zarpa de un puerto sin haber sacrificado a los dioses e invocado su ayuda, ni los hombres siembran sin haber invocado a Deméter; y el hombre que ha emprendido una obra tan grande, ¿la emprenderá con seguridad sin los dioses? Y los que emprenden esta obra, ¿llegarán a ella con éxito? ¿Qué más haces, hombre, que divulgar los misterios? Dices: «Hay un templo en Eleusis, y uno aquí también. Hay un hierofante en Eleusis, y yo también haré un hierofante; hay un heraldo, y yo estableceré un heraldo; hay un portador de antorchas en Eleusis, y yo también estableceré un portador de antorchas; hay antorchas en Eleusis, y yo tendré antorchas aquí. Las palabras son las mismas: ¿en qué se diferencian las cosas que se hacen aquí de las que se hacen allí?». Hombre impío, ¿no hay diferencia? Estas cosas se hacen en el lugar y en el tiempo oportunos, y cuando se acompañan con sacrificios y oraciones, cuando el hombre se purifica por primera vez y cuando está dispuesto en su mente a pensar que va a acercarse a los ritos sagrados y a los ritos antiguos. De esta manera, los misterios son útiles; de esta manera, llegamos a la noción de que todas estas cosas fueron establecidas por los antiguos para la instrucción y la corrección de la vida. Pero vosotros los publicáis y divulgáis fuera de tiempo, fuera de lugar, sin sacrificios, sin pureza; no tenéis las vestimentas que debe tener el hierofante, ni el pelo, ni el tocado, ni la voz, ni la edad; ni os habéis purificado como él, sino que habéis aprendido de memoria solamente las palabras y decís: «Sagradas son las palabras por sí mismas».

Deberías abordar estos asuntos de otra manera; la cosa es grande, es mística, no es algo común ni se le da a todo hombre. Pero ni siquiera la sabiduría es tal vez suficiente para que un hombre pueda cuidar a los jóvenes: un hombre debe tener también una cierta disposición y aptitud para este fin, y una cierta calidad de cuerpo, y sobre todo debe tener a Dios que le aconseje ocupar este oficio, como Dios aconsejó a Sócrates que ocupara el lugar de quien confuta el error; a Diógenes, el oficio de la realeza y la reprobación, y el oficio de enseñar preceptos. Pero tú abres una tienda de médicos, aunque no tienes nada más que física, pero dónde y cómo deben aplicarse, no sabes ni te has preocupado de ello. «Mira —dice ese hombre—, yo también tengo bálsamos para los ojos». ¿Tienes tú también el poder de usarlos? ¿Sabes cuándo y cómo harán el bien, y a quién le harán el bien? ¿Por qué, entonces, actúas a riesgo en cosas de la mayor importancia? ¿Por qué eres descuidado? ¿Por qué emprendes una cosa que no es en absoluto adecuada para ti?

Déjalo en manos de los que pueden hacerlo, y hacerlo bien. No traigas tú mismo la desgracia a la filosofía con tus propios actos, y no seas de los que la cargan de mala reputación. Pero si los teoremas te agradan, quédate quieto y dales vueltas por ti mismo; pero nunca digas que eres un filósofo, ni permitas que otro lo diga; sino di: «Se equivoca, pues ni mis deseos son diferentes de lo que eran antes, ni mi actividad se dirige a otros objetos, ni asiento a otras cosas, ni en el uso de las apariencias me he alterado en absoluto de mi condición anterior». Esto debes pensar y decir de ti mismo, si quieres pensar como debes: si no, actúa a riesgo y haz lo que estás haciendo, pues te conviene.

22

Sobre el cinismo[149]

Cuando uno de sus alumnos preguntó a Epicteto, y era una persona que parecía inclinada al cinismo, qué clase de persona debía ser un cínico y cuál era la noción de la cosa, pensémoslo, dijo Epicteto, en el momento oportuno: pero tengo tanto que decirte que, quien sin Dios intenta un asunto tan grande, es odioso para Dios, y no tiene otro propósito que actuar indecentemente en público. Porque en cualquier

149 En este capítulo, se leerá una loa a los cínicos.

casa bien administrada ningún hombre se presenta y se dice a sí mismo: «Yo debería ser el administrador de la casa». Si lo hace, el amo se da la vuelta y, al verlo insolente dando órdenes, lo arrastra y lo azota. Así sucede también en esta gran ciudad, pues aquí también hay un amo de la casa que lo ordena todo. «Tú eres el sol; puedes, dando vueltas, hacer el año y las estaciones, y hacer crecer los frutos y alimentarlos, y agitar los vientos y hacerlos remitir, y calentar bien los cuerpos de los hombres: ve, da vueltas, y administra así las cosas desde las más grandes hasta las más pequeñas». «Eres un ternero: cuando aparezca un león, haz lo que te corresponde: si no lo haces, sufrirás». «Eres un toro: avanza y lucha, pues este es tu negocio, y te conviene, y puedes hacerlo». «Puedes dirigir el ejército contra Troya; sé Agamenón». «Puedes luchar en combate singular contra Héctor: sé Aquiles. Pero si Tersites se presentara y reclamara el mando, no lo habría obtenido o, si lo obtuviera, se habría deshonrado ante muchos testigos».

Piensa tú también en el asunto con detenimiento: no es lo que te parece. «Llevo un manto ahora y lo llevaré entonces. Duermo mucho ahora y dormiré mucho entonces. Tomaré además una pequeña bolsa ahora y un bastón, y andaré por ahí y empezaré a mendigar y a maltratar a los que encuentre; y si veo a alguno arrancarse el pelo del cuerpo, lo reprenderé o si se ha vestido el pelo o si anda de púrpura». Si te imaginas que la cosa es así, aléjate de ella: no te acerques, no es en absoluto para ti. Pero si te imaginas que es lo que es y no te consideras inadecuado para ello, considera qué gran cosa emprendes.

Primero, en las cosas que se refieren a ti mismo, no debes hacer en ningún aspecto como lo que haces ahora, no debes culpar a Dios o al hombre: debes quitar el deseo por completo, debes transferir la evasión solo a las cosas que están dentro del poder de la voluntad; no debes sentir ira ni resentimiento ni envidia ni piedad; una chica no debe parecerte hermosa, ni debes amar una pequeña reputación, ni complacerte con un niño o un pastel[150]. Pues has de saber que

150 Los cínicos debían mantener una alimentación sencilla en extremo.

los demás hombres echan muros a su alrededor y casas y oscuridad cuando hacen tales cosas, y tienen muchos medios para disimular. Un hombre cierra la puerta, pone a alguien delante de la cámara: si viene una persona, dice que está fuera, que no está en el ocio. Pero el cínico, en lugar de todas estas cosas, debe usar la modestia como su protección: si no lo hace, será indecente en su desnudez y bajo el cielo abierto. Esta es su casa, su puerta; esta es la esclava ante su alcoba; esta es su oscuridad. Porque no debe desear ocultar nada de lo que hace y, si lo hace, se ha ido, ha perdido el carácter de cínico, de hombre que vive bajo el cielo abierto, de hombre libre; ha empezado a temer alguna cosa externa, ha empezado a tener necesidad de ocultarse y ni puede conseguir ocultarse cuando quiera. Porque, ¿dónde se esconderá y cómo? Y si por casualidad este instructor público es detectado, este pedagogo, ¿qué clase de cosas se verá obligado a sufrir? Cuando un hombre teme estas cosas, ¿es posible que se atreva con toda su alma a supervisar a los hombres? No puede ser, es imposible.

En primer lugar, pues, debes hacer pura tu facultad rectora y también este modo de vida. «Ahora bien, para mí la materia a trabajar es mi entendimiento, como la madera lo es para el carpintero, como los cueros para el zapatero, y mi asunto es el uso correcto de las apariencias. Pero el cuerpo no es nada para mí: sus partes no son nada para mí. ¿Y la muerte? Que venga cuando quiera, ya sea la muerte del todo o de una parte de ese todo. Vuela, dices. ¿Y hacia dónde? ¿Puede alguien expulsarme del mundo? No puede. Pero dondequiera que vaya, allí está el sol, allí está la luna, allí están las estrellas, los sueños, los presagios y la conversación con los dioses».

Entonces, si está así preparado, el verdadero cínico no puede contentarse con esto, sino que debe saber que es enviado como mensajero de Zeus a los hombres sobre las cosas buenas y malas, para mostrarles que se han equivocado y buscan la sustancia del bien y del mal donde no está, pero donde está, nunca piensan; y que es un espía, como Diógenes que fue llevado a Filipo después de la batalla de Queronea como espía. Porque, en efecto, un cínico es un espía de las cosas que son buenas para los hombres y de las que son malas, y su deber es examinar cuidadosamente y venir a informar con verdad, y no dejarse impresionar por el terror para señalar como enemigos a quienes no lo son, ni de ninguna otra manera dejarse perturbar por las apariencias, ni confundir.

Es su deber, pues, ser capaz de decir a viva voz si se presenta la ocasión, y aparecer en el escenario trágico como Sócrates: «Hombres, ¿hacia dónde os apresuráis?, ¿qué hacéis, desgraciados? Como ciegos vais de un lado a otro; vais por otro camino, y habéis dejado el verdadero: buscáis la prosperidad y la felicidad donde no están, y si otro os muestra dónde están, no le creéis». ¿Por qué la buscas fuera? ¿En el cuerpo? No está ahí. Si dudas, observa a Mirón, mira a Ofelio[151]. ¿En las posesiones? No está ahí. Pero si no me crees, mira a Creso, mira a los que ahora son ricos, con qué lamentaciones se llena su vida. ¿En el poder? No está ahí. Si lo hay, deben ser felices los que han sido dos y tres veces cónsules, pero no lo son. ¿A quién debemos creer en estos asuntos? ¿A ti, que desde fuera ves sus asuntos y te deslumbras por una apariencia, o a los propios hombres? ¿Qué dicen ellos? Oídlos cuando gimen, cuando se afligen, cuando a causa de estos mismos cónsules y de la gloria y el esplendor piensan que son más desgraciados y corren más peligro. ¿Está en el poder real? No lo es; si lo fuera, Nerón habría sido feliz, y Sardanápalo[152]. Pero tampoco Agamenón fue feliz, aunque fue mejor hombre que Sardanápalo y que Nerón, porque mientras los demás roncan, ¿qué hace él?

«Mucho de su cabeza arrancó su pelo arraigado». ¿Y qué dice él mismo? «Estoy perplejo —dice—, y perturbado estoy, y mi corazón de mi pecho está saltando».

---

151 Es posible que fueran dos atletas conocidos de ese tiempo.

152 Sardanápalo: con este nombre, los griegos conocían al rey asirio Assurbanipal.

Desgraciado, ¿cuál de tus asuntos va mal? ¿Tus posesiones? No. ¿Tu cuerpo? No. Pero eres rico en oro y cobre. ¿Qué es, entonces, lo que te pasa? Esa parte de ti, cualquiera que sea, ha sido descuidada por ti y está corrompida, la parte con la que deseamos, con la que evitamos, con la que nos movemos hacia y desde las cosas. ¿Cómo se ha descuidado? No conoce la naturaleza del bien para la que está hecho por naturaleza y la naturaleza del mal; y lo que es suyo, y lo que es de otro; y cuando algo que es de otros va mal, dice: «Ay de mí, porque los helenos están en danza». Desgraciada es su facultad de gobernar, y solo descuidada y desatendida. «Los helenos van a morir destruidos por los troyanos». Y si los troyanos no los matan, ¿no morirán? «Sí, pero no todos a la vez». ¿Qué diferencia, entonces, hay? Porque si la muerte es un mal, ya sea que los hombres mueran en conjunto o si mueren por separado, es igualmente un mal. ¿Acaso va a ocurrir algo más que la separación del alma y del cuerpo? Nada. Y si los helenos perecen, ¿está la puerta cerrada[153], y no está en su poder morir? «Lo está». ¿Por qué, entonces, te lamentas? Oh, ¡tú que eres un rey y tienes el cetro de Zeus! Un rey infeliz no existe más que un dios infeliz. ¿Qué eres entonces? En verdad, un pastor, pues lloras como los pastores cuando un lobo se ha llevado a una de sus ovejas, y estas que son gobernadas por ti son ovejas. ¿Y por qué has venido aquí? ¿Acaso tu deseo era un peligro? ¿Acaso tu aversión? ¿Acaso tu movimiento? ¿Acaso tu evasión de las cosas? Responde: «No, pero la mujer de mi hermano fue raptada». ¿No fue, entonces, una gran ganancia ser privado de una esposa adúltera? «¿Seremos despreciados, entonces, por los troyanos?». ¿Qué clase de gente son los troyanos, sabios o tontos? Si son sabios, ¿por qué luchar contra ellos? Si son tontos, ¿por qué te preocupas por ellos? ¿En qué consiste, pues, el bien si no está en estas cosas? Dinos, tú que eres señor, mensajero y espía. Donde no pensáis que lo sea, ni elegís buscarlo: porque si eligierais buscarlo, lo encontraríais en vosotros mismos;

153 Metáfora de la muerte o del suicidio como una puerta abierta.

ni os desviaríais del camino, ni buscaríais lo que es de otros como si fuera vuestro. Volved vuestros pensamientos hacia vosotros mismos: observad las ideas preconcebidas que tenéis. ¿Qué clase de cosa os imagináis que es el bien? «Lo que fluye fácilmente, lo que es feliz, lo que no es impedido». Ven, ¿y no te imaginas naturalmente que es grande, no te imaginas que es valioso?, ¿no te imaginas que está libre de daño? ¿En qué material debes buscar, entonces, lo que fluye fácilmente, lo que no es impedido, en lo que sirve o en lo que es libre? «En lo que es libre». ¿Posees el cuerpo, entonces, libre o está en condición servil? «No lo sabemos». ¿No sabéis que es esclavo de la fiebre, de la gota, de la oftalmía, de la disentería, de un tirano, del fuego, del hierro, de todo lo que es más fuerte? «Sí, es un esclavo». ¿Cómo es posible, entonces, que algo que pertenece al cuerpo pueda estar libre de impedimentos? Y, ¿cómo es grande o valiosa una cosa que naturalmente está muerta o es tierra o es barro? Entonces, ¿no posees nada que sea libre? «Tal vez, nada». ¿Y quién es capaz de obligarte a asentir a lo que parece falso? «Nadie». ¿Y quién puede obligaros a no asentir a lo que parece verdadero? «Nadie». Por lo tanto, ves que hay algo en ti que es naturalmente libre. Pero desear o tener aversión a algo, o moverse hacia un objeto o alejarse de él, o prepararse, o proponerse hacer algo, ¿quién de vosotros puede hacerlo, a menos que haya recibido una impresión de la apariencia de lo que es provechoso o un deber? «Ningún hombre». Tenéis, pues, en estas correas también algo que no está obstaculizado y es libre. Desgraciados, trabajad en esto, ocupaos de esto, buscad el bien aquí.

«¿Y cómo es posible que un hombre que no tiene nada, que está desnudo, sin casa, sin hogar, escuálido, sin esclavo, sin ciudad, pueda pasar una vida que fluya fácilmente?». Mira, Dios te ha enviado un hombre para mostrarte que es posible. «Mírame a mí, que estoy sin ciudad, sin casa, sin posesiones, sin esclavo; duermo en el suelo; no tengo mujer, ni hijos; no tengo pretorio, sino solamente la tierra y el cielo, y un pobre manto. ¿Y qué es lo que quiero? ¿No estoy sin pena? ¿No estoy sin miedo? ¿No soy libre? ¿Cuándo me ha visto alguno de vosotros fracasar en el objeto de mi deseo o caer alguna vez en lo que quisiera evitar?, ¿acusé alguna vez a Dios o a los hombres?, ¿acusé alguna vez a algún hombre?, ¿alguno de vosotros me vio alguna vez con semblante afligido? ¿Y cómo me encuentro con aquellos a los que teméis y admiráis? ¿No los trato como esclavos? ¿Quién, cuando me ve, no piensa que esté viendo a su rey y amo?».

Este es el lenguaje de los cínicos, este su carácter, este su propósito. Tú dices: «No». Pero la característica es la cartera pequeña y el bastón, y las grandes mandíbulas: devorar todo lo que les das o almacenarlo o abusar intempestivamente de todos los que encuentran o exhibir su hombro como una cosa fina[154]. ¿Ves cómo vas a emprender un negocio tan grande? Primero toma un espejo: mira tus hombros, observa tus lomos, tus muslos. Vas, hombre mío, a inscribirte como combatiente en los Juegos Olímpicos, ninguna competición frígida y miserable. En los Juegos Olímpicos no se permite que un hombre sea vencido solamente y que se marche, sino que primero debe ser deshonrado a la vista de todo el mundo, no solo a la vista de los atenienses o de los lacedemonios o de los nicopolitanos; después debe ser azotado también si ha entrado en las contiendas precipitadamente; y antes de ser azotado, debe sufrir sed y calor, y tragar mucho polvo.

Reflexiona más detenidamente, conócete a ti mismo, consulta a la divinidad, sin que Dios intente nada; pues si te aconseja, ten por seguro que pretende que te hagas grande o que recibas muchos golpes. Ya que esta cualidad va unida a un cínico: debe ser azotado como un asno, y cuando esté azotado, debe amar a los que lo azotan como si fuera el padre de todos y el hermano de todos. Tú dices «no», pero si un hombre te azota, ponte en la plaza pública y clama: «César, ¿qué sufro en este estado de paz bajo tu protección? Llevemos al infractor ante el procónsul». Pero ¿qué es el César para un cínico, o qué es un procónsul, o qué es cualquier otro, excepto aquel que envió al cínico hasta aquí, y a quien sirve, es decir, Zeus? ¿Invoca a algún otro que

154 Descripción vulgar de los cínicos.

no sea Zeus? ¿No está convencido de que, sufra lo que sufra, es Zeus quien lo ejerce?

Hércules[155], cuando fue ejercitado por Euristeo, no pensó que fuese desdichado, sino que sin vacilar intentó ejecutar todo lo que tenía entre manos. Y el que está entrenado para la contienda y ejercitado por Zeus, ¿va a gritar y a enojarse cuando es digno de llevar el cetro de Diógenes? Oíd lo que dice Diógenes a los transeúntes cuando está con fiebre: «Miserables, ¿no os quedáis?, pero ¿vais a hacer un viaje tan largo a Olimpia para ver la destrucción o la lucha de los atletas y no vais a elegir ver el combate entre una fiebre y un hombre?». ¿Acusaría un hombre así a quien le hizo descender como si Dios le tratara indignamente, a un hombre que se gloriaba de sus circunstancias y pretendía ser un ejemplo para los que pasaban por allí? Pues, ¿de qué se le acusa?, ¿porque mantiene una conducta decente, porque muestra su virtud de forma más llamativa? ¿Y qué dice de la pobreza, de la muerte, del dolor? ¿Cómo comparó su propia felicidad con la del Gran Rey? Más bien pensó que no había comparación entre ellas. Porque donde hay perturbaciones y penas, y temores, y deseos no satisfechos, y aversiones de cosas que no se pueden evitar, y envidias y celos, ¿cómo hay allí un camino hacia la felicidad? Pero donde hay principios corruptos, allí deben estar necesariamente estas cosas.

El joven preguntó si cuando un cínico está enfermo y un amigo le dice que vaya a su casa y para que sea atendido en su enfermedad, ¿aceptará el cínico la invitación? ¿Y dónde encontrarás, pregunto, al amigo de un cínico? Porque el hombre que invita debe ser tal como el que es digno de ser considerado amigo del cínico. Debe ser un socio del cetro cínico y de su realeza, y un ministro digno si pretende ser considerado digno de la amistad de un cínico, como Diógenes fue

155 Hércules es el modelo del esfuerzo. Los cínicos y, más tarde, los estoicos lo toman como referencia. También Epicteto.

amigo de Antístenes, como Crates[156] fue amigo de Diógenes. ¿Crees que, si un hombre se acerca a un cínico y lo saluda, es amigo del cínico?, ¿y que el cínico lo considerará digno de recibir a un cínico en su casa? Así que, si te place, reflexiona también sobre esto: más bien busca a tu alrededor algún estercolero conveniente en el que debas soportar tu fiebre y que te proteja del viento del norte para que no te enfríes. Pero me parece que deseas ir a la casa de algún hombre y alimentarte bien allí durante un tiempo. ¿Por qué, entonces, piensas en intentar algo tan grande?

«Pero —dijo el joven—, ¿el matrimonio y la procreación de los hijos como deber principal serán asumidos por el cínico?». Si me concedes una comunidad de sabios —responde Epicteto—, tal vez ningún hombre se aplique fácilmente a la práctica cínica. Porque, ¿por qué debería llevar ese tipo de vida? Sin embargo, si suponemos que lo hace, nada le impedirá casarse y engendrar hijos, pues su esposa será otra como él, y su suegro otro como él, y sus hijos serán educados como él. Pero en el estado actual de las cosas, que es como el de un ejército colocado en orden de batalla, ¿no es conveniente que el cínico se emplee sin ninguna distracción solo en la administración de Dios, pudiendo ir de un lado a otro entre los hombres sin estar atado a los deberes comunes de la humanidad ni enredado en las relaciones ordinarias de la vida, que, si descuida, no mantendrá el carácter de hombre honorable y bueno? Y si las observa, perderá el carácter de mensajero y espía y heraldo de Dios. Además, considera que es su deber hacer algo con su suegro, algo con los otros parientes de su esposa, algo con su esposa también. También está excluido, por ser cínico, de cuidar de la enfermedad de su propia familia y de proveer a su manutención. Y, por no decir nada del resto, debe tener un recipiente para calentar agua para el niño y poder lavarlo en el baño; lana para su mujer cuando dé a luz, aceite, una cama, una

156 Crates de Tebas (365-285 a. C.), filósofo griego que fue convertido al cinismo por Diógenes.

taza: así se incrementa el mobiliario de la casa. No digo nada de sus otras ocupaciones y de su distracción. ¿Dónde está, pues, ahora ese rey, el que se dedica a los intereses públicos, el guardián del pueblo y tan lleno de cuidados, cuyo deber es cuidar de los demás, de los casados y de los que tienen hijos; ver quién usa bien a su mujer, quién la usa mal; quién riñe?; ¿qué familia está bien administrada, cuál no?; ¿ir de un lado a otro como lo hace un médico y palpar los pulsos? A uno le dice: «Tienes fiebre», a otro: «Tienes dolor de cabeza, o la gota»; a uno le dice: «Abstente de comer»; a otro le dice: «Come» o «No uses el baño»; a otro: «Necesitas el bisturí o el cauterio». ¿Cómo puede tener tiempo para esto quien está atado a los deberes de la vida común? ¿No es su deber suministrar ropa a sus hijos y enviarlos al maestro de escuela con tabletas de escritura y estilos? Además, ¿no debe proporcionarles camas? Porque no pueden ser auténticos cínicos nada más nacer. Si no lo hace, sería mejor exponer a los niños nada más nacer que matarlos de esta manera. Considera a qué estamos rebajando al cínico, cómo le estamos quitando su realeza. «Sí, pero Crates tomó una esposa[157]». Estáis hablando de una circunstancia surgida del amor y de una mujer que era otro Crates. Pero estamos indagando sobre los matrimonios ordinarios y libres de distracciones, y haciendo esta indagación no encontramos que el asunto del matrimonio en este estado del mundo sea una cosa especialmente adecuada para el cínico.

«¿Cómo, entonces, mantendrá el hombre la existencia de la sociedad?». En nombre de Dios, ¿son mayores benefactores de la sociedad los hombres que introducen a otros en el mundo para ocupar sus propios lugares, a dos o tres niños gruñones, o los que supervisan en la medida de sus posibilidades a toda la humanidad?, ¿y ven lo que hacen: cómo viven?, ¿qué atienden?, ¿qué descuidan en contra de su deber? ¿Acaso los que dejaron hijos pequeños a los tebanos les

157 La esposa, Hiparquia, se convirtió al cinismo antes de casarse con Crates.

hicieron más bien que Epaminondas que murió sin hijos? ¿Y acaso Príamo, que engendró cincuenta hijos sin valor, o Dánao o Eolo contribuyeron más a la comunidad que Homero? Entonces, ¿el deber de un general o el negocio de un escritor excluirán a un hombre del matrimonio o de engendrar hijos, y no se juzgará que tal hombre aceptó la condición de no tener hijos por nada; y no se considerará la realeza de un cínico como un equivalente por la falta de hijos? ¿No percibimos su grandeza y no contemplamos justamente el carácter de Diógenes? Y, en lugar de esto, ¿volvemos los ojos a los cínicos actuales, que son perros que atienden las mesas y no imitan en nada a los cínicos de antaño, salvo quizá en romper el viento, pero en nada más? Pues, tales asuntos no nos habrían conmovido en absoluto ni nos habríamos extrañado de que un cínico no se casara ni engendrara hijos. Hombre, el cínico es el padre de todos los hombres; los hombres son sus hijos, las mujeres son sus hijas; tan cuidadosamente visita a todos, tan bien cuida de todos. ¿Crees que es por impertinencia ociosa que reprende a los que encuentra? Lo hace como un padre, como un hermano y como el ministro del padre de todos, el ministro de Zeus.

Si te apetece, pregúntame también si un cínico debe dedicarse a la administración del Estado. Necio, ¿buscas una forma de administración mayor que la que él lleva a cabo? ¿Preguntas si aparecerá entre los atenienses y dirá algo sobre los ingresos y los suministros, él que debe hablar con todos los hombres, por igual con los atenienses, por igual con los corintios, por igual con los romanos, no sobre los suministros, ni aun sobre los ingresos, ni sobre la paz o la guerra, sino sobre la felicidad y la infelicidad, la buena y la mala fortuna, la esclavitud y la libertad? Cuando un hombre ha emprendido la administración de tal estado, ¿me preguntas si se dedicará a la administración de un Estado? Pregúntame también si gobernará. De nuevo, te diré: Necio, ¿qué mayor gobierno ejercerá que el que ahora ejerce?

Es necesario también que tal hombre tenga un cierto hábito de cuerpo, pues si aparece consumido, delgado y pálido, su testimonio no tiene, entonces, el mismo peso. Porque no solo debe demostrar al vulgo, mostrando las cualidades del alma, que está en su poder, independientemente de las cosas que ellos admiran, ser un hombre bueno, sino que también debe mostrar con su cuerpo que su manera sencilla y frugal de vivir al aire libre no daña ni siquiera el cuerpo. «Mira —dice—, yo soy una prueba de ello, y mi propio cuerpo también lo es». Así solía hacer Diógenes, pues solía ir por ahí con aspecto fresco y atraía la atención de muchos por su aspecto personal. Pero si un cínico es objeto de compasión, parece un mendigo: todas las personas se apartan de él, todas se ofenden con él; pues tampoco debe aparecer sucio para no ahuyentar también en este aspecto a los hombres, sino que su misma rudeza debe ser limpia y atractiva.

También debe pertenecer al cínico mucha gracia natural y agudeza; y si no es así, es un estúpido y nada más; y debe tener estas cualidades para poder estar a la altura de todas las circunstancias que puedan suceder. Así respondió Diógenes a uno que le dijo: «¿Eres tú el Diógenes, el que no cree que haya dioses?». «Y, ¿cómo —replicó Diógenes— puede ser esto si creo que tú eres odioso para los dioses?». En otra ocasión, en respuesta a Alejandro, que estaba junto a él mientras dormía, citó la frase de Homero: Un hombre concejal no debe dormir toda la noche —respondió, cuando estaba medio dormido—, porque es el guardián del pueblo y está tan lleno de preocupaciones.

Pero, ante todo, la facultad de gobernar del cínico debe ser más pura que el sol; y, si no lo es, debe ser un bribón astuto y un tipo sin principios, ya que mientras él mismo está enredado en algún vicio, reprende a otros. Pues mira cómo está el asunto: a estos reyes y tiranos, sus guardias y armas les dan el poder de reprender a algunas personas, y de poder incluso castigar a los que hacen el mal, aunque ellos mismos sean malos, pero a un cínico, en vez de armas y guardias, es la conciencia la que le da este poder. Cuando sabe que ha velado y trabajado por la humanidad, y que ha dormido puro, y que el sueño le ha dejado aún más puro, y que ha pensado todo lo que ha pensado como amigo de los dioses, como ministro, como partícipe del poder de Zeus, y que en todas las ocasiones está dispuesto a decir: «Condúceme, oh, Zeus, y tú, oh, Destino»; y también: «Si así les place a los dioses, que así sea»; ¿por qué no ha de tener confianza para hablar libremente a sus propios hermanos, a sus hijos, en una palabra, a sus parientes? Por esta razón no es un curioso ni un entrometido cuando se encuentra en este estado de ánimo: porque no es un entrometido en los asuntos de los demás cuando está supervisando los asuntos humanos, sino que está cuidando sus propios asuntos. Si no es así, también se puede decir que el general es un entrometido cuando inspecciona a sus soldados y los examina, y los vigila y castiga a los desordenados. Pero si, mientras tienes un pastel bajo el brazo, reprendes a otros, te diré: «¿No quieres más bien irte a un rincón y comer lo que has robado?». ¿Qué tienes que hacer con los asuntos de los demás? Porque, ¿quién eres tú? ¿Eres el toro de la manada o la reina de las abejas? Muéstrame tu supremacía como las que tiene la naturaleza. Pero si eres un zángano que reclama la soberanía sobre las abejas, ¿no supones que tus conciudadanos te despreciarán como las abejas a los zánganos? El cínico también debe tener tal poder de aguante que parezca insensible al vulgo y a una piedra; ningún hombre lo injuria, ningún hombre lo golpea, ningún hombre lo insulta, sino que da su cuerpo para que cualquier hombre que quiera haga con él lo que le gusta. Porque tiene en cuenta que lo inferior debe ser dominado por lo superior en aquello en lo que es inferior; y el cuerpo es inferior a los muchos, el más débil por los más fuertes. Nunca desciende, entonces, a una contienda en la que pueda ser dominado, sino que se aparta inmediatamente de las cosas que pertenecen a otros, no reclama las cosas que son serviles. Donde hay voluntad y uso de las apariencias, allí verás cuántos ojos tiene para que puedas decir: «Argos era ciego comparado con él». ¿Su asentimiento es siempre precipitado, su movimiento imprudente, su deseo cae siempre en su objeto, le sucede lo que quiere evitar, su propósito es incumplido, encuentra siempre la culpa, es siempre humillado, es siempre envidioso? A esto dirige toda su atención y energía, pero en cuanto a todo lo demás ronca supinamente. Todo es paz; no hay ningún ladrón que le quite la voluntad, ningún tirano. Pero ¿qué decís en cuanto a su cuerpo? Yo digo que sí. ¿Y en cuanto a las magistraturas y los honores? ¿Qué le importan? Cuando alguien quiere asustarlo por medio de ellos, le dice: «Vete, busca niños: las máscaras son formidables para ellos, pero yo sé que están hechas de cáscara, y no tienen nada dentro». Sobre un asunto como este, estáis deliberando. Por lo tanto, si os place, os exhorto, en nombre de Dios, a diferir el asunto, y a considerar primero vuestra preparación para ello. Pues, mira lo que Héctor le dice a Andrómaca: «Retírate más bien —dice— a la casa y teje, la guerra es obra de todos los hombres, pero especialmente la mía». Así que él era consciente de su propia calificación y conocía su debilidad.

23

A los que leen y discuten por ostentación

Díganse primero a sí mismos quiénes desean ser; después, hagan en consecuencia lo que están haciendo, porque en casi todas las demás cosas vemos que esto es así. Aquellos que siguen ejercicios atléticos, primero determinan lo que desean ser y después hacen, en consecuencia, lo que sigue. Si un hombre es un corredor de fondo, hay un cierto tipo de dieta, de paseo, de roce y de ejercicio; si un hombre es un corredor en el estadio, todas estas cosas son diferentes; si es un pentatleta, son aún más diferentes. Así lo encontrarás también en las artes. Si eres carpintero, tendrás tales o cuales cosas; si un trabajador del metal, tales cosas. Para todo lo que hacemos, si no nos referimos a ningún fin, no lo haremos para nada; y, si nos referimos al fin equivocado, perderemos el objetivo. Además, hay un fin o propósito general, y un propósito particular. En primer lugar, debemos actuar como un hombre. ¿Qué comprende esto? No debemos ser como una oveja, aunque sea mansa o traviesa como una bestia salvaje. Pero el bolo particular se refiere al modo de vida de cada persona y a su voluntad. El que toca el laúd actúa como tal, el carpintero como tal, el filósofo como tal, el retórico como tal. Cuando, pues, digas: «Ven a escucharme para leerte», cuida, en primer lugar, de no hacerlo sin un propósito; después, si has descubierto que lo haces con referencia a un propósito, considera si es el propósito correcto. ¿Deseas hacer el bien o ser alabado? Inmediatamente le oyes decir: «¿Para mí qué valor tienen las alabanzas de los muchos?». Y dice bien, porque no tienen ningún valor para un músico, en tanto que es músico, ni para un geómetra. ¿Deseas, entonces, ser útil? ¿En qué? Dinos para que así podamos correr a tu sala de audiencias. Ahora bien, ¿puede un hombre hacer algo útil a los demás si no ha recibido algo útil él mismo? No, porque tampoco puede un hombre hacer nada útil en el arte del carpintero si no es carpintero; ni en el arte del zapatero si no es zapatero.

¿Quieres saber, entonces, si has recibido alguna ventaja? Produce tus opiniones, filósofo. ¿Qué es lo que promete el deseo? No caer en el objeto. ¿Qué promete la aversión? No caer en lo que se quiere evitar. Bien; ¿cumplimos su promesa? Dime la verdad; pero si mientes, te diré: Últimamente, cuando tus oyentes se reunían con cierta frialdad y no te aplaudían, te ibas humillado. Últimamente también, cuando te han alabado, te acercaste a todos y les dijiste: «¿Qué te ha parecido?». «Maravilloso, maestro, lo juro por todo lo que me es querido». «Pero ¿cómo he tratado ese asunto en particular?». «¿Cuál?». «El pasaje en el que describí a Pan y las ninfas». «Excelentemente». Entonces, ¿me dices que en el deseo y en la aversión actúas según la naturaleza? Vete; trata de persuadir a otro. ¿No alabasteis a cierta persona contraria a vuestra opinión, y no adulasteis a cierta persona que era hijo de un senador? ¿Deseas que tus propios hijos sean personas así? «Espero que no». ¿Por qué, entonces, lo alabasteis y adulasteis? «Es un joven ingenuo y escucha bien los discursos».

¿Cómo es esto? «Me admira». Has expuesto tu prueba. Entonces, ¿qué piensas? ¿No te desprecia esta misma gente en secreto? Cuando, pues, un hombre que es consciente de que no ha hecho ningún bien, ni piensa nunca en ello, encuentra a un filósofo que le dice: «Tienes un gran talento natural, y tienes una disposición cándida y buena», ¿qué otra cosa crees que dice sino esto: «Este hombre tiene alguna necesidad de mí?». ¿O dime qué acto que indique una gran mente ha mostrado? Observa, ha estado en tu compañía mucho tiempo; ha escuchado tus discursos, te ha oído leer; ¿se ha vuelto más modesto?, ¿se ha vuelto a reflexionar sobre sí mismo?, ¿ha percibido en qué mal estado se encuentra?, ¿ha desechado la presunción de sí mismo?, ¿busca una persona que le enseñe? «Lo hace». ¿Un hombre que le enseñe a vivir? No, insensato, sino a hablar, pues es por esto por lo que también te admira. Escucha y oye lo que dice: «Este hombre escribe con perfecto arte, mucho mejor que Dión[158]». Esto es otra cosa. ¿Dice él: «Este hombre es modesto, fiel, libre de perturbaciones»? Y aunque lo dijera, yo le diría: «Ya que este hombre es fiel, dime qué es este hombre "fiel"». Y si no pudiera decírmelo, debería añadir esto: «Primero entiende lo que dices, después habla».

Tú, entonces, que estás en una situación miserable y que te quedas boquiabierto por los aplausos y cuentas a tus oyentes, ¿pretendes ser útil a los demás? «Hoy asistieron muchos más a mi discurso». «Sí, muchos; suponemos que quinientos». «Eso no es nada; supongamos que fueran mil». «Dión nunca tuvo tantos oyentes». «¿Cómo podría?». «Y entienden muy bien lo que se dice». «Lo que es bello, maestro, puede mover hasta una piedra». Mira, estas son las palabras de un filósofo. Esta es la disposición de un hombre que hará el bien a los demás; he aquí un hombre que ha escuchado discursos, que ha leído lo que se escribe sobre Sócrates como socrático, no como las composiciones de Lisias e Isócrates[159]. «A menudo me he preguntado

---

158 Podría tratarse de Dión Crisóstomo de Prusa.
159 Grandes oradores áticos.

con qué argumentos». No es así, sino «con qué argumentos»: esto es más exacto que aquello. ¿Qué, has leído las palabras de una manera diferente a la que lees las pequeñas odas? Porque si las leyeras como debes, no estarías atendiendo a tales asuntos, sino que más bien te fijarías en estas palabras: «Cualquiera y Meleto son capaces de matarme, pero no pueden dañarme»; y «Siempre tengo la disposición de no prestar atención a nada mío, excepto a la razón que al indagar me parece la mejor». De ahí, ¿quién ha oído decir a Sócrates: «Yo sé algo y enseño»?; más bien, solía enviar a diferentes personas a distintos maestros. Por lo tanto, solían venir a él y pedían ser introducidos en la filosofía por él; y él los tomaba y los recomendaba. No es así, pero mientras los acompañaba les decía: «Escúchame hoy disertando en la casa de Cuadrato[160]». ¿Por qué habría de oírte? ¿Deseas demostrarme que juntas las palabras con astucia? Las juntas tú, hombre, ¿y de qué te servirá? «Pero solo elógiame». ¿Qué quieres decir con alabar? «Dígame: "Admirable, maravilloso"». Bueno, eso digo. Pero si eso es alabar lo que los filósofos entienden por el nombre de bueno, ¿qué tengo que alabar en ti? Si es bueno hablar bien, enséñame, y te alabaré. «Entonces, ¿qué? ¿Debe un hombre escuchar tales cosas sin placer?». Espero que no. Por mi parte, no escucho sin placer ni siquiera a un laudista. ¿Debo, entonces, por esta razón, pararme a tocar el laúd? Escucha lo que dice Sócrates: «Tampoco sería conveniente que un hombre de mi edad, como un joven que compone discursos, se presentara ante ti». «Como un joven», dice. Porque, en verdad, este pequeño arte es una cosa elegante para seleccionar las palabras y para juntarlas, y para acercarse y con gracia leerlas o hablar, y mientras está leyendo decir: «No hay muchos que puedan hacer estas cosas, lo juro por todo lo que valoras».

¿Acaso un filósofo invita a la gente a escucharlo? Como el mismo sol atrae a los hombres hacia él o como lo hace la comida, ¿no atrae

160 Varios personajes eran distinguidos con el nombre Cuadrato en esa época.

también el filósofo a los que recibirán beneficios? ¿Qué médico invita a un hombre a ser tratado por él? De hecho, ahora oigo que incluso los médicos de Roma invitan a los pacientes, pero cuando yo vivía allí, los médicos eran invitados. «Te invito a que vengas y oigas que las cosas te van mal, y que te ocupas de todo menos de lo que deberías ocuparte, y que ignoras lo bueno y lo malo y eres desgraciado e infeliz». Una bonita invitación. Y, sin embargo, si las palabras del filósofo no producen este efecto en ti, está muerto, y también el discurso. Rufo solía decir: «Si tienes tiempo para alabarme, no estoy hablando para nada». En consecuencia, solía hablar de tal manera que cada uno de los que estábamos sentados allí suponía que alguien lo había acusado, tocaba de tal manera lo que estaba haciendo, de tal manera ponía, ante los ojos, las faltas de cada hombre.

La escuela de los filósofos, vosotros, es una cirugía: no debéis salir de ella con placer, sino con dolor. Porque no estáis en buena salud cuando entráis: uno se ha dislocado el hombro, otro tiene un absceso, un tercero una fístula y un cuarto un dolor de cabeza. Entonces, ¿me siento a pronunciar ante vosotros pequeños pensamientos y exclamaciones para que me alabéis y os vayáis, uno con el hombro en el mismo estado en que entró, otro con la cabeza todavía dolorida, y un tercero con su fístula o su absceso tal como estaban? ¿Es por esto, entonces, que los jóvenes abandonan su hogar y dejan a sus padres, amigos, parientes y propiedades, para que puedan decirte: «¡Maravilloso!» cuando estás pronunciando tus exclamaciones? ¿Hizo esto Sócrates o Zenón o Cleantes?

¿Qué, pues, no existe el estilo hortatorio? ¿Quién lo niega? Como existe el estilo de la refutación y el estilo didáctico. ¿Quién, pues, ha contado con un cuarto estilo junto a estos, el estilo de la exhibición? ¿Qué es el estilo hortatorio? El de poder mostrar tanto a una persona como a muchas la lucha en la que están comprometidos, y que piensan más en cualquier cosa que en lo que realmente desean. Porque desean las cosas que conducen a la felicidad, pero las buscan en el lugar equivocado. Para que esto se haga, hay que colocar mil asientos e invitar a los hombres a escuchar, y subir al púlpito con una fina túnica o manto y describir la muerte de Aquiles. Deja, te lo ruego por los dioses, de estropear todo lo que puedas las buenas palabras y los buenos actos. Nada puede tener más fuerza en la exhortación que cuando el orador muestra a los oyentes que tiene necesidad de ellos. Pero dime quién, cuando te oye leer o discurrir, se angustia por sí mismo o se pone a reflexionar sobre sí mismo, o cuando ha salido dice: «El filósofo me ha dado bien: No debo hacer más estas cosas». ¿Pero no dice, aunque tengas una gran reputación, a alguna persona: «Habló finamente de Jerjes»; y otra dice: «No, sino de la batalla de las Termópilas»? ¿Es esto escuchar a un filósofo?

24

Que no debemos ser movidos por el deseo de aquellas cosas que no están en nuestro poder

Que lo que en otro es contrario a la naturaleza no sea un mal para ti, pues no estás formado por naturaleza para deprimirte con otros ni para ser infeliz con otros, sino para ser feliz con ellos. Si un hombre es infeliz, recuerda que su infelicidad es su propia culpa: porque Dios ha hecho a todos los hombres para que sean felices, para que estén libres de perturbaciones. Para ello les ha dado medios, algunas cosas a cada persona como propias, y otras cosas no como propias; algunas cosas sujetas a impedimentos y coacciones y privaciones; y estas cosas no son propias del hombre, pero las cosas que no están sujetas a impedimentos son propias; y la naturaleza del bien y del mal, como correspondía a quien nos cuida y protege como un padre, la ha hecho propia. «Pero —dice usted— me he separado de cierta persona, y está apenada». ¿Por qué, cuando te miró y se alegró, no consideró también que eres mortal, que es natural que te separes de él por un país extranjero? Por eso sufre las consecuencias de su propia locura. Pero ¿por qué te lamentas tú o con qué propósito? ¿Es que tú tampoco has pensado en estas cosas, sino que, como las pobres mujeres que no sirven para nada, has disfrutado de todas las cosas en las que te complacías, como si las disfrutaras siempre, tanto los lugares como los hombres y la conversación? Y ahora te sientas y lloras porque no ves a las mismas personas y no vives en los mismos lugares. En efecto, os merecéis esto, ser más desgraciados que los cuervos y las cornejas, que tienen el poder de volar donde les place y de cambiar sus nidos por otros y de cruzar los mares sin lamentarse ni arrepentirse de su anterior condición. «Sí, pero esto les ocurre porque son criaturas irracionales». ¿Acaso la razón nos fue dada por los dioses con el propósito de la infelicidad y la miseria, para que pasemos nuestra vida en la desdicha y el lamento? ¿Deben todas las personas ser inmortales y ningún hombre debe ir al exterior, y nosotros mismos no debemos ir al exterior, sino permanecer arraigados como las plantas?; y, ¿si alguno de nuestros amigos familiares va al exterior, debemos sentarnos y llorar? Y, por el contrario, cuando regresa, ¿debemos bailar y aplaudir como niños? ¿No hemos de destetarnos ahora y recordar lo que hemos oído a los filósofos si no los escuchamos como si fueran malabaristas? Nos dicen que este mundo es una sola ciudad, y que la sustancia de la que se ha formado es una sola, y que debe haber un cierto período, y que unas cosas deben dar paso a otras, que unas deben disolverse y otras venir en su lugar; unas permanecer en el mismo lugar y otras ser movidas; y que todas las cosas están llenas de amistad, primero de los dioses y después de los hombres que por naturaleza están hechos para ser de una sola familia; y unos han de estar con los otros, y otros han de estar separados, alegrándose de los que están con ellos, y no apenándose de los que están alejados de ellos; y el hombre, además de ser por naturaleza de temperamento noble y de tener desprecio de todas las cosas que no están en poder de su voluntad, posee también esta propiedad, de no estar arraigado ni fijado naturalmente a la tierra, sino de ir en diversas ocasiones a diferentes lugares, unas veces por la urgencia de ciertas necesidades, y otras simplemente por ver. Así ocurrió con Ulises, que vio de muchos hombres los estados, y aprendió sus costumbres. Y aún antes tuvo Hércules la fortuna de visitar todo el mundo habitado y vio los hechos ilícitos de los hombres y sus buenas reglas de derecho, echando y limpiando su anarquía e introduciendo en su lugar buenas reglas de derecho. Y, sin embargo, ¿cuántos amigos crees que tuvo en Tebas?, ¿cuántos en Argos?, ¿cuántos en Atenas? Y, ¿cuántos crees que ganó yendo de un lado a otro? Y también se casó, cuando le pareció ocasión propicia, y engendró hijos, y los dejó sin lamentarse ni arrepentirse ni dejarlos huérfanos, porque sabía que ningún hombre es huérfano, sino que es el padre quien cuida de todos los hombres siempre y continuamente. Pues no era un mero informe lo que había oído: «Zeus es el padre de los dioses y los hombres», pues pensaba que Zeus era su propio padre, y así lo llamaba, y a él miraba cuando hacía lo que hacía. Por lo tanto, se le permitió vivir felizmente en todos los lugares[161]. Y nunca es posible que la felicidad y el deseo de lo que no está presente se junten. Lo que es feliz debe estar lejos de todo lo que se desea, debe parecerse a una persona que está llena de comida, y no debe tener ni sed ni hambre. «Pero Ulises sintió el deseo de su esposa y lloró sentado en una roca». ¿Atiendes a Homero y sus historias en todo? O si Ulises realmente lloró, ¿qué era él más que un hombre infeliz?, ¿y qué hombre bueno es infeliz? En verdad, todo está mal administrado si Zeus no cuida de sus propios ciudadanos para que sean felices como él. Pero no es lícito ni correcto pensar en estas cosas. Si Ulises lloró y se lamentó, no fue un hombre bueno. Porque ¿quién es bueno si no sabe quién es? Y, ¿quién sabe lo que es si olvida que las cosas hechas son perecederas, y que no es posible que un ser humano esté siempre con otro? Desear, pues, cosas que son imposibles es tener un carácter servil y es una tontería: es la parte de un extraño, de un hombre que lucha contra Dios de la única manera que puede, con sus

161 Mirada idealizada sobre Hércules.

opiniones. «Pero mi madre se lamenta cuando no me ve». ¿Por qué no ha aprendido estos principios? Y, no digo esto, que no debamos cuidar de que ella no se lamente, sino que digo que no debemos desear en todos los sentidos lo que no es nuestro. Y el dolor de otro es dolor de otro, pero mi dolor es el mío. Yo, pues, detendré mi propio dolor por todos los medios, ya que está en mi mano; y me esforzaré por detener el dolor de otro en la medida en que pueda, pero no intentaré hacerlo por todos los medios porque, si lo hago, estaré luchando contra Dios, me pondré en su contra en la administración del universo; y esta lucha contra Dios y esta desobediencia no solo la pagarán los hijos de mis hijos, sino también yo mismo, tanto de día como de noche, sobresaltado por los sueños, perturbado, temblando ante cada noticia, y dependiendo mi tranquilidad de las cartas de los demás. Alguna persona ha llegado de Roma. «Solo espero que no haya ocurrido ningún daño». Pero ¿qué daño puede ocurrirte donde no estás? De Hellas ha llegado alguien: «Espero que no haya ocurrido ningún daño». De este modo, cada lugar puede ser la causa de una desgracia para ti. ¿No te basta con ser desgraciado allí donde estás, y debes serlo incluso más allá del mar y por el informe de las cartas? ¿Es esta la forma en que vuestros asuntos están en estado de seguridad? «Bien, entonces, suponed que mis amigos han muerto en los lugares que están lejos de mí». ¿Qué más han sufrido que lo que es la condición de los mortales? ¿O cómo es que deseáis vivir hasta la vejez y, al mismo tiempo, no ver la muerte de ninguna persona a la que amáis? ¿No sabéis que en el curso de un largo tiempo han de suceder muchas y diversas clases de cosas?; ¿que una fiebre dominará a uno, un ladrón a otro, y un tercero a un tirano? Tal es la condición de las cosas que nos rodean, tales son los que viven con nosotros en el mundo: el frío y el calor, y los modos de vida inadecuados, y los viajes por tierra, y los viajes por mar, y los vientos, y las diversas circunstancias que nos rodean destruyen a un hombre y destierran a otro, y lanzan a uno a una embajada y a otro a un ejército. Siéntete alborotado por todas estas cosas, lamentándote, infeliz, desgraciado, dependiente de otro, y dependiente no de uno ni de dos, sino de diez mil y diez mil.

¿Escuchaste esto cuando estabas con los filósofos?, ¿aprendiste esto?, ¿no sabes que la vida humana es una guerra?, ¿que un hombre debe vigilar, otro debe salir como espía, y un tercero debe luchar? No es posible que todos estén en un solo lugar, ni es mejor que sea así. Pero vosotros, descuidando el cumplimiento de las órdenes del general, os quejáis cuando se os impone algo más duro de lo habitual, y no observáis lo que hacéis con el ejército en lo que está en vuestro poder; que, si todos os imitan, ningún hombre cavará una trinchera, ningún hombre pondrá una muralla alrededor, ni vigilará, ni se expondrá al peligro, sino que parecerá inútil para los fines de un ejército. De nuevo, en un barco, si vas como marinero, mantente en un lugar y no te separes de él. Y si se te ordena subir al mástil, rehúsa; si corres a la cabeza del barco, rehúsa; ¿qué capitán de un barco te soportará? ¿No te arrojará por la borda como una cosa inútil, un impedimento solamente y un mal ejemplo para los demás marineros? Y así es también aquí: la vida de todo hombre es una especie de guerra, y es larga y diversa. Debes observar el deber de un soldado y hacer todo a la señal del general; si es posible, adivinando cuáles son sus deseos, pues no hay semejanza entre aquel general y este, ni en fuerza ni en superioridad de carácter.

Se le ha colocado en un gran cargo de mando y no en un lugar mezquino, pero siempre es un senador. ¿No sabes que un hombre así debe dedicar poco tiempo a los asuntos de su casa, por el contrario, que debe estar a menudo fuera de ella, ya sea como gobernador o gobernante, o desempeñando algún cargo, o sirviendo en la guerra o actuando como juez? Entonces, ¿me dices que deseas, como una planta, estar fijado a los mismos lugares y estar arraigado? «Sí, porque es agradable». ¿Quién dice que no lo es? Pero una sopa es agradable, y una mujer guapa es agradable. ¿Qué más dicen los que hacen del placer su fin? ¿No ves de qué hombres has pronunciado el lenguaje? ¿No ves que es el lenguaje de los epicúreos y de los catamitas? Mientras hacéis lo que ellos hacen y sostenéis sus opiniones, ¿nos habláis de las palabras de Zenón y de Sócrates? ¿No desecháis, en la medida de lo posible, las cosas ajenas con las que os adornáis, aunque no os convengan en absoluto? Pues, ¿qué otra cosa desean más que dormir sin impedimentos y libres de coacción, y cuando se hayan levantado bostezar a su antojo, y lavarse la cara, después escribir y leer lo que quieran, y hablar de algún asunto insignificante siendo alabados por sus amigos digan lo que digan, después salir a pasear, y, habiendo caminado un poco, bañarse, y comer, y dormir tal sueño como es la moda de tales hombres?

Vamos, cuenta tú también la manera de pasar el tiempo que deseas, tú que eres un admirador de la verdad y de Sócrates y de Diógenes. ¿Qué deseas hacer en Atenas? ¿Lo mismo o algo más? ¿Por qué, entonces, te llamas estoico? Pues bien, los que se llaman falsamente ciudadanos romanos son castigados severamente; ¿y han de quedar impunes los que pretenden falsamente algo y un nombre tan grande y venerable, o no es esto posible, sino que la ley divina y fuerte e inevitable es esta que impone los castigos más severos a los que cometen los mayores delitos? ¿Qué dice esta ley? «Que el que pretenda cosas que no le pertenecen sea un jactancioso, un vanidoso; que el que desobedezca la administración divina sea vil y esclavo; que sufra pena, que sea envidioso, que se compadezca; y, en pocas palabras, que sea infeliz y se lamente».

«Pues bien, ¿quieres que corteje a cierta persona?, ¿que vaya a sus puertas?». Si la razón exige que se haga esto por el bien de la patria, por el bien de los parientes, por el bien de la humanidad, ¿por qué no has de ir? No os avergonzáis de ir a la puerta de un zapatero cuando os faltan zapatos, ni a la puerta de un hortelano cuando queréis lechugas; ¿y os avergonzáis de ir a la puerta de los ricos cuando queréis cualquier cosa? «Sí, porque no siento ningún temor por un zapatero». No sientas ningún temor por los ricos. «Tampoco adularé al jardinero». Y no adules a los ricos. «¿Cómo, entonces, conseguiré lo que quiero?». ¿Acaso te digo: «Ve como si estuvieras seguro de conseguir lo que quieres»? ¿Y no te digo solamente que puedes hacer lo que te conviene? «¿Por qué, entonces, debo ir todavía?». Para que hayas ido, para que hayas cumplido con el deber de un ciudadano, de un hermano, de un amigo. Y recuerda además que has ido al zapatero, al vendedor de verduras, que no tiene poder en nada grande ni noble, aunque venda caro. Vas a comprar lechugas: cuestan un óbolo, pero no un talento. Así sucede también aquí. Merece la pena ir por el asunto a la puerta del rico. Bien, iré. Vale la pena hablar de ello. Que así sea; hablaré con él. Pero también debes besar su mano y halagarlo con elogios. Fuera de eso, vale un talento: no es provechoso para mí, ni para el Estado ni para mis amigos, haber hecho lo que estropea a un buen ciudadano y a un amigo. «Pero parecerá que no te has entusiasmado con el asunto si no tienes éxito». ¿Has olvidado de nuevo por qué fuiste? ¿No sabes que un hombre de bien no hace nada por la apariencia, sino por hacer el bien? «¿Qué ventaja tiene, entonces, el haber hecho lo correcto?». ¿Y qué ventaja tiene el hombre que escribe el nombre de Dión para escribirlo como debe? La ventaja es haberlo escrito. «¿No hay, entonces, recompensa?». ¿Buscas una recompensa mayor para un hombre bueno que hacer lo que es bueno y justo? En Olimpia no se desea nada más, pero te parece suficiente ser coronado en los juegos. ¿Te parece tan poca cosa y sin valor ser bueno y feliz? Para estos fines, habiendo sido introducido por los dioses en esta ciudad, y siendo ahora tu deber emprender el trabajo de un hombre, ¿quieres todavía enfermeras también y una mamá, y las mujeres tontas con su llanto te conmueven y te afeminan? ¿No sabes que el que hace los actos de un niño, cuanto más viejo es, más ridículo es?

¿En Atenas no viste a nadie yendo a su casa? «Visité a cualquier hombre que me agradó». También aquí estate dispuesto a ver, y verás a quien te plazca, solo que sea sin mezquindad ni con deseo ni con aversión, y tus asuntos serán bien administrados. Pero este resultado no depende de ir ni de estar a las puertas, sino que depende de lo que hay dentro, de tus opiniones. Cuando hayas aprendido a no valorar las cosas externas y que no dependen de la voluntad, y a considerar que ninguna de ellas es tuya, sino que solamente estas cosas son tuyas, a ejercitar bien el juicio, a formarte opiniones, a moverte hacia un objeto, a desear, a apartarte de una cosa, ¿dónde hay ya lugar para la adulación?, ¿dónde, para la mezquindad? ¿Por qué sigues anhelando la tranquilidad de allí, y los lugares a los que estás acostumbrado? Espera un poco y volverás a encontrar estos lugares familiares. Entonces, si eres de naturaleza tan innoble, de nuevo si dejas estos también llora y lamenta.

«¿Cómo, pues, llegaré a tener un temperamento afectuoso?». Siendo de una disposición noble y feliz. Porque no es razonable ser mezquino ni lamentarse, ni depender de otro, ni siquiera culpar a Dios o al hombre. Te ruego que te conviertas en una persona afectuosa de esta manera, observando estas reglas. Pero, si por este afecto, como lo nombras, vas a ser esclavo y miserable, no hay provecho en ser afectuoso. Y qué te impide amar a otro como una persona sujeta a la mortalidad, como alguien que puede alejarse de ti. ¿No amaba Sócrates a sus propios hijos? Sí, pero como hombre libre, como alguien que recuerda que primero debe ser amigo de los dioses. Por eso no violó nada de lo que es propio de un hombre de bien, ni al hacer su defensa ni al fijarse una pena, ni siquiera en la parte anterior de su vida, cuando era senador o cuando era soldado. Pero nos sobran los pretextos para ser de temperamento innoble, unos por causa de un hijo, otros por causa de una madre y otros por causa de los hermanos. Pero no conviene que seamos infelices por causa de ninguna persona, sino que seamos felices por causa de todos, pero principalmente por causa de Dios que nos ha hecho para este fin. Pues bien, ¿acaso no amaba a nadie Diógenes, que era tan bondadoso y amante de todos, que por la humanidad en general asumió de buen grado tantos trabajos y sufrimientos corporales? Sí, amaba a la humanidad, pero ¿cómo? Como un ministro de Dios, cuidando al mismo tiempo de los hombres, y estando también sujeto a Dios. Por eso toda la tierra era su patria, y ningún lugar en particular; y cuando fue hecho prisionero no se arrepintió de Atenas ni de sus socios y amigos de allí, sino que incluso se familiarizó con los piratas y trató de mejorarlos; y siendo vendido después vivió en Corinto como antes en Atenas; y lo mismo hubiera hecho si hubiera ido al país de los perrebios[162]. Así se adquiere la libertad. Por eso decía: «Desde que Antístenes me hizo libre, no he sido esclavo jamás». ¿Cómo lo hizo libre Antístenes? Escucha lo que dice: «Antístenes me enseñó lo que es mío y lo que no es mío; no son míos los bienes, ni los parientes, ni los domésticos, ni los amigos, ni la reputación, ni los lugares familiares, ni el modo de vida; todo esto es de otros». ¿Qué es, entonces, lo propio? «El uso de las apariencias. Esto me ha sido mostrado, que lo poseo libre de obstáculos y de coacción, ninguna persona puede poner un obstáculo en mi camino, ninguna persona puede forzarme a usar las apariencias de manera diferente a la que yo deseo». ¿Quién tiene, entonces, algún poder sobre mí? ¿Filipo o Alejandro, o Perdicas[163] o el Gran Rey? ¿Cómo tienen ellos este poder? Porque, si un hombre va a ser dominado por un hombre, debe mucho antes ser dominado por las cosas. Si, pues, el placer no es capaz de someter a un hombre, ni el dolor, ni la fama, ni la riqueza, sino que es capaz, cuando quiere, de escupir todo su pobre cuerpo en la cara de un hombre y alejarse de la vida, ¿de quién puede seguir siendo esclavo? Pero, si viviera con placer en Atenas y estuviera dominado por este modo de vida, sus asuntos estarían a la orden de todos los hombres; los más fuertes tendrían el poder de afligirlo. ¿Cómo crees que Diógenes habría halagado a los piratas para que lo vendieran a algún ateniense, para que alguna vez pudiera ver ese hermoso Pireo, y las Largas Murallas[164] y la Acrópolis? ¿En qué condiciones las vería? Como cautivo, esclavo y mezquino: ¿y de qué le serviría? «No es así,

162 Tribus de la Perrebia, al noreste de Tesalia.

163 Perdicas (m. 321 a. C.), general macedonio, fue uno de los lugartenientes de Alejandro Magno y lo acompañó en la expedición a Asia.

164 Las largas murallas protegían el camino entre la Acrópolis y el Pireo.

sino que los vería como un hombre libre». Muéstrame cómo serías libre. Observa, te ha cogido alguna persona que te aleja de tu lugar acostumbrado de morada y te dice: «Eres mi esclavo, pues está en mi impedirte vivir como te plazca, está en mi poder tratarte con dulzura o humillarte. Cuando yo lo decido, por el contrario, estás alegre y vas eufórico a Atenas». ¿Qué le dices a quien te trata como a un esclavo? ¿Qué medios tienes para encontrar a uno que te rescate de la esclavitud? ¿O es que ni siquiera puedes mirarle a la cara, sino que, sin decir más, suplicas que te libere? Hombre, deberías ir con gusto a la cárcel, apresurándote, yendo delante de los que te llevan allí. Entonces, te pregunto, ¿no estás dispuesto a vivir en Roma y deseas vivir en Hellas? Y cuando debas morir, ¿nos llenarás, entonces, también con tus lamentos porque no verás Atenas ni te pasearás por el Liceo? ¿Has ido al extranjero por esto? ¿Fue por esta razón que buscaste a alguna persona de la que pudieras recibir beneficio? ¿Qué beneficio? ¿Para que puedas resolver silogismos más fácilmente o manejar argumentos hipotéticos? ¿Y por esta razón dejaste a tu hermano, tu país, tus amigos, tu familia, para poder regresar cuando hubieras aprendido estas cosas? ¿Así que no te fuiste al extranjero para obtener la constancia de tu mente, ni la libertad de la perturbación, ni para que, estando seguro de los daños, nunca te quejes de ninguna persona, no acuses a nadie, y ningún hombre pueda agraviarte, y así puedas mantener tu posición relativa sin impedimentos? Esto has obtenido: ¡silogismos y argumentos sofísticos e hipotéticos! Si queréis, tomad vuestro lugar en el ágora y proclamadlos a la venta como comerciantes de física. ¿No negarás incluso todo lo que has aprendido para no dar mala fama a tus teoremas como inútiles? ¿Qué daño os ha hecho la filosofía? ¿En qué os ha perjudicado Crisipo para que demostréis con vuestros actos que sus trabajos son inútiles? ¿No fueron suficientes los males que tuvisteis allí, los que fueron causa de vuestro dolor y lamento, aunque no hubierais salido al extranjero? ¿Has añadido más a la lista? Y, si vuelves a tener otros conocidos y amigos, tendrás más motivos de lamentación, y lo mismo también si te aficionas a otro país. ¿Por qué, entonces, vives para rodearte de más penas sobre penas por las que eres infeliz? Entonces, te pregunto, ¿llamas a esto afecto? ¿Qué afecto, hombre? Si es algo bueno, no es causa de ningún mal; si es malo, no tengo nada que ver con él. Estoy formado por naturaleza para mi propio bien; no estoy formado para mi propio mal. ¿Cuál es, pues, la disciplina para este fin? En primer lugar, la más elevada y principal, y la que está como a la entrada, es esta: cuando te deleites con algo, hazlo como con una cosa que no es de las que no se pueden quitar, sino como con algo de tal clase, como lo es una vasija de barro o un vaso de cristal que, cuando se haya roto, te acuerdes de lo que era y no te turbe. Así también en este asunto: si besas a tu propio hijo o a tu hermano o amigo, no des nunca plena licencia a la apariencia, y no permitas que tu placer vaya tan lejos como quiera, sino contrólalo y refrénalo como aquellos que están detrás de los hombres en sus triunfos[165] y les recuerdan que son mortales. Recuérdate también a ti mismo que, de la misma manera que aquel a quien amas es mortal y que lo que amas no es nada tuyo, te ha sido dado para el presente, no para que no se te ha quitado ni se te ha dado para siempre, sino como se te da un higo o un racimo de uvas en la estación del año, pero, si deseas estas cosas en invierno, eres un necio. Por eso, si deseas a tu hijo o a tu amigo cuando no te está permitido, debes saber que estás deseando un higo en invierno. Porque, así como el invierno es para un higo, así es cada acontecimiento que sucede del universo a las cosas que no se llevan según su naturaleza. Y, además, en los momentos en que te deleitas con una cosa, pon ante ti las apariencias contrarias. ¿Qué mal hace, mientras besas a tu hijo, decir con voz ceceante: «Mañana morirás». A un amigo también: «Mañana te irás o me iré yo, y nunca más nos veremos»? «Pero estas son palabras de mal agüero». Y algunos conjuros también son de mal agüero, pero como son útiles, no me importa esto, solo que sean útiles. «Pero ¿llamas a las cosas de

165 Un esclavo acompañaba en el carro al general que celebraba un triunfo.

mal agüero, salvo a aquellas que son significativas de algún mal?». La cobardía es una palabra de mal agüero, y la mezquindad de espíritu, y la pena, y la desvergüenza. Estas palabras son de mal agüero y, sin embargo, no debemos dudar en pronunciarlas para protegernos de ellas. Decid que incluso el hecho de que se cosechen las espigas es de mal agüero, pues significa la destrucción de las espigas, pero no del mundo. Di que también la caída de las hojas es de mal agüero, y que el higo seco sustituya al higo verde y que se hagan pasas de las uvas. Pues todas estas cosas son cambios de un estado anterior a otros estados; no una destrucción, sino una cierta economía y administración fijas. Tal es la salida de casa, un pequeño cambio; tal es la muerte, un cambio mayor, no del estado que ahora es al que no es, sino al que no es ahora. «¿Dejaré, entonces, de existir?». No existirás, sino que serás otra cosa de la que el mundo tiene ahora necesidad: porque tú también viniste a la existencia sin elegir cuándo hacerlo, sino cuando el mundo tuvo necesidad de ti.

Por lo tanto, el hombre sabio y bueno, recordando quién es y de dónde vino y por quién fue producido, solo está atento a esto, cómo puede llenar su lugar con la debida regularidad y obedientemente a Dios. «¿Quieres que siga existiendo? Seguiré existiendo tan libre, tan noble en su naturaleza, como Tú has querido que exista: porque Tú me has hecho libre de obstáculos en lo que es mío. Pero ¿no tienes más necesidad de mí? Te lo agradezco; y hasta ahora he permanecido por ti y por ninguna otra persona, y ahora en obediencia a ti me voy». «¿Cómo te vas?». De nuevo, digo, como Tú has querido, como libre, como Tu siervo, como alguien que ha conocido Tus mandatos y Tus prohibiciones. Y mientras permanezca a tu servicio, ¿quién quieres que sea? ¿Príncipe o particular, senador o plebeyo, soldado o general, maestro o jefe de familia? Sea cual sea el lugar y la posición que me asignes, como dice Sócrates, «moriré diez mil veces antes que abandonarlos». ¿Y dónde quieres que esté? ¿En Roma o en Atenas o en Tebas o en Gíaros? Solo acuérdate de mí allí donde estoy. Si me envías a un lugar donde no hay medios para que los hombres vivan según la naturaleza, no me iré desobedeciéndote, sino como si me dieras la señal de retirarme. No te dejo, está fuera de mi intención, sino que percibo que no tienes necesidad de mí. Si se me permite vivir según la naturaleza, no buscaré otro lugar que aquel en el que estoy, ni otros hombres que aquellos entre los que me encuentro. Ten a mano estos pensamientos de noche y de día: estos debes escribir, estos debes leer; de estos debes hablar contigo mismo y con los demás. Pregúntale a un hombre: «¿Puedes ayudarme en algo para este propósito?». Además, ve a otro y a otro. Entonces, si algo de lo que se dice es contrario a tu deseo, esta reflexión primera te aliviará inmediatamente porque no es inesperada. Porque es una gran cosa en todos los casos decir: «Yo sabía que engendré un hijo que es mortal[166]». Pues así también dirás: «Sabía que soy mortal, sabía que puedo dejar mi casa, sabía que puedo ser expulsado de ella, sabía que puedo ser llevado a Prisión». Entonces, si te das la vuelta y te miras a ti mismo y buscas el lugar de donde viene lo que ha sucedido, de inmediato, recordarás que viene del lugar de las cosas que están fuera del poder de la voluntad y de las cosas que no son mías. «¿Qué es, entonces, para mí?», preguntarás. Esto es lo principal: «¿Y quién es el que lo envía?». El jefe o el general, el Estado, la ley del Estado. Dámela, entonces, pues siempre debo obedecer la ley en todo.

Entonces, cuando la apariencia te moleste, ya que no está en tu mano evitarlo, conténtala con la ayuda de la razón, véncela: no permitas que gane fuerza ni que te lleve a las consecuencias levantando las imágenes que le plazca y como le plazca. Si estás en Gíaros, no imagines el modo de vivir en Roma, y cuántos placeres había para el que vivía allí y cuántos habría para el que volviera a Roma, sino fija tu mente en este asunto, en cómo un hombre que vive en Gíaros debe vivir allí como un hombre de valor. Y si estás en Roma, no imagines lo que es la vida en Atenas, sino piensa solo en la vida en Roma.

---

166 Palabras atribuidas a Solón, a Anaxágoras y Jenofonte.

Así, en lugar de todos los demás deleites, sustituye este, el de ser consciente de que estás obedeciendo a Dios; de que, no de palabra, sino de hecho, estás realizando los actos de un hombre sabio y bueno. Porque qué cosa es que un hombre pueda decirse a sí mismo: «Ahora, todo lo que los demás pueden decir de manera solemne en las escuelas y puede ser juzgado como algo contrario a la opinión común, esto lo estoy haciendo yo; y están sentados y están disertando sobre mis virtudes e indagando sobre mí y alabándome, y de esto Zeus ha querido que yo reciba de mí mismo una demostración, y que yo mismo sepa si tiene un soldado como debe tener, un ciudadano como debe tener y si ha decidido presentarme al resto de la humanidad como testigo de las cosas que son independientes de la voluntad: "Mirad que teméis sin razón, que deseáis neciamente lo que deseáis, no busquéis el bien en las cosas externas; buscadlo en vosotros mismos; si no lo hacéis, no lo encontraréis"». «Con este fin, me conduce en un tiempo aquí, en otro tiempo me envía allá, me muestra a los hombres como pobre, sin autoridad y enfermo; me envía a Gíaros, me lleva a la cárcel, no porque me odie, lejos de él tal significado, pues ¿quién odia al mejor de sus siervos? Ni tampoco porque no se preocupe por mí, pues no descuida ninguna de las cosas más pequeñas, sino que lo hace con el fin de ejercitarme y servirse de mí como testigo para los demás. Siendo designado para tal servicio, ¿me importa todavía el lugar en el que estoy o con quién estoy o lo que los hombres dicen de mí? ¿No dirijo enteramente mis pensamientos a Dios y a sus instrucciones y mandatos?».

Teniendo estas cosas siempre a mano y ejercitándolas por ti mismo y manteniéndolas preparadas, nunca te faltará una para consolarte y fortalecerte. Porque no es vergonzoso estar sin algo que comer, sino no tener razón suficiente para alejar el miedo y la tristeza. Pero si una vez que has conseguido la exención de la pena y el miedo, ¿habrá ya un tirano para ti o una guardia del tirano o asistentes del César? ¿O te causará dolor cualquier nombramiento para cargos en la corte o los que sacrifican en el Capitolio, con ocasión de ser nombrados para ciertas funciones, te causarán dolor a ti que has recibido tan gran autoridad de Zeus? Solo que no hagas una exhibición orgullosa ni te jactes de ello, pero demuéstralo con tus actos; y si nadie lo percibe, confórmate con que tú mismo estás en un estado saludable y feliz.

25

A los que se desvían de su propósito

Considera las cosas que te propusiste al principio, las que has conseguido y las que no; y cómo te alegras cuando recuerdas lo uno y te duele lo otro; y, si es posible, recupera las cosas en las que fallaste. Porque no hay que encogerse cuando se está en el mayor de los combates, sino que incluso hay que recibir golpes. Pues el combate que tenemos ante nosotros no es el de la lucha libre y el pancracio, en el que tanto el triunfador como el fracasado pueden tener el mayor mérito o pueden tener poco y, en verdad, pueden ser muy afortunados o muy desafortunados, sino que el combate es por la buena fortuna y la felicidad misma. Pues bien, aunque hayamos renunciado a la contienda en este asunto, nadie nos impide renovar el combate, y no estamos obligados a esperar otros cuatro años para que vuelvan a celebrarse los juegos de Olimpia, sino que tan pronto como te hayas recuperado y restablecido y emplees el mismo celo, puedes renovar el combate; y si de nuevo renuncias a él, puedes volver a renovarlo; y si una vez obtienes la victoria, eres como el que nunca ha renunciado al combate. Solo que, por el hábito de hacer lo mismo, no empieces a hacerlo con gusto, y después, como un mal atleta, vayas por ahí, después de haber sido vencido en todo el circuito de los juegos, como codornices que han huido.

«La visión de una hermosa joven me sobrecoge. ¿Acaso no me ha sobrecogido antes? Surge en mí una inclinación a encontrar faltas en una persona; pues, ¿no he encontrado antes faltas en ella?». Nos hablas como si hubieras salido indemne, como si un hombre dijera a su médico que le prohíbe bañarse: «¿No me he bañado antes?». El médico podría decirle: «Bueno, ¿y qué te ha pasado después del baño? ¿No tuviste fiebre?, ¿no tuviste dolor de cabeza?». Y cuando últimamente encontrabas faltas en una persona, ¿no hacías el acto de una persona maligna, de un parlanchín insignificante, no abrigabas este hábito en ti añadiendo a él los actos correspondientes? Y cuando fuiste dominado por la joven, ¿saliste ileso? ¿Por qué, entonces, hablas de lo que hiciste antes? Creo que deberías, recordando lo que hiciste como los esclavos recuerdan los golpes que han recibido, abstenerte de las mismas faltas. Pero un caso no es como el otro, porque en el caso de los esclavos el dolor provoca el recuerdo; pero en el caso de tus faltas, cuál es el dolor, cuál es el castigo; pues, ¿cuándo has estado acostumbrado a huir de los malos actos? Los sufrimientos, pues, de carácter probatorio nos son útiles, queramos o no.

26

A los que temen la carencia

¿No os avergonzáis de ser más cobardes y mezquinos que los esclavos fugitivos? ¿Cómo dejan a sus amos cuando se fugan? ¿De qué fincas dependen, y de qué domésticos se valen? ¿No es cierto que, después de robar un poco que les basta para los primeros días, se desplazan después por tierra o por mar, inventando un método tras otro para mantener su vida? ¿Y qué esclavo fugitivo ha muerto alguna vez de hambre? Pero tú sientes miedo de no tener las cosas necesarias, y no tienes sueño por la noche. Desgraciado, ¿estás tan ciego y no ves el camino al que conduce la falta de lo necesario? «Bueno, ¿a dónde lleva?». Al mismo lugar al que conduce una fiebre o una piedra que te cae encima, a la muerte. ¿No has dicho tú mismo muchas veces esto a tus compañeros? ¿No has leído mucho de este tipo, y escrito mucho? Y, ¿cuántas veces te has jactado de ser fácil en cuanto a la muerte?

«Sí, pero mi mujer y mis hijos también pasan hambre». Pues bien, ¿acaso su hambre los lleva a otro lugar? ¿No hay el mismo descenso a algún lugar para ellos también? ¿No hay el mismo estado abajo para ellos? ¿No eliges, pues, mirar a ese lugar lleno de audacia contra toda carencia y deficiencia, a ese lugar al que han de descender tanto los más ricos como los que han ocupado los más altos cargos, y los mismos reyes y tiranos o al que descenderán hambrientos, si así ocurriera, pero revientan por la indigestión y la embriaguez? ¿Qué mendigo no has visto nunca que no sea un anciano e incluso de extrema edad? Pero temblando por el frío de día y de noche, y tumbados en el suelo, y comiendo solo lo absolutamente necesario se acercan a la imposibilidad de morir. ¿No puedes escribir? ¿No puedes enseñar a los niños? ¿No puedes ser un vigilante en la puerta de otra persona? «Pero es vergonzoso llegar a tal necesidad». Aprende, primero, cuáles son las cosas que son vergonzosas, y después dinos que eres un filósofo, pero de momento no permitas ni siquiera que otro te llame así.

¿Es vergonzoso para ti lo que no es tu propio acto, de lo que no eres la causa, lo que te ha llegado por accidente, como un dolor de cabeza, como una fiebre? Si tus padres eran pobres y dejaron sus bienes a otros y, si mientras viven no te ayudan en nada, ¿es esto vergonzoso para ti? ¿Es esto lo que aprendiste con los filósofos? ¿Nunca oísteis que lo que es vergonzoso debe ser reprochado, y que lo que es reprochable es digno de reproche? ¿A quién culpas por un acto que no es suyo, que no hizo él mismo? ¿Hiciste tú, entonces, a tu padre tal como es o está en tu poder mejorarlo? ¿Se te ha concedido este poder? Pues bien, ¿deberías desear las cosas que no te son dadas o avergonzarte si no las obtienes? ¿Y también te has acostumbrado, mientras estudiabas filosofía, a mirar a los demás y a no esperar nada de ti mismo? Lamentad, pues, y gemid y comed con miedo de no tener comida mañana. Tiembla por tus pobres esclavos para que no roben, para que no huyan, para que no mueran. Vive, pues, y sigue viviendo, tú que solo de nombre te has acercado a la filosofía y has deshonrado sus teoremas hasta donde has podido, mostrándolos inútiles y poco provechosos para los que los toman; tú que nunca has buscado la constancia, la libertad de la perturbación y de las pasiones; tú que no has buscado a ninguna persona por este objeto, sino a muchas por los silogismos; tú que nunca has examinado a fondo ninguna de estas apariencias por ti mismo: «¿Soy capaz de soportar o no soy capaz de soportar? ¿Qué me queda por hacer?». Pero como si todos tus asuntos estuvieran bien y seguros, has estado descansando en el tercer tema, el de que las cosas no cambien para que puedas poseer sin cambios..., ¿qué? La cobardía, el espíritu mezquino, la admiración de los ricos, el deseo sin alcanzar ningún fin, y la evasión que fracasa en el intento. Sobre la seguridad de estas cosas te has preocupado.

¿No deberíais haber ganado algo más con la razón y, entonces, haberlo protegido con seguridad? ¿Y a quién has visto construir una almena alrededor y no rodearla con un muro? ¿Y qué portero se coloca sin puerta que vigilar? Pero tú practicas para poder probar. ¿Qué? Practicáis para no ser zarandeados como en el mar por sofismas, ¿y zarandeados por qué? Muéstrame primero lo que sostienes, lo que mides o lo que pesas; y muéstrame la balanza o el medimno[167]. ¿Cuánto tiempo seguirás midiendo el polvo? ¿No deberías demostrar aquellas cosas que hacen felices a los hombres, que hacen que las cosas sigan su camino como desean, y por qué no debemos culpar a nadie ni acusar a nadie, y consentir en la administración del universo? Muéstrame esto. «Mira, te los muestro: Resolveré los silogismos por ti». Esta es la medida, esclavo, pero no es la cosa medida. Por eso pagas ahora la pena de lo que descuidaste, la filosofía: tiemblas, te desvelas, aconsejas con todas las personas; y si tus deliberaciones no pueden agradar a todos, piensas que has deliberado mal. Entonces,

---

167 La lógica comparada con elementos de medición.

temes el hambre, como supones. Pero no es el hambre lo que temes, sino que temes que no tengas cocinero, que no tengas otro que compre provisiones para la mesa, un tercero que te quite los zapatos, un cuarto que te vista, otros que te froten, y que te sigan, para que, en el baño, cuando te hayas quitado la ropa y te hayas extendido como los crucificados, te froten por este lado y por aquel y, entonces, los que te ungirán digan: «Cambia de posición, presenta el costado, agarra la cabeza, muestra el hombro»; y, cuando hayas dejado el baño y te hayas ido a casa, puedes gritar: «¿Nadie trae algo de comer?». Y después: «Quitad las mesas, esponjadlas». Tenéis miedo de esto, de no ser capaces de llevar la vida de un enfermo. Pero aprende la vida de los que están en salud, cómo viven los esclavos, cómo viven los obreros, cómo viven los que son auténticos filósofos; cómo vivía Sócrates, que tenía mujer e hijos; cómo vivía Diógenes, y cómo vivía Cleantes, que atendía la escuela y sacaba agua. Si eliges tener estas cosas, las tendrás en todas partes, y vivirás en plena confianza. ¿Confiar en qué? En lo único en lo que un hombre puede confiar, en lo que es seguro, en lo que no está sujeto a obstáculos, en lo que no puede ser quitado, es decir, en tu propia voluntad. ¿Y por qué te has hecho tan inútil y bueno para nada que ningún hombre quiere recibirte en su casa ni cuidar de ti? Pero si un utensilio entero y útil fuera arrojado al exterior, todo hombre que lo encontrara lo tomaría y lo consideraría una ganancia; pero ningún hombre te tomará, y todo hombre te considerará una pérdida. ¿Así que no puedes desempeñar el oficio de un perro o de un gallo? ¿Por qué, pues, decides seguir viviendo si eres lo que eres?

¿Acaso algún hombre bueno teme caer por no tener comida? El ciego no cae, el cojo no cae: ¿caerá un hombre bueno? Al buen soldado no le falta quien le dé la paga ni al obrero ni al zapatero: ¿y al hombre bueno le faltará tal persona? ¿Acaso Dios se desentiende de las cosas que ha establecido, de sus ministros, de sus testigos, a los que solo emplea como ejemplos para los no instruidos, tanto de que existe como de que administra bien el conjunto, y no descuida los asuntos humanos y de que para el hombre bueno no exista ningún mal ni cuando está vivo ni cuando está muerto? ¿Qué, pues, cuando no le suministra el alimento? ¿Qué otra cosa hace que, como un buen general, me ha dado la señal de retirada? Obedezco, sigo, asintiendo a las palabras del comandante, alabando sus actos, porque vine cuando le agradó y también me iré cuando le agrade; y, mientras vivía, era mi deber alabar a Dios para mí mismo tanto frente a cada persona por separado como frente a muchos. No me provee de muchas cosas ni de abundancia, no quiere que viva lujosamente, tampoco proveyó a Hércules que era su propio hijo, sino que otro fue rey de Argos y Micenas, y Hércules obedeció órdenes y trabajó y se ejercitó. Y Euristeo era lo que era, ni pariente de Argos ni de Micenas, pues ni siquiera era rey de sí mismo; pero Hércules era gobernante y jefe de toda la tierra y el mar, que purgó la anarquía e introdujo la justicia y la santidad; y estas cosas las hizo desnudo y solo.

Y cuando Ulises naufragó, ¿lo humilló la necesidad, lo quebró el espíritu? ¿Cómo fue a pedir a las vírgenes lo que se considera más vergonzoso? Como un león criado en las montañas, confiando en su fuerza.

¿Confiando en qué? No en la reputación ni en la riqueza ni en el poder de un magistrado, sino en su propia fuerza, es decir, en sus opiniones sobre las cosas que están en nuestro poder y las que no lo están. Porque estas son las únicas cosas que hacen a los hombres libres, que les hacen escapar de los obstáculos, que levantan la cabeza de los deprimidos, que les hacen mirar con ojos firmes a los ricos y a los tiranos. Y este fue el don que se le dio al filósofo. Pero tú no saldrás con valentía, sino temblando por tus insignificantes vestimentas y vasos de plata. Infeliz, ¿has perdido así tu tiempo hasta ahora?

«¿Qué, entonces, si voy a estar enfermo?». Estarás enfermo como debes estarlo. «¿Quién cuidará de mí?». Dios, tus amigos. «Me acostaré en un lecho duro». Pero te acostarás como un hombre. «No tendré una habitación conveniente». Estarás enfermo en una habitación incómoda. «¿Quién me proporcionará la comida necesaria?».

Los que proveen a otros también. Estarás enfermo como Manes[168]. «¿Y cuál será también el fin de la enfermedad? ¿Algo más que la muerte?». ¿No consideras, entonces, que el principal de todos los males para el hombre y la principal marca del espíritu mezquino y de la cobardía no es la muerte, sino el miedo a la muerte? Contra este miedo, pues, os aconsejo: Ejercítate. A esto deben inclinarse todos tus razonamientos, tus ejercicios y tus lecturas, y sabrás que solo así se hacen libres los hombres.

168 Manes es un nombre común de esclavos.

LIBRO CUATRO

1

Sobre la libertad

Es libre quien vive como quiere vivir; quien no está sujeto a la compulsión, ni a los obstáculos, ni a la fuerza; cuyos movimientos a la acción no son impedidos, cuyos deseos logran su propósito, y quien no cae en lo que quisiera evitar. ¿Quién, entonces, elige vivir en el error? Ningún hombre. ¿Quién elige vivir engañado, susceptible de equivocarse, injusto, desenfrenado, descontento, mezquino? Ningún hombre. Ni uno solo de los malos vive como quiere; ni es, pues, libre. ¿Y quién elige vivir con pena, con miedo, con envidia, con lástima, deseando y fracasando en sus deseos, intentando evitar algo y cayendo en ello? Ni uno solo. ¿Encontramos, entonces, a alguno de los malos libre de pena, libre de miedo, que no caiga en lo que quiere evitar y no obtenga lo que desea? Ni uno solo; ni tampoco encontramos a ningún hombre malo libre. Si, pues, un hombre que ha sido dos veces cónsul oye esto, y si añades: «Pero tú eres un hombre sabio, esto no es nada para ti», te perdonará. Pero si le dices la verdad, y le dices: «No difieres en nada de los que han sido vendidos tres veces en cuanto a no ser tú mismo un esclavo», ¿qué otra cosa debes esperar que no sean golpes? Porque él dice: «¿Qué, yo un esclavo?, yo cuyo padre era libre, cuya madre era libre, yo a quien ningún hombre puede comprar; también soy de rango senatorial, y amigo del César[169], y he sido cónsul y poseo muchos esclavos». En primer lugar, excelentísimo senador, quizá tu padre también fue esclavo en el mismo tipo de servidumbre, y tu madre, y tu abuelo y todos tus antepasados en serie ascendente. Pero, aunque fueran tan libres, como es posible, ¿qué es esto para ti? ¿Qué pasa si ellos eran de naturaleza noble, y tú de naturaleza mezquina?; ¿si ellos eran intrépidos, y tú un cobarde?; ¿si ellos tenían el poder del autocontrol, y tú no eres capaz de ejercerlo?

«¿Y qué —dirás— tiene esto que ver con ser esclavo?». ¿Te parece que no es nada hacer una cosa sin querer, con coacción, con gemidos?, ¿no tiene esto nada que ver con ser esclavo? «Es algo —dices—, pero ¿quién es capaz de obligarme, excepto el señor de todo, el César?». Entonces, hasta tú mismo has admitido que tienes un solo amo. Pero que él sea el amo común de todos, como dices, no te debe consolar en absoluto, sino que debes saber que eres un esclavo en una gran familia. Así también el pueblo de Nicópolis suele exclamar: «Por la fortuna del César, somos libres».

Sin embargo, si te place, no hablemos del César por ahora. Pero dime lo siguiente: ¿nunca has amado a ninguna persona, ni joven, ni esclava, ni libre? ¿Qué es, entonces, esto con respecto a ser esclavo o libre? ¿Nunca te ha obligado la persona amada a hacer algo que no querías? ¿Nunca has halagado a tu pequeña esclava? ¿Nunca le has besado los pies? Y, sin embargo, si algún hombre te obligara a besar los pies del César, lo considerarías un insulto y una tiranía excesiva.

¿Qué otra cosa es, entonces, la esclavitud? ¿Nunca salisteis de noche a algún lugar al que no queríais ir, no gastasteis lo que no queríais gastar, no pronunciasteis palabras con suspiros y gemidos, no os sometisteis al abuso y a la exclusión? Pero si te da vergüenza

169 Nombramiento muy estimado. Se les concedía a los senadores y caballeros que eran aceptados en la corte imperial de Roma.

confesar tus propios actos, mira lo que dice y hace Trasónides[170], que habiendo visto tanto servicio militar como tal vez ni siquiera tú lo has visto, en primer lugar, salió de noche, cuando Getas[171] no se aventuraba a salir, sino que, si hubiera sido obligado por su amo, habría gritado mucho y habría salido lamentando su amarga esclavitud. A continuación, ¿qué dice Trasónides?: «Una inútil me ha esclavizado, a mí que ningún enemigo jamás». Hombre infeliz, que eres esclavo incluso de una muchacha, y de una muchacha sin valor. ¿Por qué, entonces, te llamas libre? ¿Y por qué hablas de tu servicio en el ejército? Entonces, pide una espada y se enfada con quien por bondad se la niega; y envía regalos a quien lo odia, y suplica y llora, y, por otro lado, habiendo tenido un pequeño éxito, se alegra. Pero incluso, entonces, ¿cómo?, ¿era lo suficientemente libre para no desear ni temer?

Consideremos ahora, en el caso de los animales, cómo empleamos la noción de libertad. Los hombres mantienen a los leones domesticados encerrados y los alimentan, y algunos los pasean, ¿quién dirá que este león es libre? ¿No es el hecho de que cuanto más vive a sus anchas, tanto más se encuentra en una condición de esclavitud? ¿Quién, si tuviera percepción y razón, desearía ser uno de estos leones? Pues bien, las aves, cuando son atrapadas y se las mantiene encerradas, ¿cuánto sufren en sus intentos de escapar? Algunas de ellas mueren de hambre antes que someterse a tal tipo de vida. Y las que viven, apenas viven y con sufrimiento se consumen; y, si alguna vez encuentran alguna abertura, se escapan. Tanto desean su libertad natural y ser independientes y libres de estorbos. ¿Y qué mal hay en esto? «¿Qué dices? Estoy formado por naturaleza para volar donde quiera, para vivir al aire libre, para cantar cuando quiera. Me priváis de todo esto y decís: "¿Qué daño os hace?"». Por esta razón, diremos

170 Trasónides: personaje de un soldado jactancioso de *El odiado*, comedia de MENANDRO.

171 Esclavo de comedia que lleva el nombre del lugar de donde procede.

que solo son libres aquellos animales que no soportan la captura, sino que, en cuanto son capturados, escapan del cautiverio por la muerte. Así, Diógenes dice que hay un camino hacia la libertad, y es morir contento; y escribe al rey persa[172]: «No puedes esclavizar al Estado ateniense como tampoco puedes esclavizar a los peces». «¿Cómo es eso? ¿No puedo atraparlos?». «Si los atrapas —dice Diógenes—, te abandonarán inmediatamente, como hacen los peces; pues si atrapas un pez, este muere; y, si estos hombres atrapados han de morir, ¿de qué te sirve la preparación para la guerra?». Estas son las palabras de un hombre libre que había examinado cuidadosamente el tema y, como era natural, lo había descubierto. Pero si lo busca en un lugar diferente de donde está, ¿qué maravilla si nunca lo encuentra?

El esclavo desea ser liberado inmediatamente. ¿Por qué? ¿Creéis que desea pagar el dinero a los recaudadores de veinteavos[173]? No, sino porque se imagina que, hasta ahora, por no haber obtenido esto, se ve entorpecido y desafortunado. «Si me liberan, inmediatamente es todo felicidad, no me importa ningún hombre, hablo con todos como un igual y, como ellos, voy donde quiero; vengo de cualquier lugar que elija y voy a donde quiera». Después es liberado; y, en seguida, no teniendo lugar donde comer, busca algún hombre a quien halagar, alguien con quien cenar. Entonces, o bien trabaja con su cuerpo y soporta las cosas más espantosas y, si consigue un pesebre, cae en una esclavitud mucho peor que su anterior esclavitud; o bien, incluso si se hace rico, siendo un hombre sin conocimiento de lo que es bueno, ama a alguna muchachita, y en su felicidad se lamenta y desea volver a ser esclavo. Dice: «¿Qué mal sufrí en mi estado de esclavitud? Otro me vestía, otro me proveía de zapatos, otro me alimentaba, otro me cuidaba en la enfermedad; y yo solo hacía algunos servicios para él. Pero ahora, miserable, qué cosas sufro, siendo esclavo de muchos en vez de uno. Pero, sin embargo

172 Podría tratarse del rey persa Artajerjes Oco.
173 Tasa que debía pagarse al Estado por la libertad concedida.

—dice—, “si adquiero anillos, entonces, viviré muy próspero y feliz”». Primero, para adquirir estos anillos, se somete a aquello de lo que es digno; después, cuando los ha adquirido, vuelve a ser todo lo mismo. Entonces, dice: «Si me dedico al servicio militar, estoy libre de todos los males». Obtiene el servicio militar. Sufre tanto como un esclavo azotado, sin embargo, pide un segundo servicio y un tercero. Después de esto, cuando ha puesto el broche de oro a su carrera y se ha convertido en senador, entonces, se convierte en esclavo entrando en la asamblea, y pertenece a la esclavitud más fina y espléndida: no para ser un tonto, sino para aprender lo que Sócrates enseñó, cuál es la naturaleza de cada cosa que existe, y que un hombre no debe adaptar precipitadamente los preconceptos a las diversas cosas. Porque esta es la causa de todos los males de los hombres, el no poder adaptar los preconceptos generales a las diversas cosas. Pero tenemos opiniones diferentes. Un hombre piensa que está enfermo: no es así. El hecho es que no adapta bien sus preconceptos. Otro piensa que es pobre; otro que tiene un padre o una madre severos; y otro, de nuevo, que el César no le es favorable. Pero todo esto es una y solo una cosa, el no saber adaptar las preconcepciones. Porque, ¿quién no tiene un preconcepto de lo que es malo, de que es perjudicial, de que debe evitarse, de que hay que protegerse por todos los medios? Una idea preconcebida no es contradictoria con otra solo cuando se trata de la adaptación. ¿Qué es, entonces, este mal que es, a la vez, perjudicial y que debe evitarse? Responde: «No ser amigo del César». Se ha alejado de la marca, ha perdido la adaptación, está avergonzado, busca las cosas que no son en absoluto pertinentes al asunto. porque cuando ha tenido éxito en ser el amigo del César, sin embargo, ha fracasado en encontrar lo que buscaba. Porque, ¿qué es lo que todo hombre busca? Vivir seguro, ser feliz, hacer todo lo que desea, no ser obstaculizado ni obligado. Cuando se ha convertido en amigo del César, ¿está libre de obstáculos?, ¿libre de coacción?, ¿está tranquilo?, ¿es feliz? ¿A quién debemos preguntar? ¿Qué testigo más fiable tenemos que este mismo hombre que se ha convertido en amigo del César? Acércate y dinos cuándo has dormido más tranquilo, ahora o antes de ser amigo del César. Inmediatamente oirás la respuesta: «Detente, te lo ruego, y no te burles de mí: no sabes qué miserias sufro, y el sueño no me llega; sino que viene uno y dice: "El César ya está despierto, ahora va a salir". Entonces, vienen los problemas y las preocupaciones». Pues bien, ¿cuándo has cenado con más placer, ahora o antes? Escucha lo que dice también sobre esto. Dice que, si no se le invita, se siente apenado; y, si se le invita, cena como un esclavo con su amo, todo el tiempo preocupado por no decir ni hacer ninguna tontería. ¿Y de qué crees que tiene miedo, de ser azotado como un esclavo? ¿Cómo puede esperar algo tan bueno? No, sino que, como corresponde a un hombre tan grande, amigo del César, teme perder la cabeza. ¿Y cuándo se bañó más libre de problemas y tomó su ejercicio gimnástico más tranquilamente? En fin, ¿qué clase de vida prefieres? ¿La actual o la anterior? Puedo jurar que ningún hombre es tan estúpido o tan ignorante de la verdad como para no lamentar sus propias desgracias cuanto más cerca está de la amistad del César. Puesto que, entonces, ni los que se llaman reyes viven como quieren, ni los amigos de los reyes, ¿quiénes son finalmente libres? Busca, y encontrarás, pues tienes ayudas de la naturaleza para el descubrimiento de la verdad. Pero si no eres capaz por ti mismo, recorriendo estos caminos, de descubrir lo que sigue, escucha a los que han hecho la investigación. ¿Qué dicen ellos? ¿Te parece que la libertad es algo bueno? «El mayor bien». ¿Es posible, entonces, que quien obtiene el mayor bien pueda ser infeliz o sea alguien a quien le vaya mal?

«No». Quienquiera, pues, que veas infeliz, desdichado, lamentándose, declara confiadamente que no es libre. «Yo lo declaro». Ahora, pues, nos hemos alejado de la compraventa y de tales arreglos sobre cuestiones de propiedad, pues, si has asentido correctamente a estas cuestiones, si el Gran Rey[174] es infeliz, no puede ser libre, ni tampoco

174 El rey de Persia, tomado como signo de hombre de gran poder.

un pequeño rey, ni un hombre de rango consular, ni uno que haya sido dos veces cónsul. «Que así sea». Además, entonces, contéstame también a esta pregunta: ¿Te parece que la libertad es algo grande, noble y valioso? «¿Cómo no va a parecerlo?». ¿Es posible, entonces, que cuando un hombre obtiene algo, tan grande y valioso y noble sea mezquino? «No es posible». Cuando, pues, veáis a algún hombre sometido a otro o halagándolo en contra de su propia opinión, afirmad con seguridad que ese hombre tampoco es libre; y no solo si lo hace por un poco de cena, sino también si lo hace por un gobierno o un cargo de cónsul, y llamad «pequeños esclavos» a estos hombres que por cuestiones pequeñas hacen estas cosas, y a los que lo hacen por cosas grandes llamadlos «grandes esclavos», como lo merecen. «Esto también se admite». ¿Crees que la libertad es una cosa independiente y autónoma? «Ciertamente». A quien, pues, está en el poder de otro impedir y obligar, declarad que no es libre. Y no busques, te ruego, a sus abuelos y bisabuelos, ni preguntes por si fue comprado o vendido, pero si le oyes decir de corazón y con sentimiento: «Amo», aunque le precedan doce fasces[175], llámalo esclavo. Y si le oyes decir: «Desgraciado que soy, cuánto sufro», llámalo esclavo. Si, por último, lo ves lamentarse, quejarse, ser infeliz, llámalo esclavo, aunque lleve una toga pretexta[176]. Si, pues, no hace nada de esto, no digas todavía que es libre, sino conoce sus opiniones, si están sujetas a coacción o pueden producir estorbos o a la mala fortuna, y si lo encuentras así, llámalo esclavo que tiene vacaciones en la Saturnales[177]. Di que su amo está fuera de casa, que volverá pronto y sabrá lo que sufre. «¿Quién

175 Precedían a los cónsules.

176 La toga pretexta, blanca con el borde púrpura, era un tipo de toga utilizada por los antiguos romanos en las grandes ocasiones. Tenían derecho a llevarla los niños, los senadores y los que hubieran alcanzado una alta magistratura. Era de lana y se tejía en la propia casa.

177 Las Saturnales, celebraciones que se llevaban a cabo desde el 17 hasta el 23 de diciembre. Durante esos días, los esclavos gozaban de una libertad temporal, por lo que tenían trato de igualdad con sus amos.

volverá?». ¿Quién tiene en sí mismo el poder sobre cualquier cosa que sea deseada por el hombre, ya sea para dársela o para quitársela? «¿Así, pues, tenemos muchos amos?». Tenemos, porque tenemos circunstancias como amos anteriores a nuestros amos actuales, y estas circunstancias son muchas. Por lo tanto, debe ser necesario que aquellos que tienen el poder sobre cualquiera de estas circunstancias sean nuestros amos. Porque ningún hombre teme al César, sino que teme la muerte, el destierro, la privación de sus bienes, la prisión y la desgracia. Tampoco ningún hombre ama al César, a menos que el César sea una persona de gran mérito, sino que ama la riqueza, el cargo de tribuno, pretor o cónsul. Cuando amamos y odiamos y tememos estas cosas, debe ser que quienes tienen el poder sobre ellas deben ser nuestros amos. Por lo tanto, los adoramos incluso como dioses, porque pensamos que lo que posee el poder de conferirnos la mayor ventaja es divino. Entonces, suponemos erróneamente que cierta persona tiene el poder de conferir las mayores ventajas, por lo tanto es algo divino. Porque, si suponemos erróneamente que cierta persona tiene el poder de conferir las mayores ventajas, es una consecuencia necesaria que la conclusión de estas premisas debe ser falsa.

¿Qué es, entonces, lo que hace que un hombre esté libre de obstáculos y se convierta en su propio dueño? Porque no lo hace la riqueza ni el consulado ni el gobierno provincial ni el poder real, sino que hay que descubrir algo más. ¿Qué es, pues, lo que, al escribir, nos hace libres de obstáculos y sin impedimentos? «El conocimiento del arte de escribir». ¿Qué es, entonces, lo que nos hace tocar el laúd? «La ciencia de tocar el laúd». Por lo tanto, también en la vida es la ciencia de la vida. Has oído, pues, de manera general, pero examina la cosa también en las diversas partes. ¿Es posible que el que desea alguna de las cosas que dependen de otros pueda estar libre de obstáculos? «No». ¿Es posible que esté libre de impedimentos? «No». Por lo tanto, no puede ser libre. Considera, entonces, si no tenemos nada que esté en nuestro poder solamente o si tenemos todas las cosas o si algunas cosas están en nuestro poder y otras en el poder de otros. «¿Qué quieres decir?». Cuando deseas que el cuerpo esté completo, ¿está en tu poder o no? «No está en mi poder». ¿Si deseas que esté sano? «Tampoco está en mi poder». ¿Si deseas que sea guapo? «Tampoco eso». ¿Vida o muerte? «Tampoco está en mi poder». ¿Tu cuerpo, entonces, es ajeno, sujeto a todo hombre más fuerte que tú? «Así es». Pero tu hacienda, ¿está en tu poder tenerla cuando te plazca y mientras te plazca y tal como te plazca? «No». ¿Y tus esclavos? «No». ¿Y las ropas? «No». ¿Y tu casa? «No». ¿Y tus caballos? «Ninguna de estas cosas». Y si deseas por todos los medios que tus hijos vivan, o tu esposa o tu hermano o tus amigos, ¿está en tu poder? «Esto tampoco está en mi poder».

Entonces, no tienes nada que esté en tu propio poder, que dependa solo de ti mismo y que no pueda ser tomado de ti, ¿o tienes algo por el estilo? «No lo sé». Mira la cosa así, examínala. ¿Es capaz algún hombre de hacerte asentir a lo que es falso? «Ningún hombre». En el asunto del asentimiento, entonces, estás libre de impedimentos y obstrucciones. «Concedido». Bien; ¿y puede un hombre obligarte a desear lo que no quieres? «Puede, pues cuando me amenaza con la muerte o con las ataduras, me obliga a desear moverme hacia ello». Entonces, tú que acostumbras a despreciar la muerte y los lazos, ¿todavía le prestas atención? «No». ¿Es, entonces, el desprecio de la muerte un acto tuyo o no es tuyo? «Es un acto mío». Entonces, ¿es también un acto tuyo el deseo de avanzar hacia una cosa o no es así? «Es un acto propio». Pero desear alejarse de una cosa, ¿de quién es ese acto? Este también es tu acto. «Entonces, ¿si intento caminar y supongamos que otro me lo impide?». ¿Qué parte de ti te impide? ¿Impedir la facultad de asentir? «No, sino mi pobre cuerpo». Sí, como lo haría con una piedra. «Concedido, pero ya no camino». ¿Y quién te ha dicho que el caminar es un acto tuyo libre de impedimentos?, pues he dicho que solo esto estaba libre de impedimentos, el desear moverse, pero donde se necesita el cuerpo y su cooperación, hace tiempo que has oído que nada es tuyo. «Concedido también». ¿Y quién puede obligarte a desear lo que no deseas? «Nadie». Y a proponer o a pretender o, en definitiva, a hacer uso de las apariencias que se presentan, ¿puede obligarte algún hombre? «No puede hacerlo, pero me impedirá, cuando quiera, obtener lo que deseo». Si deseas algo que es tuyo y es una de las cosas que no pueden ser impedidas, ¿cómo te lo impedirá? «No puede de ninguna manera». ¿Quién te dice, pues, que quien desea las cosas que pertenecen a otro está libre de impedimentos?

«¿No debo, entonces, desear la salud?». De ninguna manera, ni ninguna otra cosa que pertenezca a otro: pues lo que no está en tu poder adquirir o conservar cuando te plazca, eso pertenece a otro. Guarda, pues, lejos de él no solo tus manos, sino, más aún, incluso tus deseos. Si no lo haces, te has entregado como un esclavo, has sometido tu cuello si admiras algo que no es tuyo, a todo lo que depende del poder de otros y es perecedero, a lo que has concebido una afición. «¿No es mi mano la que me pertenece?». Es una parte de tu propio cuerpo, pero es por naturaleza tierra, sujeta a estorbos, a coacciones, y esclava de todo lo que es más fuerte.

¿Y por qué digo tu mano? Debes poseer todo tu cuerpo como un pobre asno cargado, mientras sea posible, mientras se te permita. Pero si hay un apremio y un soldado se apodera de él, suéltalo, no te resistas ni murmures; si lo haces, recibirás golpes y también perderás el asno. Pero cuando debas sentirte así con respecto al cuerpo, considera lo que queda por hacer con respecto a todo lo demás que está previsto para el bien del cuerpo. Cuando el cuerpo es un asno, todas las demás cosas son trozos que pertenecen al asno, sillas de montar, zapatos, cebada, forraje. Deja que estos también se vayan. Deshazte de ellos más rápido y más fácilmente que del asno.

Cuando hayas hecho esta preparación, y hayas practicado esta disciplina para distinguir lo que pertenece a otro de lo que es tuyo, las cosas que están sujetas a obstáculos de las que no lo están, para considerar las cosas libres de obstáculos que te conciernen y las que no están libres que no te conciernen, para mantener tu deseo firmemente fijado en las cosas que te conciernen y alejado de las cosas que no te conciernen, ¿aún temerás a algún hombre? «A nadie». Porque, ¿de qué vas a tener miedo?, ¿de las cosas que te pertenecen, en las que consiste la naturaleza del bien y del mal? Y, ¿quién tiene poder sobre estas cosas?, ¿quién puede quitarlas?, ¿quién puede impedirlas? Ningún hombre puede, como tampoco puede impedir a Dios. Pero ¿vas a temer por tu cuerpo y tus bienes, por las cosas que no son tuyas, por las cosas que no te conciernen en absoluto? ¿Qué otra cosa has estudiado desde el principio que distinguir entre lo tuyo y lo que no es tuyo, las cosas que están en tu poder y las que no lo están, las cosas sujetas a impedimento y las que no lo están? ¿Por qué has acudido a los filósofos? ¿Fue para que, sin embargo, fueras desgraciado e infeliz? Entonces, de esta manera, como he supuesto que lo has hecho, estarás sin miedo y sin perturbación. ¿Y qué es la pena para ti? Porque el miedo viene de lo que esperas, pero la pena de lo que está presente. Pero ¿qué más deseas? Porque de las cosas que están dentro del poder de la voluntad, como son buenas y presentes, tienes un deseo apropiado y regulado, pero de las cosas que no están en el poder de la voluntad no deseas ninguna, y así no permites ningún lugar a lo que es irracional e impaciente y en demasía apresurado.

Cuando, entonces, te sientes afectado por las cosas, ¿qué hombre puede ser ya formidable para ti? Porque, ¿qué tiene un hombre que sea formidable para otro, ya sea cuando lo ves o hablas con él o, finalmente, estás tratando con él? No más de lo que tiene un caballo respecto a otro, o un perro respecto a otro, o una abeja respecto a otra abeja. Las cosas, en efecto, son formidables para todo hombre; y cuando un hombre es capaz de conferir estas cosas a otro o de quitárselas, entonces, él también se vuelve formidable. ¿Cómo se derriba una acrópolis[178]? No con la espada, ni con el fuego, sino con la opinión. Porque si abolimos la acrópolis que está en la ciudad,

178 Se trataría de una metáfora. En la imagen de la acrópolis se hace referencia a aquellos hombres que podrían dar o quitar a otros hombres las cosas que los últimos desean y las que rechazan.

¿podemos abolir también la de la fiebre y la de las mujeres hermosas? ¿Podemos, en pocas palabras, abolir la acrópolis que hay en nosotros y echar a los tiranos que hay en nuestro interior y que nos dominan, a veces los mismos tiranos, otras veces tiranos diferentes? Pero con esto hay que empezar, y con esto hay que demoler la acrópolis y expulsar a los tiranos, renunciando al cuerpo, a las partes de él, a las facultades de él, a las posesiones, a la reputación, a los cargos magistrales, a los honores, a los hijos, a los hermanos, a los amigos, considerando todas estas cosas como pertenecientes a otros. Y si los tiranos han sido expulsados de nosotros, ¿por qué sigo encerrando la acrópolis con un muro de circunvalación, al menos por mi cuenta; pues si sigue en pie, ¿qué me hace a mí?, ¿por qué sigo expulsando a los guardias? Porque, ¿dónde los percibo? Contra otros tienen sus fasces y sus lanzas y sus espadas. Pero nunca me han impedido mi voluntad, ni me han obligado cuando no quería. ¿Y cómo es esto posible? He puesto mis movimientos hacia la acción en obediencia a Dios. ¿Es su voluntad que yo tenga fiebre? También es mi voluntad. ¿Es su voluntad que me mueva hacia cualquier cosa? También es mi voluntad. ¿Es su voluntad que yo obtenga algo? También es mi voluntad. ¿No quiere Él? No lo deseo. ¿Es su voluntad que yo sea puesto en el potro? Es mi voluntad, entonces, morir; es mi voluntad, entonces, ser llevado al potro. ¿Quién, entonces, puede todavía impedirme en contra de mi propio juicio u obligarme? No más de lo que puede impedir u obligar a Zeus.

Así actúan también los viajeros más precavidos. Un viajero ha oído que el camino está infestado de ladrones; no se atreve a entrar en él solo, sino que espera la compañía en el camino de un embajador, o de un cuestor o de un procónsul y, cuando se ha unido a tales personas, va por el camino con seguridad. Así actúa el hombre sabio en el mundo. Hay muchas compañías de ladrones, tiranos, tormentas, dificultades, pérdidas de lo más querido. «¿Dónde hay un lugar de refugio? ¿Cómo pasará sin ser atacado por los ladrones? ¿Qué compañía esperará para pasar con seguridad? ¿A qué persona en general? ¿Al rico, al hombre de rango consular? Tal hombre se despoja a sí mismo, gime y se lamenta. Pero si el propio compañero se vuelve contra mí y se convierte en mi ladrón, ¿qué haré? Seré "amigo del César". Cuando sea compañero del César, ningún hombre me perjudicará. En primer lugar, para llegar a ser ilustre, ¿qué cosas debo soportar y sufrir?, ¿cuántas veces, y por cuántos debo ser robado? Entonces, si me convierto en amigo del César, él también es mortal. Y si el César, por cualquier circunstancia, se convierte en mi enemigo, ¿dónde es mejor que me retire? ¿A un desierto? ¿No llega allí la fiebre? ¿Qué hacer entonces? ¿No es posible encontrar un compañero de viaje seguro, uno fiel, fuerte, que evite todas las sorpresas?». Así considera y percibe que, si se apega a Dios, hará su viaje con seguridad.

«¿Cómo entiendes "apegarte a Dios"?». En este sentido, que todo lo que Dios quiere, el hombre también lo quiere; y lo que Dios no quiere, el hombre no lo quiere. ¿Cómo, entonces, se hará esto? ¿De qué otra manera que examinando los movimientos de Dios y su administración? ¿Qué me ha dado como propio y en mi propio poder? ¿Qué se ha reservado para sí mismo? Me ha dado las cosas que están en el poder de la voluntad. Las ha puesto en mi poder libres de impedimentos y obstáculos. ¿Cómo pudo hacer que el cuerpo terrenal estuviera libre de obstáculos? Y, en consecuencia, Él ha sometido a la revolución del todo, las posesiones, las cosas del hogar, la casa, los hijos, la esposa. ¿Por qué, entonces, lucho contra Dios? ¿Por qué quiero lo que no depende de la voluntad? ¿Por qué quiero tener absolutamente lo que no me es concedido? ¿Pero cómo debo querer tener las cosas? En la forma en que se dan y mientras se dan. Pero el que ha dado, quita. ¿Por qué, entonces, me resisto? No digo que sea tonto si uso la fuerza ante uno que es más fuerte, sino que seré injusto. Porque, ¿de dónde tenía yo las cosas cuando vine al mundo? Mi padre me las dio. ¿Y quién se las dio a él? ¿Y quién hizo el sol? ¿Y quién hizo los frutos de la tierra? ¿Y quién, las estaciones? ¿Y quién hizo la conexión de los hombres entre sí y su comunidad?

Entonces, después de recibir todo de otro e incluso de ti mismo, ¿te enfadas y culpas al Dador si te quita algo? ¿Quién eres tú y con qué propósito has venido al mundo? ¿No te introdujo aquí, no te mostró la luz, no te dio compañeros de trabajo, y la percepción y la razón? ¿Cómo quién te introdujo aquí?, ¿no te introdujo como un sujeto a la muerte, y como uno para vivir en la tierra con un poco de carne, y para observar su administración, y para unirse con Él en el espectáculo y el festival por un corto tiempo? ¿No irás, entonces, siempre que se te permita, después de ver el espectáculo y la solemnidad, cuando él te conduzca fuera, con adoración a Él y agradecimiento por lo que has visto, y oído? «No, pero me gustaría, aun así, disfrutar del festín». También los iniciados desearían estar más tiempo en la iniciación y, tal vez, también los que están en Olimpia para ver a otros atletas, pero la solemnidad ha terminado. Vete como un hombre agradecido y modesto; deja sitio a otros: otros también deben nacer como tú, y naciendo deben tener un lugar y casas y cosas necesarias. Y si los primeros no se retiran, ¿qué queda? ¿Por qué te irritas insaciablemente? ¿Por qué no te contentas? ¿Por qué contraes el mundo? «Sí, pero me gustaría tener a mis hijos pequeños y a mi mujer conmigo». ¿Qué?, ¿son tuyos? ¿No pertenecen al Dador, y a Aquel que te hizo? Entonces, ¿no vas a renunciar a lo que pertenece a otros?, ¿no vas a dar paso a Aquel que es superior? «¿Por qué, entonces, me introdujo en el mundo en estas condiciones?». Si las condiciones no te convienen, retírate.

No necesita un espectador que no esté satisfecho. Quiere a los que se unen a la fiesta, a los que participan en el coro, para que más bien aplaudan, admiren y celebren con himnos la solemnidad. Pero a los que no soportan las molestias y a los cobardes, no los quiere ver en la gran asamblea; pues cuando estaban presentes no se comportaban como debían hacerlo en una fiesta ni ocupaban su lugar como es debido, sino que se lamentaban, encontraban faltas en la deidad, en la fortuna, en sus compañeros, sin ver tanto lo que tenían, como sus propias facultades que recibían para fines contrarios, las facultades de la magnanimidad, de la mente generosa, del espíritu varonil y, de lo que ahora indagamos, de la libertad. «¿Para qué, pues, he recibido estas cosas?». Para usarlas. «¿Hasta cuándo?». Hasta cuando quiera el que las ha prestado. «¿Y si me son necesarias?». No te apegues a ellas y no serán necesarias; no te digas que son necesarias y no lo serán.

Este estudio debes practicarlo de la mañana a la noche, comenzando con las cosas más pequeñas y susceptibles de dañarse, con una vasija de barro, con una taza. Después procede de esta manera, avanza a una túnica, a un perrito, a un caballo, a una pequeña finca en tierra, después a ti mismo, a tu cuerpo, a las partes de tu cuerpo, a tus hermanos. Mira a tu alrededor y desecha estas cosas de ti. Depura tus opiniones para que nada se te pegue de las cosas que no son tuyas, para que nada te crezca, para que nada te dé dolor cuando te lo arranquen; y di, mientras te ejercitas diariamente como lo hacen allí[179], no que estás filosofando, pues esta es una expresión arrogante, sino que te presentas como un afirmador de la libertad, ya que esto es realmente la libertad. A esta libertad fue llamado Diógenes por Antístenes, y dijo que ya no podía ser esclavizado por ningún hombre. Por esta razón, cuando fue hecho prisionero, ¿cómo se comportó con los piratas? ¿Llamó a alguno de ellos amo? Y no hablo del nombre, pues no me asusta la palabra, sino del estado de ánimo por el que se produce la palabra. ¿Cómo los reprendió por alimentar mal a sus cautivos? ¿Cómo se vendió? ¿Buscó un amo? No, sino un esclavo. Y, cuando fue vendido, ¿cómo se comportó con su amo? Inmediatamente disputó con él y le dijo a su amo que no debía estar vestido como lo estaba ni afeitado de tal manera; y sobre los niños le dijo cómo debía educarlos[180]. ¿Y qué había de extraño en esto? Porque si su amo hubiera comprado un maestro de ejercicios, ¿lo habría empleado en los ejercicios de la palestra como criado o como maestro?

179 Diariamente se entrenaban en los gimnasios.
180 Se trata de la imagen de la filosofía como modelo de emancipación.

Lo mismo si hubiera comprado un médico o un arquitecto. Y así, en todo asunto, es absolutamente necesario que el que tiene habilidad sea superior al que no la tiene. Quien, pues, posee en general la ciencia de la vida, ¿qué otra cosa debe ser sino maestro? Porque, ¿quién es el capitán de un barco? «El hombre que gobierna el timón». ¿Por qué? Porque el que no le obedece sufre por ello. «Pero un amo puede darme rayas». ¿Puede hacerlo sin sufrir por ello? «Así solía pensar yo también». Como no puede hacerlo sin sufrir, por esta razón no está en su poder; y ningún hombre puede hacer lo que es injusto sin sufrir por ello. «¿Y cuál es la pena para el que pone en cadenas a su propio esclavo?». Encadenarlo. Esto también lo admitirás si decides mantener la verdad de que el hombre no es una bestia salvaje, sino un animal domesticado. Porque, ¿cuándo le va mal a una vid? Cuando se encuentra en una condición contraria a su naturaleza. ¿Cuándo a un gallo? Lo mismo. Por lo tanto, al hombre también. ¿Cuál es, entonces, la naturaleza del hombre? ¿Morder, patear, meter en la cárcel y decapitar? No, sino hacer el bien, cooperar con los demás, desearles el bien. Por tanto, él está en una mala condición, le va mal, ya sea que elijas admitirlo o no, cuando está actuando de manera tonta.

«¿A Sócrates, entonces, no le fue mal?». No, pero sus jueces ayudaron a sus acusadores. «¿Tampoco le fue mal a Helvidio en Roma?» No, pero a su asesino sí. «¿Qué quieres decir?». Lo mismo que cuando decís que a un gallo no le ha ido mal cuando ha obtenido la victoria y ha sido gravemente herido, pero que al gallo le ha ido mal cuando ha sido derrotado y está ileso; ni llamáis afortunado a un perro que no persigue la caza ni se afana, sino cuando lo veis sudar, cuando lo veis dolorido y jadeando violentamente después de correr. ¿Qué paradoja pronunciamos si decimos que el mal en todo es lo que es contrario a la naturaleza de la cosa? ¿Es eso una paradoja? Pues, ¿no se dice esto en el caso de todas las demás cosas? ¿Por qué, entonces, solo en el caso del hombre pensáis de manera diferente, pero, porque decimos que la naturaleza del hombre es mansa y social y fiel, no diréis que esto es una paradoja? «No lo es». ¿Es, entonces, una paradoja decir que un hombre no es herido cuando es azotado o encadenado o decapitado? ¿No se aleja si sufre noblemente, incluso, con mayor ventaja y beneficio? Pero ¿no está herido quien sufre de la manera más lamentable y vergonzosa, quien en lugar de un hombre se convierte en un lobo o en una víbora o en una avispa?

Pues bien, recapitulemos las cosas que se han acordado. El hombre que no está bajo restricción es libre, para quien las cosas están exactamente en el estado en que él desea que estén, pero aquel que puede ser restringido u obligado u obstaculizado, o lanzado a cualquier circunstancia en contra de su voluntad es un esclavo. Pero ¿quién está libre de ataduras? Aquel que no desea nada que pertenezca a otros. ¿Y cuáles son las cosas que pertenecen a otros? Aquellas que no están en nuestro poder ni para tenerlas ni para no tenerlas, ni para tenerlas de un determinado tipo o de una determinada manera. Por lo tanto, el cuerpo es de otro, las partes del cuerpo son de otro, la posesión es de otro. Si, pues, te apegas a alguna de estas cosas como propia, pagarás la pena que corresponde pagar a quien desea lo que pertenece a otro. Este camino conduce a la libertad, que es la única forma de escapar de la esclavitud para poder decir por fin con toda tu alma: Condúceme, oh, Zeus, y tú, oh, Destino, a El camino que me has ordenado recorrer. ¿Pero qué dices, filósofo? El tirano te convoca a decir algo que no te corresponde. ¿Lo dices o no lo dices?

Contéstame. «Déjame considerarlo». ¿Lo vas a considerar ahora? Pero cuando estabas en la escuela, ¿qué era lo que solías considerar? ¿No estudiabas lo que es bueno y lo que es malo, y lo que no es ni lo uno ni lo otro? «Lo hacía». ¿Cuál era, entonces, vuestra opinión? «Que los actos justos y honorables eran buenos; y que los actos injustos y vergonzosos eran malos». ¿Es la vida algo bueno? «No». ¿Es la muerte algo malo? «No». ¿Lo es la prisión? «No». Pero ¿qué pensamos de las palabras mezquinas e infieles y de la traición a un amigo y de la adulación a un tirano? «Que son malas». Pues bien, no estáis considerando, ni habéis considerado ni deliberado. Porque, ¿cuál es el asunto por considerar?, ¿es si me conviene, cuando lo tengo en mi poder, asegurar para mí el mayor de los bienes y no asegurar para mí los mayores males? Una buena pregunta, ciertamente, y necesaria, que exige mucha deliberación. Hombre, ¿por qué te burlas de nosotros? Tal indagación no se hace nunca. Si realmente imaginaras que las cosas viles son malas y las honorables son buenas, y que todas las demás cosas no son ni buenas ni malas, ni siquiera habrías abordado esta indagación ni te habrías acercado a ella, sino que inmediatamente habrías podido distinguirlas por el entendimiento como lo harías por la visión. Pues, ¿cuándo preguntas si lo negro es blanco, si lo pesado es ligero, y no comprendes la evidencia manifiesta de los sentidos? ¿Cómo, pues, dices ahora que consideras si las cosas que no son buenas ni malas deben evitarse más que las malas? Pero vosotros no tenéis estas opiniones; y tampoco os parecen estas cosas ni buenas ni malas, sino que pensáis que son los mayores males; ni pensáis que esas otras cosas sean males, sino asuntos que no nos conciernen en absoluto.

Porque así te has acostumbrado desde el principio. «¿Dónde estoy? En las escuelas. ¿Y hay alguien que me escuche? Estoy discutiendo entre filósofos. Pero he salido de la escuela. Fuera esta charla de eruditos y tontos». Así un amigo se ve superado por el testimonio de un filósofo; así un filósofo se convierte en un parásito; así se deja contratar por dinero; así en el senado un hombre no dice lo que piensa y, en privado, proclama sus opiniones. Tú eres una pequeña opinión fría y miserable, suspendida de palabras ociosas como de un cabello. Pero mantente fuerte y apto para los usos de la vida e iniciado ejercitándote en la acción. ¿Cómo lo oyes? No digo que tu hijo haya muerto —pues, ¿cómo podrías soportarlo?—, sino que tu aceite se ha derramado, tu vino se ha bebido. ¿Actúas de tal manera que alguien que esté a tu lado mientras haces un gran ruido, pueda decir esto solo: «Filósofo, dices algo diferente en la escuela. ¿Por qué nos engañas? ¿Por qué, cuando solo eres un gusano, dices que eres un hombre?». Me gustaría estar presente cuando uno de los filósofos está acostado con una mujer para poder ver cómo se esfuerza y qué palabras pronuncia, y si recuerda su título de filósofo y las palabras que oye o dice o lee.

«¿Y qué es esto para la libertad?». Nada más que esto, ya sea que ustedes que son ricos lo elijan o no. «¿Y quiénes son la prueba de esto?». ¿Quiénes más que vosotros mismos que tenéis un amo poderoso[181], y que vivís obedeciendo su guiño y su movimiento, y que desfallecéis si solo os mira con el semblante fruncido? Vosotros, que cortejáis a las ancianas y a los ancianos, y decís: «No puedo hacer esto, no está en mi poder». ¿Por qué no está en tu poder? ¿No has contestado últimamente conmigo y has dicho que eres libre? «Pero Aprila[182] me lo ha impedido». Di, pues, la verdad, esclavo, y no huyas de tus amos, ni niegues, ni te aventures a presentar a nadie para afirmar tu libertad cuando tienes tantas pruebas de tu esclavitud. Y, en efecto, cuando un hombre se ve obligado por amor a hacer algo contrario a su opinión y, al mismo tiempo, ve lo mejor, pero no tiene la fuerza para seguirlo, se le podría considerar aún más digno de excusa por estar sujeto a un cierto poder violento y, en cierto modo, divino. Pero ¿quién podría soportar a los que están enamorados de ancianas y ancianos, y limpian las narices de las ancianas, y las lavan y les hacen regalos, y también las atienden como un esclavo cuando están enfermas, y al mismo tiempo les desean la muerte, y preguntan a los médicos si están enfermas hasta la muerte? Y, además, cuando para obtener estas grandes y muy admiradas magistraturas y honores, besas las manos de esos esclavos de otros, y así no eres esclavo ni siquiera de los hombres libres. Entonces, te paseas ante mí de forma majestuosa, pretor o cónsul. No sé cómo te convertiste en pretor, por qué medios obtuviste tu cargo de cónsul, quién te lo dio. Ni siquiera elegiría vivir si tengo que vivir por ayuda de Felición y soportar su

181 El César.
182 Nombre real o supuesto de una anciana adinerada.

arrogancia e insolencia servil. Porque sé lo que es un esclavo afortunado, como él piensa, e hinchado de orgullo[183]. «Entonces, ¿puede decir un hombre que tú eres libre?». Deseo, por los dioses, y ruego ser libre; pero aún no soy capaz de enfrentarme a mis amos, todavía valoro mi pobre cuerpo, valoro mucho el conservarlo entero, aunque no lo posea entero[184]. Pero puedo señalarte un hombre libre, para que no busques más un ejemplo. Diógenes era libre. No porque naciera de padres libres[185], sino porque él mismo era libre, porque se había desprendido de todos los asideros de la esclavitud, y no era posible que nadie se acercara a él, ni que nadie tuviera los medios de apoderarse de él para esclavizarlo. Todo lo tenía fácilmente suelto, todo le colgaba. Si le echabas mano a sus bienes, prefería soltarlos y que fueran tuyos antes que seguirte por ellos; si le echabas mano a su pierna, la soltaba; si a todo su cuerpo, a todo su pobre cuerpo soltaba; a sus íntimos, a sus amigos, a su país, lo mismo. Porque sabía de dónde los tenía y de quién, y en qué condiciones. A sus verdaderos padres, los dioses, y a su verdadera patria, nunca los habría abandonado, ni se habría rendido a ningún hombre en obediencia a ellos o a sus órdenes, ni ningún hombre habría muerto por su patria más fácilmente. Pues no acostumbraba a preguntarse cuándo debía considerarse que había hecho algo en nombre del conjunto de las cosas, sino que recordaba que todo lo que se hace viene de allí y se hace en nombre de esa patria y lo manda quien la administra. Por lo tanto, mira lo que dice y escribe: «Por esta razón —dice—, Diógenes, está en tu poder hablar tanto con el rey de los persas como con Arquídamo, el rey de los lacedemonios, como quieras». ¿Fue por haber nacido de padres libres? Supongo que todos los atenienses y todos los lacedemonios, por haber nacido de esclavos, no podían hablar con ellos como querían, sino que les temían y les hacían la corte.

183 Epicteto conoció a Felición en la casa de Epafrodito.
184 Epicteto tenía una cojera.
185 No se sabe a ciencia cierta que el padre de Diógenes fuera esclavo.

¿Por qué, entonces, dice que está en su poder? «Porque no considero que el pobre cuerpo sea mío, porque no quiero nada, porque el derecho lo es todo para mí, y nada más lo es». Estas fueron las cosas que le permitieron ser libre.

Y para que no pienses que te muestro el ejemplo de un hombre solitario, que no tiene ni esposa, ni hijos, ni patria, ni amigos, ni parientes, por los que podría ser doblegado y arrastrado en diversas direcciones, toma a Sócrates y observa que tenía esposa e hijos, pero no los consideraba como propios; que tenía patria, mientras era conveniente tenerla y de la manera que era conveniente; amigos y parientes también, pero todo lo tenía sometido a la ley y a la obediencia debida. Por esta razón, fue el primero en salir como soldado cuando fue necesario; y en la guerra se expuso al peligro con la mayor crueldad y, cuando fue enviado por los tiranos para apoderarse de León[186], ni siquiera deliberó sobre el asunto, porque pensó que era una acción vil y sabía que debía morir si así correspondía. ¿Y qué diferencia había para él? Porque pretendía preservar algo más, no su pobre carne, sino su fidelidad, su honorable carácter. Estas son cosas que no pueden ser atacadas ni sometidas. Entonces, cuando se vio obligado a hablar en defensa de su vida, ¿se comportó como un hombre que tenía hijos, que tenía esposa? No, se comportó como un hombre que no tiene a nadie. ¿Y qué hizo cuando debía beber el veneno, y cuando tenía el poder de escapar de la prisión, y cuando Critón le dijo: «Escapa por el bien de tus hijos»?, ¿qué dijo Sócrates? ¿Consideró el poder de escapar como una ganancia inesperada? De ninguna manera: consideró lo que era conveniente y apropiado, pero lo demás ni siquiera lo miró ni lo tuvo en cuenta. Porque no eligió, dijo, salvar su pobre cuerpo, sino salvar lo que se acrecienta y salva haciendo lo justo, y se deteriora y destruye haciendo lo injusto. Sócrates no salvará su vida con un acto vil; el que no quiso someter a

186 León de Salamina. Sócrates fue enviado para detenerlo por los treinta tiranos. Sócrates no obedeció el mandato.

los atenienses a votación cuando clamaban que lo hiciera[187], el que se negó a obedecer a los tiranos, el que disertó de tal manera sobre la virtud y el comportamiento correcto. No es posible salvar la vida de un hombre así con actos viles, sino que se salva muriendo, no huyendo. Porque el buen actor también conserva su carácter deteniéndose cuando debe detenerse, mejor que cuando sigue actuando más allá del tiempo apropiado. ¿Qué hará, entonces, con sus hijos? «Si —dijo Sócrates— me hubiera ido a Tesalia, ¿te habrías ocupado de ellos?; y si me voy al mundo de abajo, ¿no habrá nadie que se ocupe de ellos?». Mira cómo da a la muerte un nombre suave y se burla de ella. Pero si tú y yo hubiéramos estado en su lugar, habríamos respondido inmediatamente como filósofos que los que actúan injustamente deben ser pagados de la misma manera, y habríamos añadido: «Seré útil a muchos si mi vida se salva y, si muero, no seré útil a nadie». Porque, si hubiera sido necesario, habríamos hecho nuestra huida deslizándonos por un pequeño agujero. ¿Y cómo, en ese caso, habríamos sido útiles a algún hombre? Pues, ¿dónde se habrían quedado entonces? Si fuimos útiles a los hombres mientras estábamos vivos, ¿no habríamos sido mucho más útiles para ellos muriendo cuando debíamos morir y como debíamos hacerlo? Y ahora, estando Sócrates muerto, no es menos, sino incluso más útil a los hombres el recuerdo de lo que hizo o dijo cuando estaba vivo. Piensa en estas cosas, en estas opiniones, en estas palabras. Mira estos ejemplos si quieres ser libre, si deseas la cosa según su valor. ¿Y cuál es la maravilla si compras una cosa tan grande al precio de otras tantas y tan grandes? Por esto que se llama «libertad», algunos se ahorcan, otros se tiran a precipicios y, a veces, hasta ciudades enteras han perecido. ¿No le devolveréis a Dios, por la verdadera e inatacable y segura libertad, cuando Él les exija las cosas que les ha dado? ¿No estudiaréis, como dice Platón, no solo el morir, sino también el soportar la

187 En el juicio ilegal de la asamblea contra los altos mandos que habían luchado en las Arginusas.

tortura, el destierro y la flagelación y, en pocas palabras, el renunciar a todo lo que no es vuestro? Si no lo haces, serás un esclavo entre los esclavos, aunque seas diez mil veces cónsul; y si te abres paso hasta el Palacio, no serás menos esclavo; y sentirás que tal vez los filósofos pronuncien palabras contrarias a la opinión común, como también dijo Cleantes, pero no palabras contrarias a la razón. Porque sabrás por experiencia que las palabras son verdaderas, y que no hay provecho de las cosas que se valoran y se buscan ansiosamente para los que las han obtenido; y, para los que aún no las han obtenido, existe la imaginación de que, cuando estas cosas vengan, todo lo bueno vendrá con ellas; entonces, cuando vienen, el sentimiento febril es el mismo, el vaivén es el mismo, la saciedad, el deseo de cosas que no están presentes; porque la libertad se adquiere no por la plena posesión de las cosas que se desean, sino por la eliminación del deseo. Y para que sepas que esto es cierto, así como te has esforzado por esas cosas, transfiere tu trabajo a estas; mantente alerta con el propósito de adquirir una opinión que te haga libre; hazle la corte a un filósofo en lugar de a un anciano rico. Déjate ver por un filósofo a sus puertas. No te desharás por ser visto; no te irás vacío ni sin provecho si vas al filósofo como debes, y, si no, inténtalo al menos: la prueba no es deshonrosa.

2

Sobre la intimidad familiar

A este asunto, antes que nada, debes atender: que nunca estés tan estrechamente relacionado con ninguno de tus antiguos íntimos o amigos como para bajar a los mismos actos que ellos. Si no observas esta regla, te arruinarás. Pero, si el pensamiento que surge en tu mente es «le pareceré desobligado, y no tendrá el mismo sentimiento hacia mí», recuerda que nada se hace sin costo, ni es posible que un hombre, si no hace lo mismo, sea el mismo que fue. Escoge, pues, cuál de las dos cosas tendrás, ser igualmente amado por aquellos por quienes antes eras amado, siendo el mismo de antes o, siendo superior, no obtener de tus amigos lo mismo que antes. Pues, si esto es mejor, vuélvete a él, y no dejes que otras consideraciones te arrastren en otra dirección. Porque ningún hombre es capaz de progresar cuando está vacilando entre cosas opuestas, pero si has preferido esto a todas las cosas, si eliges atender solo a esto, trabajar solo en esto, deja todo lo demás. Pero si no haces esto, tu vacilación producirá dos resultados: ni mejorarás como debes, ni obtendrás lo que antes obtenías. Porque antes, al desear claramente las cosas que no valían nada, complacías a tus asociados. Pero no puedes sobresalir en ambas clases, y es necesario que, en la medida en que participes en una, te quedes corto en la otra. No puedes, cuando no bebes con los que solías beber, ser agradable para ellos como lo eras antes. Elige, pues, si vas a ser un bebedor empedernido y agradable a tus antiguos socios o un hombre sobrio y desagradable para ellos. No puedes, cuando no cantas con aquellos con quienes solías cantar, ser igualmente amado por ellos. Elige, pues, también en este asunto cuál de las dos cosas quieres tener. Pues, si es mejor ser modesto y ordenado que un hombre diga: «Es un tipo alegre», deja lo demás, renuncia a ello, apártate de ello, no tengas nada que ver con tales hombres. Pero si este comportamiento no te complace, vuélvete totalmente a lo contrario: conviértete en un catamita, en un adúltero, y actúa en consecuencia y obtendrás lo que deseas. Y salta en el teatro y grita en alabanza de la bailarina. Pero personajes tan diferentes no pueden mezclarse: no puedes actuar a la vez como Tersites y Agamenón. Si pretendes ser Tersites, debes ser jorobado y calvo; si Agamenón, debes ser alto y guapo, y amar a los que te obedecen.

3

Qué cosas debemos cambiar por otras

Mantén preparado este pensamiento, cuando pierdas algo externo, qué será lo que adquieras en lugar de ello; y si vale más, nunca digas: «He tenido una pérdida»; ni si has conseguido un caballo en lugar de un asno, o un buey en lugar de una oveja, ni una buena acción en lugar de un poco de dinero, ni en lugar de una charla ociosa, la tranquilidad que corresponde a un hombre, ni en lugar de una charla lasciva si has adquirido modestia. Si recuerdas esto, siempre mantendrás tu carácter tal como debe ser. Pero si no lo haces, considera que los tiempos de la oportunidad son perecederos, y que cualquier esfuerzo que hagas por ti mismo, lo vas a desperdiciar todo y lo vas a derrochar. Y solamente se necesitan unas pocas cosas para la pérdida y el vuelco de todo, a saber, una pequeña desviación de la razón. Para que el timonel de un barco lo vuelque, no necesita los mismos medios que para salvarlo, pero si lo gira un poco hacia el viento, se pierde; y si no lo hace a propósito, sino que ha descuidado un poco su deber, el barco se pierde. Algo parecido ocurre también en este caso: si solo caes en la inclinación de cabeza un poco, todo lo que has recogido hasta ese momento se ha perdido. Por lo tanto, presta atención a las apariencias de las cosas y vigílalas, porque lo que tienes que conservar no es poca materia, sino que es la modestia y la fidelidad y la constancia, la voluntad de los afectos, un estado de ánimo imperturbable, la ausencia del miedo, la tranquilidad, en una palabra, la «libertad». ¿Por qué vas a vender estas cosas? Mira cuál es el valor de las cosas que obtendrás a cambio de estas. «¿Pero no obtendré nada de eso a cambio?». Mira, y si a cambio obtienes algo, mira lo que recibes en su lugar. «Yo poseo la decencia, él posee una tribuna; él posee un pretorio, yo poseo la modestia. Pero no hago aclamaciones donde no corresponde. No me levantaré donde no debo, porque soy libre y amigo de Dios, y por eso le obedezco de buen grado. Pero no debo reclamar nada más, ni el cuerpo, ni la posesión, ni la magistratura, ni la buena reputación, ni de hecho nada. Porque Él no me permite reclamarlas, pues, si hubiera querido, las habría hecho buenas para mí; pero no lo ha hecho, y por eso no puedo transgredir sus mandatos». Conserva lo que es tu propio bien en todo; y, en cuanto a las demás cosas, según te sea permitido, y hasta donde te comportes con la razón respecto a ellas, conténtate solo con esto. Si no lo haces, serás desafortunado, caerás en todas las cosas, serás obstaculizado, serás impedido. Estas son las leyes que han sido enviadas desde allí, estas son las órdenes. De estas leyes, un hombre debe ser un expositor, a estas debe someterse, no a las de Masurio y Casio[188].

4

A los que desean pasar la vida con tranquilidad

Recuerda que no solamente el deseo de poder y de riquezas nos hace mezquinos y nos somete a los demás, sino también el deseo de tranquilidad, de ocio, de viajar al extranjero y de aprender. Porque, para hablar claramente, cualquiera que sea la cosa externa, el valor que le damos, nos pone en sujeción a los demás. ¿Cuál es, pues, la diferencia entre desear ser senador o no desear serlo; cuál es la diferencia entre desear el poder o contentarse con un puesto privado; cuál es la diferencia entre decir «soy infeliz, no tengo nada que hacer, sino que estoy atado a mis libros como un cadáver» o decir «soy infeliz, no tengo tiempo libre para leer»? Porque, así como las salutaciones y el poder son cosas externas e independientes de la voluntad, lo mismo ocurre con un libro. ¿Con qué propósito eliges leer? Dímelo. Porque si solo diriges tu propósito a divertirte o a aprender algo, eres un tipo

188 Masurio y Casio: destacados juristas de la primera mitad del siglo I.

tonto e incapaz de soportar el trabajo. Pero si diriges la lectura al fin adecuado, ¿qué otra cosa es esto sino una vida tranquila y feliz? Si la lectura no te asegura una vida feliz y tranquila, ¿de qué sirve? «Pero sí asegura esto —responde el hombre—, y por esta razón me siento molesto por estar privado de ella». ¿Y qué es esta vida tranquila y feliz que cualquier hombre puede impedir, no digo el César o el amigo del César, sino un cuervo, un gaitero, una fiebre y treinta mil cosas más? Pero una vida tranquila y feliz no contiene nada tan seguro como la continuidad y la ausencia de obstáculos. Ahora estoy llamado a hacer algo: iré, pues, con el propósito de observar las medidas que debo guardar, de actuar con modestia, firmeza, sin deseo y aversión a las cosas externas; y después que atienda a los hombres, a lo que dicen, a cómo se mueven, y esto no con ninguna mala disposición ni para tener algo que culpar o ridiculizar, sino que me vuelvo a mí mismo y me pregunto si yo también cometo las mismas faltas. «¿Cómo, entonces, dejaré de cometerlas?». Antes también actuaba mal, pero ahora no lo hago, gracias a Dios. Vamos, cuando has hecho estas cosas y las has atendido, ¿has hecho un acto peor que cuando has leído mil versos o escrito otros tantos? Pues, cuando coméis, ¿os apenáis porque no leéis? ¿No estáis satisfechos con comer según lo que habéis aprendido leyendo, y lo mismo con el baño y el ejercicio? ¿Por qué, entonces, no actúas con coherencia en todas las cosas, tanto cuando te acercas al César como cuando te acercas a cualquier persona? Si te mantienes libre de perturbación, libre de alarma y firme; si miras más las cosas que se hacen y suceden que a ti mismo; si no envidias a los que se prefieren ante ti; si las circunstancias que te rodean no te causan temor ni admiración, ¿qué quieres? ¿Los libros? ¿Cómo o para qué? Pues, ¿no es esto una preparación para la vida? ¿No se compone la vida misma de algunas otras cosas que esto? Es como si un atleta debiera llorar cuando entra en el estadio porque no se ejercita fuera de él. Con este fin solíais practicar el ejercicio; con este fin se utilizaban las halteras, el polvo, los jóvenes como antagonistas; ¿y buscáis esas cosas ahora cuando es el momento de la acción?

Es como si en el tema del asentimiento, cuando se presentan las apariencias, algunas de las cuales pueden ser comprendidas y otras no, se optara por no distinguirlas, sino por leer lo que se ha escrito sobre la comprensión.

¿Cuál es, entonces, la razón de esto? La razón es que nunca hemos leído para este fin, nunca hemos escrito para este fin, para que en nuestras acciones podamos usar, de manera conforme a la naturaleza, las apariencias que se nos presentan, pero terminamos en esto, en aprender lo que se dice, y en poder exponerlo a otro, en resolver un silogismo y en manejar el silogismo hipotético. Por esta razón, donde está nuestro estudio, allí solo está el impedimento. ¿Quieres tener por todos los medios las cosas que no están en tu poder? Sé impedido entonces, sé entorpecido, fracasa en tu propósito. Pero si leemos lo que se dice sobre la acción, no para que veamos lo que se dice sobre la acción, sino para que actuemos bien; si leemos lo que se dice sobre el deseo y la aversión, para que no caigamos en nuestros deseos ni caigamos en lo que tratamos de evitar; si leemos lo que se dice sobre el deber, para que, recordando las relaciones, no hagamos nada irracional ni contrario a estas relaciones, no debemos afligirnos por estar obstaculizados en cuanto a nuestras lecturas, sino que debemos estar satisfechos con hacer los actos que son conformes y debemos contar no lo que hasta ahora hemos estado acostumbrados a contar: «Hoy he leído tantos versos, he escrito tantos»; sino: «Hoy he empleado mi acción como la enseñan los filósofos; no he empleado ningún deseo; he usado la evasión solo con respecto a las cosas que están dentro del poder de mi voluntad; no he tenido miedo de tal persona, no me he dejado convencer por las súplicas de otra; he ejercitado mi paciencia, mi abstinencia, mi cooperación con los demás». Y así debemos agradecer a Dios lo que debemos agradecerle.

Pero ahora no sabemos que también de otra manera somos como los muchos. Otro hombre tiene miedo de no tener poder, tú tienes miedo de tenerlo. No lo hagas, hombre, sino que, así como ridiculizas al que tiene miedo de no tener poder, ridiculízate tú también. Porque da igual que tengas sed como un hombre que tiene fiebre o que tengas miedo al agua como un hombre que está loco. ¿O cómo podrás seguir diciendo como Sócrates: «Si así le place a Dios, que así sea»? ¿Crees que Sócrates, si hubiera querido pasar su tiempo libre en el Liceo o en la Academia y discurrir con los jóvenes, habría servido de buena gana en expediciones militares tan a menudo como lo hizo, y no se habría lamentado y gemido: «Desgraciado que soy; ahora debo ser miserable aquí, cuando podría estar tomando el sol en el Liceo»? ¿Por qué?, ¿era su negocio tomar el sol? ¿Y no es su negocio ser feliz, estar libre de obstáculos, libre de impedimentos? ¿Y podría haber seguido siendo Sócrates si se hubiera lamentado de esta manera? ¿Cómo habría podido seguir escribiendo peanes en la prisión?

En resumen, recuerda esto, que si premiarás lo que está más allá de tu voluntad, has destruido tu voluntad. Pero estas cosas están fuera del poder de la voluntad, no solamente el poder, sino también una condición privada; no solamente la ocupación, sino también el ocio. «Ahora, entonces, ¿debo vivir en este tumulto?». ¿Por qué dices «tumulto»? «Quiero decir entre muchos hombres». Bueno, ¿cuál es la dificultad? Suponed que estáis en el Olimpo, imaginad que es una panegírica en la que uno grita una cosa, otro está haciendo otra cosa, y un tercero está empujando a una persona; en los baños hay una multitud; y quién de nosotros no se complace en esta asamblea y la abandona de mala gana. No es difícil de complacer, no te fastidiéis con lo que sucede. «El vinagre es desagradable, porque es agudo; la miel es desagradable, porque perturba mi hábito corporal. No me gustan las verduras». Así también: «No me gusta el ocio, es un desierto; no me gusta la multitud, es confusión». Pero si las circunstancias te obligan a vivir solo o con unos pocos, llámalo tranquilidad y usa la cosa como debes: habla contigo mismo, ejercita las apariencias, trabaja tus preconceptos. Si caes en una multitud, llámala celebración de juegos, panegírica, fiesta. Procura disfrutar de la fiesta con otros hombres, pues, ¿qué espectáculo más agradable para el que ama a la humanidad que un número de hombres? Vemos con placer manadas de caballos o bueyes; nos deleitamos cuando vemos muchos barcos; ¿quién se aflige cuando ve muchos hombres? «Pero me ensordecen con sus gritos». Entonces, tu oído está impedido. ¿Qué es, pues, esto para ti? ¿Está, pues, impedida la facultad de hacer uso de las apariencias? ¿Y quién te impide usar, según la naturaleza, la inclinación hacia una cosa y la aversión de ella; y el movimiento hacia una cosa y el movimiento de ella? ¿Qué tumulto es capaz de hacer esto?

¿Solo tienes en cuenta las reglas generales, «lo que es mío, lo que no es mío; lo que me es dado?; ¿lo que Dios quiere que haga ahora, lo que no quiere»? Un poco antes, quiso que estuvieras tranquilo, que hablaras contigo mismo, que escribieras sobre estas cosas, que leyeras, que escucharas, que te prepararas. Tuviste tiempo suficiente para esto. Ahora Él te dice: «Ven ahora al concurso; muéstranos lo que has aprendido, cómo has practicado el arte atlético. ¿Cuánto tiempo te ejercitarás solo? Ahora es la oportunidad para que aprendas si eres un atleta digno de la victoria o uno de los que van por el mundo y son derrotados». ¿Por qué, entonces, estáis enfadados? Ningún concurso está exento de confusión. Hay muchos que se ejercitan para los concursos, muchos que llaman a los que se ejercitan, muchos maestros, muchos espectadores. «Pero mi deseo es vivir tranquilamente». Laméntate y gime como mereces. Pues, ¿qué otro castigo mayor que este es para el hombre inculto y para el que desobedece los mandatos divinos, apenarse, lamentarse, envidar, en pocas palabras, desilusionarse y ser infeliz? ¿No te liberarías de estas cosas? «¿Y cómo me liberaré?». ¿No has oído a menudo que debes eliminar por completo el deseo, aplicar la aversión solo a aquellas cosas que están dentro de tu poder, que debes renunciar a todo, al cuerpo, a la propiedad, a la fama, a los libros, a los tumultos, al poder, a la posición privada? Porque, sea cual sea el camino que tomes, eres un esclavo, estás sometido, estás obstaculizado, estás obligado, estás enteramente en poder de otros. Pero mantén preparadas las palabras de Cleantes: Guíame, oh, Zeus, y tú, Necesidad.

¿Es tu voluntad que vaya a Roma? Iré a Roma. ¿A Gíaros? Iré a Gíaros. ¿A Atenas? Iré a Atenas. ¿A la cárcel? Iré a la cárcel. Si una vez dices: «¿Cuándo irá un hombre a Atenas?», estás deshecho. Es una consecuencia necesaria que, si no se cumple este deseo, debe hacerte infeliz; y, si se cumple, debe hacerte vanidoso, ya que estás eufórico por cosas por las que no deberías estar eufórico; y, por otro lado, si se te impide, debe hacerte desgraciado porque caes en lo que no querrías caer. Abandona, pues, todas estas cosas. «Atenas es un buen lugar». Pero la felicidad es mucho mejor; y estar libre de pasiones, libre de perturbaciones, para que tus asuntos no dependan de ningún hombre. «Hay tumulto en Roma y visitas de saludo». Pero la felicidad es un equivalente para todas las cosas molestas. Si, pues, llega el momento de estas cosas, ¿por qué no te quitas el deseo de evitarlas?, ¿qué necesidad hay de que lleves la carga como un asno y de ser golpeado con un palo? Pero si no lo haces, considera que debes ser siempre un esclavo de aquel que tiene en su poder efectuar tu liberación, y también impedirte, y debes servirle como un genio del mal.

Solo hay un camino para la felicidad, y que esta regla esté lista tanto por la mañana como durante el día y la noche. La regla es no mirar hacia las cosas que están fuera del poder de nuestra voluntad, pensar que nada es nuestro, entregar todas las cosas a la Divinidad, a la Fortuna; hacerlos los superintendentes de estas cosas, a quienes Zeus también ha hecho así; que un hombre observe solo lo que es suyo, lo que no puede ser obstaculizado; y cuando leemos, referir nuestra lectura a esto solamente, y también nuestra escritura y nuestra escucha. Por esta razón, no puedo llamar al hombre laborioso, si solo escucho esto, que lee y escribe; e incluso si un hombre añade que lee toda la noche, no puedo decirlo si no sabe a qué debe referir su lectura. Porque tampoco decís que un hombre es laborioso si se mantiene despierto por una chica, ni yo. Pero si lo hace por reputación, digo que es un amante de la reputación. Y si lo hace por dinero, digo que es un amante del dinero, no un amante del trabajo; y si lo hace por amor al aprendizaje, digo que es un amante del aprendizaje. Pero si remite su trabajo a su propio poder gobernante para mantenerlo en un estado conforme a la naturaleza y pasar su vida en ese estado, entonces, solo digo que es laborioso. Porque nunca elogies a un hombre por estas cosas que son comunes a todos, sino por sus opiniones; porque estas son las cosas que pertenecen a cada hombre, que hacen que sus acciones sean malas o buenas. Recordando estas reglas, alégrate de lo que está presente, y conténtate con las cosas que llegan a su tiempo. Si ves que algo de lo que has aprendido e investigado te ocurre en el curso de tu vida, alégrate de ello. Si has dejado de lado o has disminuido la mala disposición y el hábito de injuriar; si lo has hecho con el mal genio, las palabras obscenas, la precipitación, la pereza; si no te conmueve lo que antes eras, y no de la misma manera que antes, puedes celebrar una fiesta cada día, hoy porque te has portado bien en un acto, y mañana porque te has portado bien en otro. ¿Cuánto más grande es esta razón para hacer sacrificios que un consulado o el gobierno de una provincia? Estas cosas te vienen de ti mismo y de los dioses. Recuerda esto: quién da estas cosas y a quién, y con qué propósito. Si te aferras a estos pensamientos, ¿piensas todavía que es diferente dónde serás feliz, dónde complacerás a Dios? ¿No están los dioses igualmente alejados de todos los lugares? ¿No ven desde todos los lugares, por igual, lo que sucede?

5

Contra los pendencieros y feroces

El hombre sabio y bueno ni se pelea él mismo con ninguna persona ni permite que lo haga otra, en la medida en que pueda evitarlo. Y un ejemplo de esto, así como de todas las demás cosas, se nos propone en la vida de Sócrates, quien no solo evitaba él mismo en todas las ocasiones las peleas, sino que ni siquiera permitía que otros se pelearan. Véase en el *Simposio*, de Jenofonte, cuántas peleas resolvió; cuánto más soportó a Trasímaco y a Polo y a Calicles; cómo toleró a su mujer, y cómo toleró a su hijo que intentaba rebatirle para que se burlara de él. Porque recordaba bien que ningún hombre tiene en su poder el principio rector de otro hombre. No deseaba, por tanto, otra cosa que lo que era suyo. ¿Y qué es esto? No que este o aquel hombre pueda actuar de acuerdo con la naturaleza porque eso es una cosa que pertenece a otro, sino que mientras los otros están haciendo sus propios actos, como ellos eligen, él pueda estar, sin embargo, en una condición conforme a la naturaleza y vivir en ella, solo haciendo lo que es suyo con el fin de que otros también puedan estar en un estado conforme a la naturaleza. Pues este es el objeto que siempre se propone el hombre sabio y bueno. ¿Es ser comandante de un ejército? No, pero si se le permite, su objetivo es mantener su propio principio rector. ¿Es casarse? No, pero si se le permite el matrimonio, en este asunto su objeto es mantenerse en una condición conforme a la naturaleza. Pero si quiere que su hijo no haga el mal, o su esposa, quiere que lo que es de otro no sea de otro; y para instruirse es esto, aprender qué cosas son propias de un hombre y qué son de otro.

¿Cómo, pues, queda lugar para la lucha a un hombre que tiene esta opinión? ¿Se sorprende de todo lo que sucede y le parece nuevo? ¿No espera que lo que viene de los malos sea peor y más grave que lo que realmente le ocurre? ¿Y no considera como pura ganancia todo lo que puedan hacer que no llegue a ser una maldad extrema? «Tal persona te ha injuriado». Agradécele que no te haya golpeado. «Pero también me ha golpeado a mí». Gran agradecimiento porque no te ha herido. «Pero también me ha herido a mí». Gran agradecimiento por no haberte matado. Porque, ¿cuándo aprendió o en qué escuela que el hombre es un animal manso, que los hombres se aman, que un acto de injusticia es un gran daño para quien lo hace? Puesto que, entonces, no ha aprendido esto y no está convencido de ello, ¿por qué no va a seguir lo que parece ser conveniente para los suyos? «Tu vecino ha tirado piedras». ¿Ha hecho, entonces, algo malo? «Pero las cosas de la casa se han roto». ¿Eres, entonces, un utensilio? No, sino un poder de voluntad libre. ¿Qué se te da, entonces, en respuesta a esto? Si eres como un lobo, debes morder en respuesta, y tirar más piedras. Pero si consideras lo que es propio de un hombre, examina tu almacén, mira con qué facultades has venido al mundo. ¿Tienes la disposición de una bestia salvaje, tienes la disposición de vengarte de una injuria? ¿Cuándo es desgraciado un caballo? Cuando está privado de sus facultades naturales; no cuando no puede cantar como un gallo, sino cuando no puede correr. ¿Cuándo es desgraciado un perro? No cuando no puede volar, sino cuando no puede seguir su caza. Entonces, ¿es también desdichado el hombre, no porque no pueda estrangular leones[189] o abrazar estatuas, pues no vino al mundo en posesión de ciertas facultades de la naturaleza para ello, sino porque ha perdido su probidad y su fidelidad? La gente debería reunirse y lamentar a un hombre así por las desgracias en las que ha caído; no lamentarse, en efecto, porque un hombre haya nacido o haya muerto, sino porque le ha sucedido en vida que ha perdido las cosas que son suyas, no las que recibió de su padre, ni su tierra y su casa, ni su posada, ni sus esclavos; porque ninguna de estas cosas es propia de un hombre, sino que todas pertenecen a otros, son serviles y están sujetas a rendición de cuentas, dadas a diferentes personas por quienes las tienen en su poder, en diferentes momentos. Pero me refiero a las cosas que le pertenecen como hombre, las marcas en su mente con las que vino al mundo, como las que buscamos también en las monedas, y si las encontramos, aprobamos las monedas, y si no encontramos las marcas, las rechazamos. ¿Cuál es el sello en este sestercio? «El sello de Trajano». Preséntalo. «Es el sello de Nerón». Tíralo: no puede ser aceptado, es falso. Así también en este caso. ¿Cuál es el sello de sus opiniones? «Es la gentileza, una disposición sociable, un temperamento tolerante, una disposición al afecto mutuo». Produzca estas cualidades. Las acepto; considero a este hombre un ciudadano, lo acepto como un vecino, un compañero de viaje. Solo vea que no tiene el sello de Nerón. ¿Es apasionado, está lleno de resentimiento, está buscando culpables? ¿Si el capricho se apodera

189 En alusión a Hércules.

de él, rompe las cabezas de los que se cruzan en su camino? ¿Por qué, entonces, has dicho que es un hombre? ¿Se juzga todo por la forma desnuda? Si es así, di que la forma en cera es toda manzana y tiene el olor y el sabor de una manzana. Pero la figura externa no es suficiente, tampoco bastan la nariz y los ojos para hacer el hombre, sino que debe tener las opiniones de un hombre. He aquí un hombre que no atiende a la razón, que no sabe cuándo se le refuta: es un asno; en otro hombre, el sentido de la vergüenza se ha muerto: no sirve para nada, es cualquier cosa antes que un hombre. Este hombre busca a quien pueda encontrar y patear o morder, de modo que ni siquiera es una oveja o un asno, sino una especie de bestia salvaje.

«¿Qué quieres, pues, que sea despreciado?». ¿Por quién? ¿Por los que te conocen? ¿Y cómo y de qué manera van a despreciar los que te conocen a un hombre que es amable y modesto? ¿Quizás te refieres a los que no te conocen? ¿Qué es eso para ti? Porque a ningún otro artesano le importa la opinión de los que no conocen su arte. «Pero me serán más hostiles por esta razón». ¿Por qué dices «yo»? ¿Puede algún hombre herir tu voluntad o impedirte usar de forma natural las apariencias que se te presentan? De ninguna manera puede. ¿Por qué, entonces, sigues perturbado y por qué eliges mostrarte temeroso? ¿Y por qué no sales a proclamar que estás en paz con todos los hombres, hagan lo que hagan, y te ríes principalmente de los que piensan que pueden perjudicarte? «Estos esclavos —puedes decir— no saben ni quién soy ni dónde está mi bien o mi mal, porque no tienen acceso a las cosas que son mías».

Así también los que ocupan una ciudad fuerte se burlan de los sitiadores: «Qué problemas se toman ahora estos hombres para nada: nuestra muralla es segura, tenemos comida para mucho tiempo, y todos los demás recursos». Estas son las cosas que hacen fuerte e inexpugnable una ciudad, pero nada más que sus opiniones hacen inexpugnable el alma de un hombre. Porque, ¿qué muro es tan fuerte, o qué cuerpo es tan duro, o qué posesión es tan segura, o qué honor tan libre de asalto? Todas las cosas, en todas partes, son perecederas, fácilmente tomadas por asalto, y, si algún hombre se apega de alguna manera a ellas, debe ser perturbado, esperar lo malo, debe temer, lamentarse, encontrar sus deseos defraudados, y caer en cosas que quisiera evitar. Entonces, ¿no elegimos asegurar los únicos medios de seguridad que se nos ofrecen, y no elegimos retirarnos de lo que es perecedero y servil y trabajar en las cosas que son imperecederas y por naturaleza libres; y no recordamos que ningún hombre hace daño a otro o hace bien a otro, sino que la opinión de un hombre sobre cada cosa es la que le hace daño, es la que lo trastorna?; ¿esto es la lucha, esto es la discordia civil, esto es la guerra? Lo que enemistó a Eteocles y a Polinices[190] no fue otra cosa que esta opinión que tenían sobre el poder real, su opinión sobre el destierro, que el uno es el extremo de los males; el otro, el mayor bien. Ahora bien, la naturaleza de todo hombre es buscar el bien, evitar el mal; considerar enemigo y traidor a quien nos priva de lo uno y nos involucra en lo otro, aunque sea un hermano, un hijo o un padre. Porque nada es más afín a nosotros que el bien. Por tanto, si estas cosas son buenas y malas, ni el padre es amigo de los hijos, ni el hermano de los hermanos, sino que todo el mundo está por todas partes lleno de enemigos, traidores y aduladores. Pero si la voluntad, siendo lo que debe ser, es el único bien; y si la voluntad, siendo lo que no debe ser, es el único mal, ¿dónde hay contiendas?, ¿dónde hay injurias? ¿Sobre qué? ¿Sobre las cosas que no nos conciernen? ¿Con quiénes hay contiendas?, ¿con los ignorantes, con los infelices, con los que se engañan sobre las cosas principales?

Recordando esto, Sócrates administró su propia casa y soportó a una esposa muy malhumorada y a un hijo necio. ¿En qué demostró ella su mal genio? En echarle agua en la cabeza cuanto quería, y en pisotear el pastel. ¿Y qué es esto para mí si pienso que estas cosas

190 Eteocles y Polinices. En la mitología griega, hijos de Edipo. Se mataron entre sí en un enfrentamiento por el trono de Tebas después de la muerte del padre.

no son nada para mí? Pero esto es cosa mía; y ni el tirano frenará mi voluntad ni el amo; ni los muchos me frenarán a mí, que soy uno solo, ni el más fuerte me frenará a mí, que soy el más débil, porque esta facultad de no ser frenado la ha dado Dios a todo hombre. Estas opiniones hacen el amor en una casa, la concordia en un Estado, entre las naciones la paz, y la gratitud a Dios; hacen al hombre en todo alegre en lo externo tanto sobre las cosas que pertenecen a otros como sobre las cosas que no tienen valor. Ciertamente, somos capaces de escribir y leer estas cosas, y de alabarlas cuando se leen, pero ni siquiera nos acercamos a estar convencidos de ellas. Por eso, lo que se dice de los lacedemonios: «Leones en casa; pero en Éfeso, zorros», encajará también en nuestro caso: «Leones en la escuela; pero fuera de ella, zorros».

6

Contra los que se lamentan por ser compadecidos

«Me apena —dice un hombre— que me compadezcan». Entonces, ¿el hecho de que te compadezcan es algo que te concierne a ti o a los que te compadecen? ¿Está en tu poder detener esta lástima? «Está en mi poder si les muestro que no requiero compasión». Entonces, ¿estás en condición de merecer compasión o no estás en condición de merecerla? «Creo que no lo estoy, pero estas personas no se compadecen de mí por las cosas por las que, si debieran compadecerse de mí, sería propio, es decir, por mis faltas, sino que se compadecen de mí por mi pobreza, por no poseer oficios honorables, por las enfermedades y las muertes y otras cosas semejantes». Entonces, ¿estás preparado para convencer a los muchos de que ninguna de estas cosas es un mal, sino que es posible que un hombre que es pobre y no tiene ningún cargo ni goza de ningún honor sea feliz, o para mostrarte ante ellos como rico y con poder? Pues la segunda de estas cosas pertenece a un hombre jactancioso, tonto y bueno para nada. Y considera por qué medios debe sostenerse la pretensión. Será necesario que contrates esclavos y que poseas algunas vasijas de plata, y que las exhibas en público si es posible, aunque a menudo sean las mismas, y que intentes disimular que son las mismas, y que tengas vestidos espléndidos, y todas las demás cosas para exhibirlas, y que demuestres que eres un hombre honrado por los grandes, y que intentes cenar en sus casas, o que se suponga que cenas allí y, en cuanto a tu persona, que emplees algunas artes mezquinas para que parezcas más guapo y más noble de lo que eres. Estas cosas debes ingeniártelas si eliges ir por el segundo camino para no ser compadecido. Pero el primer camino es impracticable y largo para intentar lo que Zeus no ha podido hacer, convencer a todos los hombres de lo que es bueno y lo que es malo. ¿Se te ha dado este poder? Solo se te ha dado el poder para convencerte a ti mismo, y todavía no te has convencido. Entonces, te pregunto, ¿intentas persuadir a otros hombres? ¿Quién ha vivido tanto tiempo contigo como tú mismo? ¿Quién tiene tanto poder de convencerte como tú tienes de convencerte a ti mismo?; ¿y quién está mejor dispuesto y más cerca de ti que tú mismo? ¿Cómo, pues, no te has convencido a ti mismo para aprender? ¿Ahora mismo no están las cosas al revés? ¿Es esto lo que te has propuesto hacer, aprender a estar libre de la pena y libre de la turbación, y no ser humillado y ser libre? ¿No has oído, pues, que no hay más que un camino que conduce a este fin; renunciar a las cosas que no dependen de la voluntad, retirarse de ellas y admitir que pertenecen a otros? Que otro hombre, entonces, tenga una opinión sobre ti, ¿de qué clase es? «Es una cosa independiente de la voluntad». ¿No es nada para ti? «No es nada». Cuando, entonces, sigues enfadado por esto y perturbado, ¿crees que estás convencido sobre el bien y el mal?

¿No serás, entonces, dejando a los demás solos, tanto erudito como maestro para ti mismo? El resto de la humanidad se ocupará de esto, de si les interesa estar y pasar su vida en un estado contrario a la naturaleza, pero para mí ningún hombre está más cerca que yo mismo. ¿Qué significa, pues, que he escuchado las palabras de los filósofos y asiento a ellas, pero de hecho no se me facilita nada? ¿Soy tan estúpido? Y, sin embargo, en todas las demás cosas que he elegido, no se me ha encontrado muy estúpido; pero aprendí rápidamente las letras, y a luchar, y la geometría, y a resolver silogismos. ¿No me ha convencido, pues, la razón? Y, en efecto, ninguna otra cosa he aprobado y elegido desde el principio. Ahora leo sobre estas cosas, oigo sobre ellas, escribo sobre ellas; no he descubierto hasta ahora ninguna razón más fuerte que esta. ¿En qué, pues, soy deficiente? ¿No han sido erradicadas de mí las opiniones contrarias? ¿No se han ejercitado las nociones mismas ni se han aplicado a la acción, sino que, como una armadura, están apartadas y oxidadas y no me sirven? Y, sin embargo, ni en los ejercicios de la palestra, ni en la escritura ni en la lectura me satisface el aprendizaje, sino que vuelvo arriba y abajo los silogismos que me proponen, y hago otros, y también silogismos sofísticos. Pero los teoremas necesarios, por cuyo procedimiento un hombre puede liberarse de la pena, del miedo, de las pasiones, del estorbo, y ser un hombre libre, en estos no me ejercito ni practico con la debida práctica. Entonces, después, ¿me preocupa lo que los demás dirán de mí, si les pareceré digno de atención, si les pareceré feliz?

Desgraciado, ¿no ves lo que dices de ti mismo? ¿Qué te pareces a ti mismo en tus opiniones, en tus deseos, en tus aversiones a las cosas, en tus movimientos, en tu preparación, en tus designios y en otros actos propios de un hombre? Pero ¿te preocupas por esto, por si los demás te compadecen? «Sí, pero no me compadecen como deberían». Entonces, ¿te duele esto? Y, ¿no es objeto de compasión el que se compadece? Sí. ¿Cómo, entonces, no eres compadecido como deberías? Porque por el mismo hecho de sentirte compadecido, te haces merecedor de la compasión. ¿Qué dice, entonces, Antístenes? ¿No lo has oído? «Es una cosa real, oh, Ciro, hacer lo correcto y ser mal hablado». Mi cabeza está sana, y todos piensan que me duele la cabeza. ¿Qué me importa eso? Estoy libre de fiebre, y la gente se compadece de mí como si tuviera fiebre: «Pobre hombre, durante tanto tiempo no has dejado de tener fiebre». Yo también digo con semblante apenado: «En verdad hace ya mucho tiempo que estoy enfermo». «¿Qué sucederá entonces?» «Lo que Dios quiera», y al mismo tiempo me río en secreto de los que se compadecen de mí. ¿Qué impide, entonces, que se haga lo mismo en este caso también? Soy pobre, pero tengo una opinión correcta sobre la pobreza. ¿Por qué, entonces, me importa que me compadezcan por mi pobreza? Yo no estoy en el poder, pero otros sí lo están; y tengo la opinión que debo tener sobre tener poder y no tenerlo. Que se fijen en ella los que me compadecen; yo no tengo hambre ni sed ni sufro frío, pero porque ellos tienen hambre o sed piensan que yo también los tengo. ¿Qué haré, pues, por ellos? Voy a ir por ahí y proclamar y decir: «No os equivoquéis, hombres, estoy muy bien, no me preocupo por la pobreza ni por la falta de poder ni, en pocas palabras, por nada más que por las opiniones correctas. Estas las tengo libres de ataduras, no me importa nada en absoluto». ¿Qué tontería es esta? ¿Cómo puedo poseer opiniones correctas si no me contento con ser lo que soy, sino que estoy inquieto por lo que se supone que debo ser? «Pero —dices—, otros obtendrán más, y serán más preferidos que yo». ¿Qué es, entonces, más razonable que los que se han esforzado por algo tengan más en aquello en lo que se han esforzado? Ellos han trabajado por el poder, tú has trabajado por las opiniones; y ellos han trabajado por las riquezas, tú por el buen uso de las apariencias. Fíjate si ellos tienen más que tú en aquello por lo que te has esforzado, y que ellos descuidan; si asienten mejor que tú con respecto a las reglas naturales de las cosas; si se decepcionan menos que tú en sus deseos; si caen menos que tú en cosas que quisieran evitar; si en sus intenciones, si en las cosas que se proponen, si en sus propósitos, si en sus movimientos hacia un objeto tienen mejor puntería; si observan mejor un comportamiento adecuado, como hombres, como hijos, como padres, y así sucesivamente en cuanto a los demás nombres con que expresamos las relaciones de la vida. Pero si ellos ejercen el poder, y tú no, ¿no elegirás decirte a ti mismo la verdad, que tú no haces nada por esto, y ellos lo hacen todo? Es muy poco razonable que el que cuida algo obtenga menos que el que no lo cuida. «No es así, pero, como me preocupan las opiniones correctas, es más razonable que tenga poder». Sí en la materia sobre la que te preocupas, en las opiniones. Pero en un asunto en el que ellos se han preocupado más que tú, cédeles el paso. El caso es el mismo que si, por tener opiniones correctas, pensaras que en el uso del arco deberías dar en el blanco mejor que un arquero, y en el trabajo del metal deberías tener más éxito que un herrero. Abandona, pues, tu empeño en las opiniones y dedícate a las cosas que deseas adquirir; y, después, laméntate si no tienes éxito, porque mereces lamentarte. Pero ahora decís que estáis ocupados en otras cosas, que os ocupáis de otras cosas; pero los muchos dicen esto verdaderamente, que un acto no tiene comunidad con otro. El que se ha levantado por la mañana busca a quién saludar, a quién decirle algo agradable, a quién enviarle un regalo, cómo complacer al hombre que baila, cómo por mal comportamiento a uno puede complacer a otro. Cuando reza, reza sobre estas cosas; cuando sacrifica, sacrifica por estas cosas. El dicho de Pitágoras «No dejes que el sueño venga a tus ojos lánguidos» lo traslada a estas cosas. «¿Dónde tengo que cambiar?, ¿he fallado en los asuntos relacionados con la adulación? ¿Qué he hecho? ¿Algo como un hombre libre, algo como un hombre de mente noble?». Y si encuentra algo de eso, se culpa y se acusa a sí mismo: «¿Por qué has dicho esto? ¿No estaba en tu mano mentir? Hasta los filósofos dicen que nada nos impide decir una mentira». Pero tú, si en verdad no te has preocupado de nada más que del buen uso de las apariencias, tan pronto como te has levantado por la mañana, reflexiona: «¿Qué quiero para estar libre de la pasión y libre de la perturbación? ¿Qué soy yo? ¿Soy un pobre cuerpo, una propiedad, una cosa de la que se habla? No soy nada de eso. ¿Pero qué soy? Soy un animal racional. ¿Qué se requiere, entonces, de mí?». Reflexiona sobre tus actos: «¿Dónde he omitido las cosas que conducen a la felicidad? ¿Qué he hecho que sea antipático o antisocial? ¿Qué no he hecho en cuanto a estas cosas que debería haber hecho?».

Siendo, pues, tan grande la diferencia de deseos, de acciones, de anhelos, ¿tendrías aún la misma parte con los demás en aquellas cosas en las que tú no te has esforzado y ellos sí? Entonces, ¿te sorprende que se compadezcan de ti y te enojas? Pero ellos no se enfadan si tú te compadeces de ellos.

¿Por qué? Porque ellos están convencidos de que tienen lo que es bueno, y tú no estás convencido. Por esta razón no estás satisfecho con lo tuyo, sino que deseas lo que ellos tienen. Pero ellos están satisfechos con lo suyo y no desean lo que tú tienes, ya que, si estuvieras realmente convencido de que, respecto a lo que es bueno, eres tú quien lo posee y que ellos lo han perdido, ni siquiera habrías pensado en lo que dicen de ti.

7

Sobre la libertad del miedo

¿Qué hace formidable al tirano? «Los guardias —dices— y sus espadas, y los hombres de la alcoba y los que excluyen a los que quieren entrar». ¿Por qué, entonces, si llevas a un niño al tirano, cuando está con sus guardias, no tiene miedo; o es porque el niño no entiende estas cosas? Si, entonces, cualquier hombre sí entiende lo que son los guardias y que tienen espadas, y viene al tirano con este mismo propósito porque desea morir por alguna circunstancia y busca morir fácilmente por la mano de otro, ¿tiene miedo de los guardias? «No, porque desea lo que hace formidable a los guardias». Si, pues, no se acerca al tirano ningún hombre que desee morir ni vivir por todos los medios, sino solo como le sea permitido, ¿qué le impide acercarse al tirano sin miedo? «Nada». Si, entonces, un hombre tiene la misma opinión sobre su propiedad que el hombre que he ejemplificado tiene sobre su cuerpo; y también sobre sus hijos y su mujer y, en pocas palabras, está tan afectado por alguna locura o desesperación que no le importa si los posee o no, sino que, como los niños que están jugando con conchas se preocupan por el juego, pero no se preocupan por las conchas, así también él no ha fijado ningún valor en los materiales, sino que valora el placer que tiene con ellos y la ocupación, ¿qué tirano es, entonces, formidable para él o qué guardias o qué espadas?

Entonces, ¿es posible que el hombre esté dispuesto a estas cosas por medio de la locura, y los galileos por medio del hábito, y es posible que ningún hombre pueda aprender por medio de la razón y de la demostración de que Dios ha hecho todas las cosas del universo y el universo mismo completamente libre de obstáculos y perfecto, y sus partes también, para el uso del todo? Todos los demás animales, en efecto, son incapaces de comprender la administración, pero el animal racional, el hombre, tiene facultades para la consideración de todas ellas y para comprender que es una parte, y qué clase de parte es, y que es justo que las partes estén subordinadas al todo. Y además de esto, siendo naturalmente noble, magnánimo y libre, el hombre ve que, de las cosas que lo rodean, algunas están libres de estorbo y en su poder, y las otras cosas están sujetas a estorbo y en poder de otros; que las cosas que están libres de estorbo están en poder de la voluntad; y las que están sujetas a impedimento son las cosas que no están en el poder de la voluntad. Y, por esta razón, si piensa que su bien y su interés están solamente en las cosas que están libres de impedimento y en su propio poder, será libre, próspero, feliz, exento de daño, magnánimo, piadoso, agradecido a Dios por todas las cosas; en ningún caso encontrará culpa en ninguna de las cosas que no han sido puestas en su poder, ni culpará a ninguna de ellas. Pero si piensa que su bien y su interés están en lo externo y en las cosas que no están en el poder de su voluntad, debe necesariamente ser obstaculizado, ser impedido, ser esclavo de aquellos que tienen el poder sobre las cosas que él admira y teme; y debe necesariamente ser impío porque piensa que es perjudicado por Dios, y debe ser injusto porque siempre reclama más de lo que le pertenece; y debe necesariamente ser abyecto y mezquino.

¿Qué impide a un hombre que ha separado claramente estas cosas vivir con un corazón ligero y llevar fácilmente las riendas, esperar tranquilamente todo lo que puede suceder, y soportar lo que ya ha sucedido? «¿Quieres que soporte la pobreza?». Venid y sabréis lo que es la pobreza cuando haya encontrado a alguien que sepa hacer bien el papel de pobre. «¿Quieres que posea el poder?». Deja que tenga poder, y también la molestia de tenerlo. «Bueno, ¿destierro?». Dondequiera que vaya, allí me irá bien; porque también, aquí donde estoy, no fue por el lugar que me fue bien, sino por mis opiniones que me llevaré conmigo, porque tampoco nadie puede privarme de ellas. Mis opiniones son solo mías y no me las pueden quitar, y estoy satisfecho mientras las tenga, dondequiera que esté y haga lo que haga. «Pero ahora es el momento de morir». ¿Por qué dices «morir»? No hagas un espectáculo trágico de la cosa, sino habla de ella tal como es, ahora es el momento de que el asunto vuelva a las cosas de las que estaba compuesto.

¿Y qué es lo formidable aquí? ¿Qué va a perecer de las cosas que hay en el universo? ¿Qué cosa nueva o maravillosa va a suceder? ¿Es por esta razón que un tirano es formidable? ¿Es por esta razón que los guardias parecen tener espadas grandes y afiladas? Di esto a otros, pero yo he pensado en todas estas cosas; ningún hombre tiene poder sobre mí. He sido hecho libre; conozco sus mandatos, ningún hombre puede ahora dirigirme como un esclavo. Tengo una persona adecuada para hacer valer mi libertad; tengo jueces adecuados. ¿No eres tú el dueño de mi cuerpo? ¿Qué es eso para mí? ¿No eres tú el dueño de mi propiedad? ¿Qué es eso para mí? ¿No eres tú el dueño de mi destierro o de mis cadenas? Pues bien, de todas estas cosas y de todo el pobre cuerpo mismo me alejo a tu voluntad, cuando te plazca. Probad vuestro poder y sabréis hasta dónde llega.

¿A quiénes, pues, puedo temer todavía? ¿A los que están sobre la alcoba? No sea que hagan, ¿qué? ¿Excluirme? Si encuentran que deseo entrar, que me cierren la puerta. «¿Por qué, entonces, vas a las puertas?». Porque creo que me conviene, mientras dure la obra, participar en ella. «¿Cómo, entonces, no te dejan fuera?». Porque, a no ser que alguien me permita entrar, no lo elijo, sino que me contento siempre con lo que pasa, porque pienso que lo que Dios elige es mejor que lo que yo elijo. Me apego como ministro y seguidor a Él; tengo los mismos movimientos que Él, tengo los mismos deseos; en pocas palabras, tengo la misma voluntad. No hay exclusión para mí, sino para los que quieren forzar su entrada. ¿Por qué, entonces, no entro a la fuerza? Porque sé que nada bueno se distribuye dentro a los que entran. Pero cuando oigo llamar afortunado a algún hombre porque es honrado por el César, digo: «¿Qué es lo que consigue?». Una provincia. ¿Obtiene también una opinión como la que le corresponde? El cargo de prefecto. ¿Obtiene también el poder de usar bien su cargo? ¿Por qué sigo esforzándome por entrar? Un hombre esparce higos secos y nueces[191], los niños se apoderan de ellos y se pelean entre sí; los hombres no lo hacen, pues lo consideran un asunto menor. Pero si un hombre arroja conchas, ni siquiera los niños se apoderan de ellas. Provincias se distribuyen: que los niños se fijen en eso. El dinero se distribuye: que los niños se fijen en eso. Se distribuyen pretorios, consulados: que los niños se peleen por ellos, que se dejen encerrar, golpear, besar las manos del dador, de sus esclavos, pero para mí son solo higos secos y nueces. ¿Y, entonces, qué? Si no los consigues, mientras el César los esparce, no te preocupes: si un higo seco llega a tu regazo, tómalo y cómelo, pues hasta ahí puedes valorar incluso un higo. Pero si me agacho y doy la vuelta a otro o soy volteado por otro y halago a los que se han metido en la cámara, ni un higo seco vale la pena, ni ninguna otra cosa de las que los filósofos me han persuadido de que no son buenas.

Muéstrame las espadas de los guardias. «Mira qué grandes son y qué afiladas». ¿Qué hacen, entonces, estas espadas grandes

191 Era costumbre arrojar estos alimentos a los niños a modo de golosinas en las bodas y en los aniversarios de nacimientos.

y afiladas? «Matan». ¿Y qué hace la fiebre? «Nada más». ¿Y qué más hace una teja? «Nada más». ¿Queréis, entonces, que me maraville de estas cosas y las adore, y que vaya como esclavo de todas ellas? Espero que esto no ocurra. Cuando he aprendido que todo lo que ha venido a la existencia debe también salir de ella para que el universo no se quede quieto ni sea impedido, ya no considero que sea diferente que lo haga una fiebre, o un azulejo, o un soldado. Pero si un hombre debe hacer una comparación entre estas cosas, sé que el soldado lo hará con menos problemas y más rápido. Cuando, entonces, no temo nada de lo que un tirano pueda hacerme, ni deseo nada de lo que pueda darme, ¿por qué sigo mirando con asombro? ¿Por qué sigo confundido? ¿Por qué temo a los guardias? ¿Por qué me complace que me hable amistosamente y me reciba, y por qué cuento a los demás cómo me ha hablado? ¿Es un Sócrates, es un Diógenes para que sus elogios sean una prueba de lo que soy? ¿He querido imitar su moral? Mantengo el juego y acudo a él, y le sirvo mientras no me mande hacer nada insensato o irracional. Pero si me dice: «Ve y trae a León de Salamina», le digo: «Busca a otro, pues ya no juego». «Llévatelo[192]». Eso es parte del juego. «Pero te quitarán la cabeza». ¿Acaso la cabeza del tirano permanece siempre donde está, y las cabezas de los que le obedecen también? «Pero tú serás expulsado insepulto[193]». Si el cadáver soy yo, seré expulsado; pero si soy distinto del cadáver, habla con más propiedad según el hecho, y no pienses en asustarme. Estas cosas son formidables para los niños y los tontos. Pero si alguno ha entrado una vez en la escuela de los filósofos y no sabe lo que es, merece estar lleno de miedo y adular a aquellos a quienes antes solía adular si no ha aprendido todavía que no es carne ni huesos ni tendones, sino que es aquello que se sirve de estas partes del cuerpo y las gobierna, y sigue las apariencias de las cosas. «Sí, pero

192 Al filósofo, porque se negaba a cumplir un mandato.
193 Se consideraba el último menosprecio al difunto.

esta charla nos hace despreciar las leyes[194]». ¿Y qué tipo de charla hace que los hombres sean más obedientes a las leyes que emplean dicha charla? Y las cosas que están en poder de un tonto no son leyes. Y, sin embargo, ved cómo esta palabrería nos hace estar dispuestos como debemos a estos hombres, ya que nos enseña a no reclamar en oposición a ellos ninguna de las cosas en las que son capaces de superarnos. Esta charla nos enseña, en cuanto al cuerpo, a renunciar a él; en cuanto a la propiedad, a renunciar también a ella; en cuanto a los hijos, los padres, los hermanos, a retirarse de ellos, a renunciar a todo; solo hace una excepción de las opiniones, que incluso Zeus ha querido que sean la propiedad selecta de todo hombre. ¿Qué transgresión de las leyes hay aquí?, ¿qué locura? Donde tú eres superior y más fuerte, allí te cedo; en cambio, donde yo soy superior, tú me cedes; porque yo he estudiado esto, y tú no. Es tu estudio vivir en casas con suelos formados por varias piedras, cómo te servirán tus esclavos y dependientes, cómo llevarás ropas finas, cómo tendrás muchos cazadores, laudistas y actores trágicos. ¿Acaso reclamo algo de esto? ¿Has hecho algún estudio de las opiniones y de tu propia facultad racional? ¿Sabes de qué partes se compone, cómo se reúnen, cómo se conectan, qué poderes tiene y de qué tipo? ¿Por qué, pues, te irritas si otro, que la ha estudiado, te aventaja en estas cosas? «Pero estas cosas son las más grandes». ¿Y quién te impide ocuparte de estas cosas y preocuparte por ellas? ¿Y quién tiene una mejor reserva de libros, de ocio, de personas para ayudarte? Solo vuelve tu mente por fin a estas cosas, atiende, aunque sea por poco tiempo, a tu propia facultad gobernante. Considera qué es esto que posees, y de dónde vino, esto que usa todas las demás, y las prueba, y selecciona y rechaza. Mientras te ocupes de las cosas externas, las poseerás como ningún otro hombre, pero tendrás esto tal como lo eliges, sórdido y descuidado.

---

194 Las persecuciones y destierros a los filósofos en masa en épocas de Nerón y Domiciano tenían como fundamento esa acusación.

8

Contra los que se precipitan en el uso del vestido filosófico

Nunca alabes ni culpes a una persona por las cosas que son comunes, y no le atribuyas ninguna habilidad o falta de habilidad; y así te librarás de la imprudencia y de la malevolencia. «Este hombre se baña muy rápido». ¿Hace mal? Ciertamente no. ¿Pero qué hace? Se baña muy rápido. Entonces, ¿todas las cosas se hacen bien? De ninguna manera, pero los actos que proceden de opiniones correctas se hacen bien; y los que proceden de opiniones malas se hacen mal. Pero hasta que no conozcas la opinión por la que un hombre hace cada cosa, no alabes ni culpes el acto. La opinión no se descubre fácilmente a partir de las cosas externas. «Este hombre es carpintero». ¿Por qué? «Porque usa un hacha». ¿Qué es, entonces, esto para el asunto? «Este hombre es músico porque canta». ¿Y qué significa eso? «Este hombre es un filósofo porque lleva capa y pelo largo». ¿Y qué lleva un malabarista? Por esta razón, si un hombre ve a algún filósofo actuando de manera indecente, inmediatamente dice: «Mira lo que hace el filósofo», pero debería, dado el comportamiento indecente del hombre, decir más bien que no es un filósofo. Porque si esta es la noción preconcebida de un filósofo y lo que profesa, llevar una capa y el pelo largo, los hombres dirían bien; pero si lo que profesa es más bien esto, mantenerse libre de faltas, ¿por qué si no hace bien sus profesiones, no le quitamos el nombre de filósofo?

Pues, lo mismo hacemos en el caso de todas las demás artes. Cuando un hombre ve a otro manejar mal un hacha, no dice: «¿Para qué sirve el arte del carpintero? Mira qué mal hacen su trabajo los carpinteros»; sino que dice justamente lo contrario: «Este hombre no es carpintero, porque usa mal el hacha». Del mismo modo, si un hombre oye a otro cantar mal, no dice: «Mira cómo cantan los músicos», sino: «Este hombre no es músico». Pero es solo en materia de filosofía que la gente hace esto. Cuando ven a un hombre actuar de forma contraria a la profesión de filósofo, no le quitan el título, sino que lo suponen filósofo, y de sus actos, derivando el hecho de que se comporta de forma indecente, concluyen en que no sirve para nada la filosofía.

¿Cuál es, pues, la razón de esto? Porque damos valor a la noción de un carpintero y a la de un músico, y a la de otros artesanos del mismo modo, pero no a la de un filósofo, y juzgamos por lo externo solamente que es una cosa confusa y mal definida. ¿Y qué otro tipo de arte tiene un nombre desde el vestido y el cabello, y no tiene teoremas y un material y un fin?

¿Cuál es, entonces, el material del filósofo? ¿Es un manto? No, sino la razón. ¿Cuál es su fin? ¿Es llevar una capa? No, sino poseer la razón en un estado correcto. ¿De qué tipo son sus teoremas?

¿Son aquellos sobre el modo en que la barba se hace grande o el cabello largo? No, sino lo que dice Zenón: conocer los elementos de la razón, qué clase de cosa es cada uno de ellos, y cómo se acoplan entre sí, y qué cosas son consecuentes con ellos. ¿No veréis, pues, primero si hace lo que profesa cuando actúa de manera impropia, y después culparéis a su estudio? Pero ahora, cuando tú mismo actúas de manera sobria, dices en consecuencia de lo que te parece que hace mal: «Mira al filósofo», como si fuera propio llamar con el nombre de filósofo a quien hace estas cosas; y, además: «Esta es la conducta de un filósofo». Pero no dices: «Mira al carpintero» cuando sabes que un carpintero es adúltero o ves que es un glotón; ni tampoco dices: «Mira al músico». Así, hasta cierto punto, percibes la profesión de un filósofo, pero te alejas de la noción, y te confundes por falta de cuidado.

Pero incluso los propios filósofos, como se les llama, persiguen la cosa empezando por cosas que les son comunes a ellos y a los demás: tan pronto como han asumido una capa y se han dejado crecer la barba, dicen: «Soy un filósofo». Ningún hombre dirá: «Soy músico» si ha comprado una púa y un laúd, ni dirá: «Soy herrero» si se ha puesto una gorra y un delantal. Pero el vestido se ajusta al arte, y toman su nombre del arte, y no del vestido.

Por eso, decía bien Éufrates: «Mucho tiempo me esforcé en ser filósofo sin que la gente lo supiera; y esto —decía— me sirvió: porque, primero, supe que cuando hacía algo bien, no lo hacía por el bien de los espectadores, sino por el mío propio. Comía bien por el bien de mí mismo; tenía mi semblante bien compuesto y mi andar, todo por mí y por Dios. Entonces, como yo luchaba solo, también yo solo estaba en peligro; en ningún aspecto por mí, si hacía algo vil o impropio, se ponía en peligro la filosofía ni perjudicaba a los muchos haciendo algo malo como filósofo. Por esta razón, los que no conocían mi propósito solían preguntarse cómo era que, aunque conversaba y vivía en conjunto con todos los filósofos, yo mismo no era un filósofo. ¿Y qué había de malo en que fuera conocido como filósofo por mis actos y no por las marcas externas?». Ved cómo me alimento, cómo bebo, cómo duermo, cómo soporto y aguanto, cómo coopero, cómo empleo el deseo, cómo empleo la aversión, cómo mantengo las relaciones, las que son naturales o las que son adquiridas, cómo estoy libre de confusión, cómo estoy libre de obstáculos. Juzga de mí por esto si puedes. Pero si eres tan sordo y ciego que no puedes concebir ni siquiera a Hefesto como un buen herrero, a no ser que veas el gorro que lleva en la cabeza, ¿qué mal hay en no ser reconocido por un juez tan necio?

Así, Sócrates no era conocido como filósofo por la mayoría de las personas, y solían ir a él y pedirle que les presentara a los filósofos. ¿Se enfadaba, entonces, como nosotros, y decía: «¿Y no creéis que soy un filósofo?»? No, sino que los tomaba y los presentaba, estaba satisfecho de una cosa, de ser filósofo; y estaba satisfecho también de que no lo consideraran filósofo, no le molestaba, pues pensaba en su propia ocupación. ¿Cuál es el trabajo de un hombre honorable y bueno? ¿Tener muchos alumnos? De ninguna manera. Se ocuparán de este asunto los que sean serios al respecto. Pero ¿era su trabajo examinar cuidadosamente teoremas difíciles? Otros se ocuparían de estos asuntos también. Entonces, ¿en qué estaba, y quién era y quién deseaba ser? Estaba en aquello en lo que había daño y ventaja. «Si algún hombre puede perjudicarme

—dice—, no hago nada; si espero que otro hombre me haga bien, no soy nada. Si me angustio por algo y no sucede, soy un desgraciado». A tal concurso invitó a todos los hombres, y no creo que hubiera declinado el concurso con ninguno. ¿Qué supones? ¿Fue proclamando y diciendo: «Soy tal hombre»? Ni mucho menos, sino siendo tal hombre. Porque, además, este es el carácter de un necio y de un fanfarrón para decir: «Estoy libre de pasiones y de perturbaciones. No ignoréis, amigos míos, que mientras vosotros estáis inquietos y perturbados por cosas sin valor, solo yo estoy libre de toda perturbación». Así pues, no os basta con no sentir dolor si no hacéis esta proclamación: «Acercaos todos los que sufrís gota, dolores de cabeza, fiebre; los que sois cojos, ciegos, y observad que yo estoy sano de toda dolencia». Esto es vacío y desagradable de escuchar, a menos que, como Esculapio, seas capaz de mostrar inmediatamente por qué tipo de tratamiento ellos también estarán inmediatamente libres de la enfermedad, y a menos que muestres tu propia salud como un ejemplo.

Pues tal es el cínico[195] que se honra con el cetro y la diadema[196] de Zeus, y dice: «Para que veáis, oh, hombres, que buscáis la felicidad y la tranquilidad no donde está, sino donde no está, he aquí que Dios me envía a vosotros como ejemplo. Yo, que no tengo ni propiedad ni casa, ni mujer ni hijos, ni siquiera cama, ni abrigo ni utensilios domésticos; y ved qué sano estoy. Probadme y, si veis que estoy libre de perturbaciones, oíd los remedios y cómo me he curado». Esto es filantrópico y noble. Pero ved de quién es la obra, de Zeus, o de aquel a quien Él juzgue digno de este servicio para que nunca exhiba nada a los muchos, por lo que hará su propio testimonio de ningún efecto, por el que da testimonio de la virtud y da pruebas contra las cosas externas. Su bello rostro empalidece sus mejillas Enjuga una lágrima. Y no solo esto, sino que no desea ni busca nada, ni hombre ni lugar ni diversión, como los niños buscan la vendimia o las vacaciones; siempre fortificado por la

195 En referencia a Diógenes.
196 Símbolos de la realeza.

modestia, como otros se fortifican con muros y puertas y porteros. Pero ahora, siendo solo movido a la filosofía, como los que tienen mal estómago son movidos a algunas clases de comida que pronto aborrecen, directamente hacia el cetro y al poder real. Se dejan crecer el pelo, asumen el manto, muestran el hombro desnudo, riñen con los que se encuentran; y, si ven a un hombre con un grueso abrigo de invierno, riñen con él. Hombre, primero ejercítate en tiempo de invierno: mira que tus movimientos no sean los de un hombre con mal estómago o los de una mujer anhelante. Primero esfuérzate por que no se sepa lo que eres: sé un filósofo para ti mismo un corto tiempo. Los frutos crecen así: la semilla debe estar enterrada durante algún tiempo, escondida, crecer lentamente para que llegue a la perfección. Si produce la espiga antes del tallo articulado, es imperfecta, un producto del jardín de Adonis[197]. Tan pobre planta eres tú también: has florecido demasiado pronto; el frío te abrasará. Fíjate en lo que dicen los labradores sobre las semillas cuando llega el calor demasiado pronto. Temen que las plantas sean demasiado frondosas, y que después una sola helada se apodere de ellas y demuestre que están demasiado adelantadas. Considera tú también, hombre mío, que has salido disparado demasiado pronto, te has apresurado hacia un poco de fama antes de la estación apropiada; crees que eres algo, un tonto entre los tontos. Te atrapará la helada, y más bien te ha mordido la helada en la raíz de abajo, pero tus partes superiores todavía florecen un poco, y por esta razón crees que todavía estás vivo y floreciente. Dejad que maduremos de forma natural: ¿por qué nos desnudáis?, ¿por qué nos forzáis? Aún no somos capaces de soportar el aire. Deja que crezca la raíz, después adquiere la primera articulación, la segunda y la tercera: de esta manera, entonces, el fruto se forzará naturalmente, aunque yo no lo elija. Pues, ¿quién que esté preñado, y yo lleno de tan grandes principios, no percibe

197 En las tierras de Adonis se sembraban, fuera del tiempo conveniente, diversas semillas que, con abundante riego, pronto germinaban y se hacían plantas rozagantes, aunque por falta de raíces, perecían pronto.

también sus propias potencias y se mueve hacia los actos correspondientes? Un toro no ignora su propia naturaleza y sus poderes cuando se muestra una bestia salvaje, ni espera a que uno lo impulse; ni un perro cuando ve un animal salvaje. Pero si tengo las facultades de un hombre bueno, ¿debo esperar a que me preparen para mis propios actos? Por el momento, no las tengo, créeme. ¿Por qué, entonces, deseas que me marchite antes de tiempo como te has marchitado tú?

9

A una persona que había sido cambiada a un carácter de desvergüenza

Cuando veas a otro hombre en posesión del poder, contrapón a esto el hecho de que tú no tienes la falta de poder; cuando veas a otro rico, mira lo que posees en lugar de las riquezas, porque, si no posees nada en lugar de ellas, eres miserable; pero, si no tienes la falta de riquezas, sabe que posees más que este hombre y de mucho más valor. Otro hombre posee una mujer hermosa, tú tienes la satisfacción de no desear una esposa hermosa. ¿Te parecen pequeñas estas cosas? ¿Y cuánto darían estas personas, estos mismos hombres que son ricos y están en posesión del poder y viven con mujeres guapas, para poder despreciar las riquezas y el poder y a estas mismas mujeres a las que aman y disfrutan? ¿No sabéis, pues, cuál es la sed de un hombre que tiene fiebre? Es algo que no se parece en nada a la sed de un hombre que goza de salud, porque el hombre que goza de salud deja de tener sed después de haber bebido; pero el enfermo, al ser complacido por poco tiempo, tiene náuseas; convierte la bebida en bilis, vomita, se agarra por las molestias, y tiene más sed. Es tal el deseo de riquezas y de poseer riquezas, el deseo de poder y de poseer poder, el deseo de una mujer hermosa y de acostarse con ella. A esto se añaden los celos, el miedo a ser privado de lo que se ama, las palabras indecentes, los pensamientos indecentes, los actos indecorosos.

«¿Y qué pierdo yo?», dirás. Hombre, eras modesto y ya no lo eres. ¿No has perdido nada? En lugar de a Crisipo y Zenón, lees a Arístides[198] y Eveno, ¿no has perdido nada? En lugar de a Sócrates y Diógenes, admiras a quien es capaz de corromper y seducir a la mayoría de las mujeres. Deseas parecer guapo y tratas de serlo, aunque no lo seas. Os gusta exhibir ropas espléndidas para atraer a las mujeres; y, si encontráis algún aceite fino, os imagináis que sois felices. Antes no pensabas en nada de eso, sino solo en que hubiera una conversación decente, un hombre digno y una concepción generosa. Por eso dormías como un hombre, salías a la calle como un hombre, llevabas un vestido varonil, y solías hablar de una manera que correspondía a un hombre bueno. Entonces, ¿me dices: «No he perdido nada»? ¿Acaso los hombres no pierden nada más que la moneda? ¿No se pierde la modestia? ¿No se pierde el comportamiento decente? ¿Es que quien ha perdido estas cosas no ha sufrido ninguna pérdida? Tal vez pienses que ninguna de estas cosas es una pérdida. Pero hubo un tiempo en que considerabas que era la única pérdida y el único daño, y estabas ansioso de que ningún hombre te perturbara de esas palabras y acciones.

Observa, nadie te perturba de estas buenas palabras y acciones, sino tú mismo. Lucha contigo mismo, restablece la decencia, el pudor y la libertad. Si alguien te dijera esto de mí, que una persona me obliga a ser adúltera, a llevar un vestido como el tuyo, a perfumarme con aceites, ¿no habrías ido y con tu propia mano y habrías matado al hombre que así me calumniaba? ¿Ahora no te ayudarás a ti mismo? ¿Y cuánto más fácil es esta ayuda? No hay necesidad de matar a ningún hombre, ni de encadenarlo, ni de tratarlo con contumacia, ni de entrar en el Foro, sino que solo es necesario que te dirijas a ti mismo, que serás el más fácilmente persuadido, con quien ningún hombre

198 ARÍSTIDES (c. 100 a. C.), autor de relatos breves de contenido erótico y algunos obscenos.

tiene más poder de persuasión que tú mismo. Primero, condenad lo que hacéis y, después, cuando lo hayáis condenado, no desesperéis de vosotros mismos, y no estéis en la condición de esos hombres de espíritu mezquino, que, una vez que han cedido, se entregan por completo y son arrastrados como por un torrente. Pero mira lo que hacen los entrenadores de niños. ¿Ha caído el muchacho? «Levántate —le dicen—, lucha de nuevo hasta que te hagas fuerte». Haz tú también algo del mismo tipo, pues ten por seguro que no hay nada más manejable que el alma humana. Ejerce la voluntad, y la cosa se hace, se endereza. Como por otra parte, solo caes en un cabeceo y la cosa se pierde, porque de dentro viene la ruina y de dentro viene la ayuda. «Entonces, ¿qué bien gano?». ¿Y qué mayor bien buscas que este? De un desvergonzado, te convertirás en un hombre modesto; de un desordenado, te convertirás en un hombre ordenado; de un infiel, te convertirás en un hombre fiel; de un hombre de hábitos desenfrenados, en un hombre sobrio. Si buscas algo más que esto, sigue haciendo lo que estás haciendo, ni siquiera un dios puede ahora ayudarte.

10

Qué cosas debemos despreciar y qué cosas debemos valorar

Las dificultades de todos los hombres tienen que ver con las cosas externas, su impotencia tiene que ver con lo externo. «¿Qué debo hacer?, ¿cómo será?, ¿cómo resultará? ¿Sucederá esto?, ¿sucederá aquello?». Todas estas son las palabras de los que se vuelcan en cosas que no están dentro del poder de la voluntad. Dice: «¿Cómo no voy a asentir a lo que es falso? ¿Cómo no voy a apartarme de la verdad?». Si un hombre es de tan buena disposición como para estar ansioso por estas cosas, le recordaré esto: «¿Por qué estás ansioso? La cosa está en tu propio poder: está seguro, no te precipites en asentir antes de aplicar la regla natural». Por otra parte, si un hombre está ansioso por el deseo, no sea que fracase en su propósito y pierda su fin, y con respecto a la evitación de las cosas, no sea que caiga en lo que quiere evitar, primero lo besaré, porque desecha las cosas por las que otros están alborotados y sus temores, y emplea sus pensamientos en sus propios asuntos y su propia condición. Entonces, le diré: «Si no eliges desear lo que vas a obtener ni intentas evitar aquello en lo que vas a caer, no desees nada de lo que pertenece a los demás, ni intentes evitar ninguna de las cosas que no están en tu poder. Si no observas esta regla, necesariamente caerás en tus deseos y caerás en lo que quieres evitar. ¿Cuál es la dificultad aquí? ¿Dónde hay lugar para las palabras «cómo será» y «cómo resultará» y «sucederá esto o aquello»?

Ahora bien, ¿lo que va a suceder no es independiente de la voluntad? «Sí». Y la naturaleza del bien y del mal, ¿no está en las cosas que están dentro del poder de la voluntad? «Sí». ¿Está en tu poder, entonces, tratar de acuerdo con la naturaleza todo lo que sucede? ¿Puede alguna persona impedírtelo? «Nadie». Ya no me digas entonces: «¿Cómo será?». Porque, sea como sea, lo dispondrás bien, y el resultado para ti será afortunado. ¿Qué hubiera sido de Hércules si hubiera dicho: «¿Cómo no se me aparecerá un gran león, o un gran jabalí, o los hombres salvajes?»? ¿Y qué te importa eso? Si aparece un gran jabalí, librarás una lucha mayor; si aparecen hombres malos, aliviarás la tierra de los malos. «Supón, pues, que pierda mi vida de esa manera». Morirás como un hombre bueno, haciendo un acto noble. Pues, puesto que ciertamente hemos de morir, por necesidad hay que encontrar a un hombre haciendo algo, ya sea siguiendo el empleo de labrador, o cavando, o comerciando, o sirviendo en un consulado o sufriendo de indigestión o de diarrea. ¿Qué es lo que quieres hacer cuando te encuentre la muerte? Yo, por mi parte, desearía que me encontrara haciendo algo propio de un hombre, benéfico, adecuado al interés general, noble. Pero si no puedo encontrarme haciendo cosas tan grandes, me encontraría haciendo al menos lo que no se me puede impedir, lo que se me permite hacer, corrigiéndome a mí mismo, cultivando la facultad que hace uso de las apariencias, trabajando en la libertad de los afectos, rindiendo a las relaciones de la vida lo que les corresponde; si lo consigo hasta aquí, también tocando el tercer tópico[199], el de la seguridad en la formación de juicios sobre las cosas. Si la muerte me sorprende cuando estoy ocupado en estas cosas, me basta con que pueda extender mis manos a Dios y decir: «Los medios que he recibido de Ti para ver tu administración y seguirla no los he descuidado. No te he deshonrado con mis actos: mira cómo he usado mis percepciones, mira cómo he usado mis preconceptos. ¿Te he culpado alguna vez?, ¿he estado descontento con algo que sucede o he deseado que fuera de otra manera?, ¿he querido transgredir las relaciones? Te agradezco que me hayas dado la vida, te agradezco lo que me has dado. Mientras haya usado las cosas que son tuyas, estoy contento; retómalas y colócalas donde quieras. Tuyas eran todas las cosas, tú me las diste». ¿No es suficiente partir en este estado de ánimo, y qué vida es mejor y más digna que la de un hombre que está en este estado de ánimo? Y, ¿qué fin es más feliz?

Para que esto se haga, el hombre no debe recibir cosas pequeñas, ni son pequeñas las cosas que debe perder. No se puede desear ser cónsul y estar ansioso por tener tierras, y estar solícito por los esclavos y por ti mismo. Pero, si deseas algo que pertenece a otro, lo que es tuyo se pierde. Esta es la naturaleza de la cosa: nada se da o se tiene por nada. ¿Y dónde está la maravilla? Si quieres ser cónsul, tienes que mantenerte despierto, correr, besar manos, gastar con agotamiento en la casa de otros hombres, pudrirte ante ajenas puertas, decir y hacer muchas cosas indignas de un hombre libre, enviar regalos a muchos, regalos diarios a algunos. ¿Y qué es lo que se consigue? Doce fajos de varas, sentarse tres o cuatro veces en el tribunal, exhibir los juegos en el Circo y dar cenas en pequeños cestos. O, si no estáis de acuerdo con esto, que alguien me muestre qué hay además de estas cosas. Para asegurar, pues, la libertad de las pasiones, la tranquilidad, dormir bien cuando se duerme, estar realmente despierto cuando se está despierto,

199 El primer tópico es el perteneciente al deseo; el segundo, al impulso.

no temer nada, no estar ansioso por nada, ¿no gastaréis nada ni daréis ningún trabajo? Pero si algo que te pertenece se pierde mientras estás así ocupado, o se desperdicia mal, u otro obtiene lo que tú debías haber obtenido, ¿te enfadarás inmediatamente por lo que ha sucedido? ¿No tomarás en cuenta del otro lado lo que recibes y por qué, cuánto por cuánto? ¿Esperas tener por nada cosas tan grandes? ¿Y cómo puedes hacerlo? Una obra no tiene comunidad con otra. No puedes tener tanto las cosas externas, después de haberlas cuidado, como tu propia facultad de gobernar. Si quieres tenerlas, renuncia a esto. Si no lo haces, no tendrás ni esto ni aquello, mientras te atraen de maneras diferentes ambas cosas. El aceite se derramará, los recipientes de la casa perecerán, pero yo estaré libre de pasiones. Habrá un incendio cuando yo no esté presente, y los libros se destruirán, pero yo trataré las apariencias según la naturaleza. «Bien, pero no tendré nada que comer». Si tengo tanta mala suerte, la muerte es un puerto, y la muerte es el puerto para todos, este es el lugar de refugio; y por esta razón, ninguna de las cosas de la vida es difícil, tan pronto como se elige, se está fuera de la casa, y no se fuma más. ¿Por qué, pues, te angustias, por qué pierdes el sueño, por qué no dices en seguida, después de considerar dónde está tu bien y tu mal, «ambos están en mi poder»? Nadie puede privarme del bien ni involucrarme en el mal contra mi voluntad. ¿Por qué no me echo al suelo y ronco? Porque todo lo que tengo está a salvo. En cuanto a las cosas que pertenecen a otros, se ocupará quien las obtiene, ya que pueden ser dadas por Aquel que tiene el poder. ¿Quién soy yo para querer tenerlas de esta manera o de aquella? ¿Me ha sido dado el poder de seleccionarlas?, ¿alguien me ha hecho dispensador de ellas? Me bastan aquellas cosas sobre las que tengo poder, debo administrarlas tan bien como pueda; y todo lo demás, como quiera el Dueño de ellas.

Cuando un hombre tiene estas cosas ante sus ojos, ¿se mantiene despierto y se vuelve de un lado a otro[200]? ¿Qué hubiera querido, o qué

---

200 Del modo que lo hizo Aquiles en su tienda cuando murió Patroclo.

lamenta? ¿A Patroclo o a Antíloco o a Menelao[201]? Pues, ¿cuándo supuso que alguno de sus amigos era inmortal?, ¿y cuándo no tuvo ante sus ojos que al día siguiente o al otro día él o su amigo debían morir? «Sí —dice—, pero pensé que me sobreviviría y criaría a mi hijo». Por eso fue un tonto y pensaba en lo incierto. ¿Por qué, entonces, no te culpas, y te sientas a llorar como las niñas? «Pero él me ponía la comida delante». Porque estaba vivo, tonto, pero ahora no puede, pero Automedonte[202] la pondrá delante de ti, y si Automedonte también muere, encontrarás otro. Pero si la olla en la que se cocinaba tu carne se rompiera, ¿deberías morirte de hambre porque no tienes la olla a la que estás acostumbrado? ¿No mandas a comprar una olla nueva? Dice: «Ningún mal mayor podría caer sobre mí».

¿Por qué es este tu mal? ¿Acaso, entonces, en lugar de eliminarlo, culpas a tu madre por no habértelo predicho para que siguieras afligido desde entonces? ¿Qué piensas? ¿No supones que Homero escribió esto para que aprendamos que los de más noble cuna, los más fuertes y ricos y los más guapos, cuando no tienen las opiniones que deberían tener, no están impedidos de ser los más desdichados y desgraciados?

11

Sobre la pureza

Algunas personas se preguntan si el sentimiento social está contenido en la naturaleza del hombre; y, sin embargo, creo que esas mismas personas no dudarían de que el amor a la pureza está ciertamente contenido en ella y que, si el hombre se distingue de otros animales por algo, se distingue por esto. Así pues, cuando vemos a cualquier

201 Son mencionados como amigos, aunque se duda que Menelao perteneciera a ese círculo.
202 Automedonte, camarada de Patroclo y Aquiles.

otro animal limpiándose, estamos acostumbrados a hablar del acto con sorpresa, y a añadir que el animal está actuando como un hombre. Y, por otra parte, si un hombre reprocha a un animal que esté sucio, enseguida, como si lo estuviéramos excusando, decimos que por supuesto el animal no es una criatura humana. Así que suponemos que hay algo superior en el hombre, y que primero lo recibimos de los dioses. Porque como los dioses por su naturaleza son puros y libres de corrupción, en la medida en que los hombres se acercan a ellos, por la razón, se aferran a la pureza y al amor a la pureza. Pero como es imposible que la naturaleza del hombre pueda ser totalmente pura al estar mezclada con tal materia, se aplica la razón en la medida de lo posible, y la razón se esfuerza por hacer que la naturaleza humana la ame.

La primera, pues, y más alta pureza es la que hay en el alma; y lo mismo decimos de la impureza. Ahora bien, no podríais descubrir la impureza del alma como podríais descubrir la del cuerpo; pero en cuanto al alma, ¿qué otra cosa podríais encontrar en ella sino lo que la hace sucia con respecto a los actos que le son propios? Ahora bien, los actos del alma son el movimiento hacia un objeto o el movimiento desde él, el deseo, la aversión, la preparación, el designio, el asentimiento. ¿Qué es, pues, lo que en estos actos hace al alma sucia e impura? Nada más que sus propios malos juicios. Por consiguiente, la impureza del alma son las malas opiniones del alma; y la purificación del alma es la siembra en ella de opiniones adecuadas; y es pura el alma que tiene opiniones adecuadas, ya que solamente el alma en sus propios actos está libre de perturbación y contaminación.

Ahora debemos trabajar en algo parecido para el cuerpo también, en la medida en que podamos. Es imposible que el goteo nasal no corra cuando el hombre tiene tal mezcla en su cuerpo. Por esta razón, la naturaleza ha hecho que las manos y las propias fosas nasales sean canales para transportar los humores. Si, pues, un hombre aspira los mocos, digo que no está haciendo el acto de un hombre. Sería imposible que los pies de un hombre no se enlodaran y no se ensuciaran en absoluto cuando pasa por lugares sucios. Por esta razón, la naturaleza ha hecho el agua y las manos. Era imposible que no quedara alguna impureza en los dientes por haber comido; por lo cual, dicen «lava los dientes». ¿Por qué? Para que seas un hombre y no una bestia salvaje o un cerdo. Es imposible que del sudor y del contacto con la ropa no quede alguna impureza sobre el cuerpo que requiera ser limpiada. Por esta razón, el agua, el aceite, las manos, las toallas, los raspadores, el salitre y, a veces, todo tipo de medios son necesarios para limpiar el cuerpo. Tú no actúas así, pero el herrero quitará el óxido del hierro, y tendrá herramientas preparadas para ello, y tú mismo lavas el plato cuando vas a comer si no estás completamente impuro y sucio, pero ¿no lavarás el cuerpo ni lo limpiarás? «¿Por qué?», responde. Te lo diré de nuevo: en primer lugar, para que hagas los actos de un hombre; después, para que no seas desagradable a aquellos con quienes te relacionas. Incluso en este asunto haces algo así, y no lo percibes; crees que mereces apestar. Que así sea: mereces apestar. ¿Crees también que los que se sientan a tu lado, los que se sientan a la mesa contigo, los que te besan, merecen lo mismo? O vete a un desierto, donde mereces ir, o vive solo, y huélete a ti mismo. Porque es justo que tú solo disfrutes de tu propia impureza. Pero cuando estás en una ciudad, comportarte de forma tan desconsiderada y tonta, ¿a qué carácter crees que pertenece? Si la naturaleza te hubiera confiado un caballo, ¿lo habrías pasado por alto y descuidado? Y ahora piensa que se te ha confiado tu propio cuerpo como un caballo: lávalo, límpialo, cuida de que nadie se aparte de él, de que nadie se aparte del camino por él. Pero ¿quién no se aparta de un hombre sucio, de un hombre apestoso, de un hombre cuya piel está sucia y huele peor que un hombre embadurnado de estiércol? Ese olor viene de fuera, se le pone encima; pero el otro olor viene de la falta de cuidado, de dentro y, en cierto modo, de un cuerpo en putrefacción.

«Pero Sócrates se lavaba pocas veces». Sí, pero su cuerpo era limpio y bello, y era tan agradable y dulce que los más bellos y los más nobles lo amaban, y deseaban sentarse junto a él antes que al lado de los que tenían las formas más hermosas. No estaba en su mano usar el baño ni lavarse si así lo deseaba; y, sin embargo, el escaso uso del agua surtía efecto. Si no eliges lavarte con agua caliente, lávate con agua fría. Pero Aristófanes dice: «Los que están pálidos, descalzos, es a esos a los que me refiero».

Pues Aristófanes dice de Sócrates que también caminaba por el aire y robaba ropa de la palestra. Pero todos los que han escrito sobre Sócrates tienen exactamente la evidencia contraria a su favor; dicen que era agradable no solo de oír, sino también de ver. Por otra parte, escriben lo mismo sobre Diógenes. Porque, ni siquiera por la apariencia del cuerpo, debemos disuadir a la multitud de la filosofía; pero, así como en otras cosas, un filósofo debe mostrarse alegre y tranquilo, así también debe hacerlo en las cosas que se relacionan con el cuerpo. «Mirad, hombres, que no tengo nada, que no me falta nada; mirad cómo estoy sin casa, y sin ciudad, y exiliado si es que sucede así, y sin hogar, vivo más libre de problemas y más feliz que todos los de noble cuna y que los ricos. Pero mira también mi pobre cuerpo y observa que no está herido por mi duro modo de vivir». Pero si me dice esto un hombre que tiene la apariencia y el rostro de un condenado, ¿qué dios me persuadirá a acercarme a la filosofía si esta hace a los hombres tales personas? Ni mucho menos; yo no elegiría hacerlo, aunque fuera a convertirme en un hombre sabio. En efecto, preferiría que un joven que hace sus primeros movimientos hacia la filosofía viniera a mí con el cabello cuidadosamente recortado que con el cabello sucio y áspero, porque se ve en él una cierta noción de la belleza y un deseo de lo que es apropiado. Y donde él supone que está eso, allí también se esforzará porque esté. Solo es necesario mostrárselo, y decirle: «Joven, buscas la belleza, y haces bien. Debes saber, entonces, que crece en aquella parte de ti donde tienes la facultad racional. Búscala allí donde tienes los movimientos hacia y desde las cosas, donde tienes el deseo y la aversión de las cosas. Porque esto es lo que tienes en ti de un tipo superior, pero el pobre cuerpo es naturalmente solo tierra. ¿Por qué te esfuerzas por él sin ningún propósito? Si no aprenderás nada más, sabrás con el tiempo que el cuerpo no es nada». Pero si un hombre viene a mí embadurnado de mugre, sucio, con un bigote que le llega a las rodillas, ¿qué puedo decirle?, ¿por qué tipo de parecido puedo guiarlo? Porque, ¿en qué se ha ocupado que se parezca a la belleza para que yo pueda cambiarlo y decirle que «la belleza no está en esto, sino en aquello»? ¿Quieres que le diga que la belleza no consiste en estar embadurnado de estiércol, sino que reside en la parte racional? ¿Tiene algún deseo de belleza? ¿Tiene alguna forma de ella en su mente? Ve a hablar con un cerdo y dile que no se revuelque en el barro.

Por esta razón, las palabras de Jenócrates tocaron también a Polemón, ya que era un amante de la belleza, pues entró teniendo en él ciertas incitaciones al amor por la belleza, pero la buscó en el lugar equivocado. Pues la naturaleza no ha ensuciado ni siquiera a los animales que conviven con el hombre. ¿Acaso un caballo se revuelca en el barro o un perro bien educado lo hace? Pero sí lo hacen el cerdo, y los gansos sucios, y los gusanos y las arañas, que son los más desterrados del trato humano. Entonces, siendo tú un hombre, ¿eliges no ser como uno de los animales que viven con el hombre, sino más bien un gusano o una araña? ¿No te lavarás alguna vez en algún lugar de la manera que elijas? ¿No te lavarás para que se quite la suciedad de tu cuerpo? ¿No te limpiarás para que aquellos con los que te relacionas puedan disfrutar de tu compañía? Pero ¿acaso vas a ir con nosotros incluso a los templos en tal estado, donde no está permitido escupir o sonarse la nariz, siendo un montón de saliva y de mocos? ¿Cuándo, pues, os exige alguien que os adornéis? Ni mucho menos, salvo para ornamentar lo que realmente somos por naturaleza, la facultad racional, las opiniones, las acciones, pero en cuanto al cuerpo solo en relación con la pureza, solo en cuanto a no ofender. Pero si te dicen que no debes llevar prendas teñidas de púrpura, ve y embadurna tu capa con estiércol o rómpela. «Pero ¿cómo voy a tener un manto limpio?». Hombre, tienes agua; lávalo. He aquí un joven digno de ser amado, he aquí un anciano digno de amar y ser amado a su vez, una persona idónea para que un hombre le confíe la instrucción de un hijo, al que acudirán las hijas y los jóvenes si la oportunidad se presenta para que el maestro les dé sus lecciones en un estercolero. Que no sea así: toda desviación proviene de algo que está en la naturaleza del hombre, pero esto está cerca de ser algo que no se acerca a la naturaleza del hombre.

12

Sobre la atención

Cuando hayas remitido tu atención por un corto tiempo, no imagines que la recuperarás cuando quieras, pero deja que este pensamiento esté presente en ti, que como consecuencia de la falta cometida hoy tus asuntos deben estar en peores condiciones para todo lo que sigue. Porque, primero, y lo que causa más problemas, se forma en ti un hábito de no atender; después, un hábito de diferir tu atención. Y continuamente, de vez en cuando, alejas, al aplazarla, la felicidad de la vida, el comportamiento adecuado, el ser y vivir conforme a la naturaleza. Si, pues, la postergación de la atención es provechosa, la omisión completa de la atención es más provechosa. Pero si no es provechosa, ¿por qué no mantienes tu atención constante? «Hoy elijo jugar». Pues bien, ¿no deberías jugar con atención? «Elijo cantar». ¿Qué es lo que te impide hacerlo con atención? ¿Existe alguna parte de la vida en la que la atención no se extiende? Porque, ¿lo harás peor usando la atención y mejor no atendiendo? ¿Qué otra cosa hacen mejor en la vida los que no atienden? ¿Acaso el que trabaja la madera lo hace mejor si no presta atención? ¿Acaso el capitán de un barco lo maneja mejor si no presta atención? Y, ¿acaso alguno de los actos menores se hace mejor si no se presta atención? ¿No ves que, cuando has dejado tu mente suelta, ya no está en tu poder recordarla, ni a la propiedad, ni a la modestia, ni a la moderación, sino que haces todo lo que viene a tu mente en obediencia a tus inclinaciones?

«¿A qué cosas debo atender?». En primer lugar, a esos principios generales, y tenerlos preparados, y sin ellos no dormir, no levantarse, no beber, no comer, no conversar con los hombres; que ningún hombre es dueño de la voluntad de otro hombre, sino que solo en la voluntad está el bien y el mal. Ningún hombre, pues, tiene el poder de procurarme algún bien o de involucrarme en algún mal, sino que solamente yo tengo el poder sobre mí mismo en estas cosas. Cuando, pues, estas cosas me están aseguradas, ¿por qué tengo que inquietarme por las cosas exteriores? ¿Qué tirano es formidable, qué enfermedad, qué pobreza, qué ofensa? «Bueno, no he complacido a cierta persona». ¿Es, entonces, mi obra, mi juicio? «No». ¿Por qué, entonces, debo preocuparme por ella? «Pero se supone que es alguien». Él mismo se fijará en eso; y los que piensan así también. Pero yo tengo a Uno a quien debo agradar, a quien debo someterme, a quien debo obedecer, a Dios y a los que están junto a Él. Él me ha colocado conmigo mismo, y ha puesto mi voluntad en obediencia solo a mí, y me ha dado reglas para el uso correcto de ella; y, cuando sigo estas reglas en los silogismos, no me importa ningún hombre que diga otra cosa. En la argumentación sofística, no me importa ningún hombre.

¿Por qué, entonces, en asuntos mayores me molestan los que me culpan? ¿Cuál es la causa de esta perturbación? Nada más que porque en esta materia no soy disciplinado. Pues todo conocimiento desprecia la ignorancia y a los ignorantes; y no solo en las ciencias, sino incluso en las artes. Traed a cualquier zapatero que os plazca, y él ridiculizará a los muchos con respecto a su propio trabajo. Traed a cualquier carpintero.

En primer lugar, pues, debemos tenerlas preparadas y no hacer nada sin ellas, y debemos mantener el alma dirigida a esa marca para no perseguir nada externo ni nada que pertenezca a otros, sino hacer lo que ha designado Quien tiene el poder; debemos perseguir en conjunto las cosas que están en el poder de la voluntad, y todas las demás cosas según se nos permita. Además de esto, debemos recordar quiénes somos y cuál es nuestro nombre, y procurar dirigir nuestros deberes hacia el carácter de nuestras diversas relaciones de esta manera: cuál es la temporada para cantar y cuál es la temporada para jugar, y en presencia de quién; cuál será la consecuencia del acto; si nuestros asociados nos despreciarán, si nosotros los despreciaremos; cuándo burlarse, y a quién ridiculizar; y en qué ocasión cumplir y con quién; y, finalmente, cumplir en mantener nuestro propio carácter. Pero dondequiera que se haya desviado de cualquiera de estas reglas, hay un daño inmediato, no de algo externo, sino de la acción misma. Entonces, ¿es posible estar libre de faltas? No es posible; pero sí es posible dirigir tus esfuerzos incesantemente a ser intachable. Pues debemos contentarnos si, al no remitir nunca esta atención, nos libramos al menos de algunos errores. Pero ahora, cuando has dicho: «Mañana empezaré a atender», hay que decirte que estás diciendo esto: «Hoy seré desvergonzado, despreciaré el tiempo y el lugar, seré mezquino; estará en poder de los demás darme dolor; hoy seré apasionado y envidioso». Observa cuántas cosas malas te permites hacer. Si es bueno emplear la atención mañana, cuánto mejor es hacerlo hoy; si mañana te conviene atender, mucho más lo es hoy, para que puedas hacerlo también mañana y no vuelvas a aplazarlo al tercer día.

13

Contra o a los que cuentan fácilmente sus propios asuntos

Cuando un hombre nos ha parecido que ha hablado con sencillez de sus propios asuntos, ¿cómo es que al final nos vemos también inducidos a contarle nuestros propios secretos y pensamos que esto es un comportamiento cándido? En primer lugar, porque parece injusto para un hombre haber escuchado los asuntos de su vecino, y no comunicarle también a su vez nuestros propios asuntos. En segundo lugar, porque pensamos que no presentaremos ante ellos la apariencia de hombres cándidos cuando guardamos silencio sobre nuestros propios asuntos. En efecto, los hombres acostumbran a decir: «Yo te he contado todos mis asuntos, ¿tú no me dirás nada de los tuyos?». Además, también tenemos la opinión de que podemos confiar con seguridad en aquel que ya nos ha contado sus secretos, pues surge en nuestra mente la noción de que este hombre nunca podría divulgar nuestros asuntos porque tendría la precaución de que nosotros tampoco divulgáramos los suyos. De esta manera también los incautos son atrapados por los soldados en Roma. Un soldado se sienta a tu lado con un traje común y comienza a hablar mal del César; entonces, como si hubieras recibido una prenda de su fidelidad por haber comenzado el abuso, pronuncias tú también lo que piensas y, entonces, te llevan encadenado. Algo así nos sucede generalmente. Ahora bien, como este hombre me ha confiado sus asuntos, ¿habré de hacerlo yo también con cualquier hombre que me encuentre? Porque cuando he oído, guardo silencio si soy de tal disposición, pero él sale y cuenta a todos los hombres lo que ha oído. Entonces, si oigo lo que se ha hecho, si soy un hombre como él, resuelvo vengarme, divulgo lo que me ha dicho, molesto a los demás y me molesto a mí mismo. Pero si recuerdo que un hombre no perjudica a otro, sino que los actos de cada hombre lo perjudican y lo benefician, aseguro esto, que no hago nada como él, pero aun así sufro lo que sufro por mi propia tontería.

«Cierto, pero es injusto que, cuando has oído los secretos de tu vecino, no le comuniques a su vez nada». ¿Acaso te pedí tus secretos, hombre mío? ¿Comunicaste tus asuntos en ciertos términos para que a cambio escucharas también los míos? Si eres un parlanchín y crees que todos los que te conocen son amigos, ¿quieres que yo también sea como tú? ¿Por qué, si has hecho bien en confiarme tus asuntos, y no es bueno que yo te confíe los míos, deseas que sea tan imprudente? Es lo mismo que si yo tuviera un barril hermético, y tú uno con un agujero y vinieras a depositar conmigo tu vino para que yo lo pusiera en mi barril, y después te quejaras de que tampoco te confié mi vino porque tú tienes un barril con un agujero. ¿Cómo, pues, hay igualdad en esto? Confiaste tus asuntos a un hombre fiel y modesto, a un hombre que piensa que solo sus propias acciones son perjudiciales y útiles, y que nada externo lo es. ¿Quieres que te confíe los míos a ti, un hombre que ha deshonrado su propia facultad de voluntad y que desea ganar un poco de dinero o algún cargo o ascenso en la corte, aunque vayas a asesinar a tus propios hijos, como Medea?

¿Dónde está esa igualdad? Pero muéstrate ante mí fiel, modesto y firme, muéstrame que tienes opiniones amistosas; demuestra que tu barril no tiene ningún agujero; y verás como no esperaré a que me confíes tus asuntos, sino que yo mismo vendré a ti y te pediré que escuches los míos. Porque, ¿quién no elige hacer uso de un buen recipiente? ¿Quién no valora a un consejero benévolo y fiel? ¿Quién no recibe de buen grado a un hombre que está dispuesto a soportar una parte, como podemos decir, de la dificultad de sus circunstancias, y por este mismo acto aliviar la carga, tomando una parte de ella? «Cierto, pero yo confío en ti; tú no confías en mí». En primer lugar, ni siquiera confías en mí, sino que eres un parlanchín, y por esta razón no puedes sostener nada; porque, en efecto, si es verdad que confías en mí, confía tus asuntos solo a mí; pero ahora, siempre que ves a un hombre en el ocio, te sientas junto a él y dices: «Hermano, no tengo amigo más benévolo que tú ni más querido; te pido que escuches mis asuntos». Y esto lo haces incluso con quienes no te son conocidos en absoluto. Pero si realmente confías en mí, es evidente que lo haces porque soy fiel y modesto, no porque te haya contado mis asuntos. Permíteme, pues, tener la misma opinión sobre ti. Demuéstrame que, si un hombre cuenta sus asuntos a otro, el que los cuenta es fiel y modesto. Porque si esto fuera así, yo iría por ahí contando mis asuntos a todo el mundo, si eso me hiciera fiel y modesto. Pero la cosa no es así, y no requiere opiniones comunes. Si, pues, veis a un hombre que se ocupa de cosas que no dependen de su voluntad y somete su voluntad a ellas, debéis saber que este hombre tiene diez mil personas para obligarlo y estorbarlo. No tiene necesidad de la brea ni de la rueda[203] para obligarlo a declarar lo que sabe, pero el guiño de una niña, si se diera el caso, lo moverá; el halago de alguien que pertenece a la corte del César, el deseo de una magistratura o de una herencia, y cosas sin fin de ese tipo. Debes recordar, pues, entre los principios generales, que los discursos secretos requieren fidelidad y las correspondientes opiniones. Pero ¿dónde podemos encontrar ahora estos fácilmente? Si no puedes responder a esa pregunta, que alguien me señale un hombre que pueda decir: «Solo me importan las cosas que son mías, las que no están sujetas a obstáculos, las que son libres por naturaleza. Esto sostengo que es la naturaleza del bien, que todas las demás cosas sean como están permitidas. No me preocupan».

---

203 Se refiere a medios de tortura.

Made in United States
North Haven, CT
10 November 2026

22084220R10194